中国近代新闻学名著系列丛书

芮必峰 ◎ 主编

新闻学

—— 鲁风 ◎ 著 ——

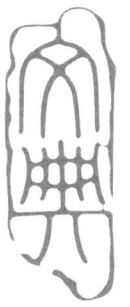

中国传媒大学出版社
·北京·

编委会

主　编　芮必峰

副主编　姜　红　刘　勇

编　委　贾　南　周　彤　张冰清　侯普曼

出版说明

本丛书整理再版了近代在中国用中文出版的经典新闻学著作，所涉及的图书既有专著、教材，也有译著，全面涵盖了新闻学理论、新闻业务、新闻史等领域，成书年份前后跨越40年。在这40年间，中国的新闻学科从无到有、从借鉴到创新，成就巨大。对这些著作的再次出版，为研究中国近代新闻学提供了珍贵的史料，绘制了中国近代新闻学的全景，度量了中国近代新闻学的厚度，填补了该领域空白，也为纪念中国新闻学诞生100周年献上了一份厚礼。

我们请中国人民大学新闻学院教授、博士生导师，广西大学新闻传播学院院长，教育部社会科学委员会委员兼新闻传播学科召集人郑保卫，及中国传媒大学传播研究院院长、教授、博士生导师，中央实施马克思主义理论研究和建设工程新闻学首席专家雷跃捷对本丛书的内容进行了审定，并根据专家的意见进行了修改。在此对两位专家所付出的辛勤劳动表示衷心感谢。

由于历史原因，本丛书中的个别图书存在一些问题，为保存历史原貌，为研究者提供一手的参考资料，影印时均基本保持其原貌，未作大的删改，希望读者结合当时的历史条件和历史环境，对其中的观点进行批判性借鉴。原书中存在一些错别字、漏字和排版错误，我们在影印时均未做改动，敬请读者注意。

由于原书出版年代久远，本丛书中的许多书籍难觅其踪，存世数量稀少，版权状况极其复杂。为了保证本丛书的学术性和完整性，我们将具有价值的图书先行选入其中，进行了抢救性发掘，力图保存中国新闻史珍贵的历史资料。版权所有人若有异议，请及时与我们联系。

为更好地体现中国近代新闻学的发展脉络，本丛书特别收录了欧美学者休曼的《实用新闻学》、斯蒂德的《新闻学的理论与实际》；日本学者松本君平的《新闻学》、后藤武男的《新闻纸研究》、杉村广太郎的《新闻概论》。当年这些书的出版对中国近代新闻学具有一定的借鉴意义。

本丛书为影印制作，成书清晰度由原书决定，由于出版年代久远，受当时生产力水平及制作方法限制，难免会存在一些缺陷，敬请读者谅解。

中国传媒大学出版社

总　序

如果从1903年商务印书馆编译出版日本人松本君平的《新闻学》算起，中国的新闻学已有115年历史[①]。如果从1918年北大新闻研究会建立，徐宝璜开办新闻学讲座算起，中国新闻学教育和研究迄今正好100年历史。我们搜集整理了清末至民国期间一些有代表性的新闻学书籍，希望借此重现早期中国近代新闻学的本来面貌，反映我国新闻学发展的历史脉络，我们认为，这对中国新闻学术、教育史研究以及中国近现代思想史研究都是很有意义的。

从1903年到1949年9月的40多年间，我国公开出版和内部印行的新闻学书籍，包括专著、教材、论文集、资料汇编、参考工具书等，约468种之多。[②]它们集中反映了我国新闻学的历史发展轨迹。然而，由于多种原因，这些书籍除了几本曾被重印出版外，大多已经是"只闻其名、难觅其踪"，这对我国新闻学研究不能不说是一个遗憾。

本丛书在梳理1903—1949年间出版的有代表性的新闻学书籍的基础上，精选了50部著作，校订注释，编纂再版，也算对这一遗憾的弥补。

从我们挑选的这50部新闻学书籍来看，中国早期新闻学的发展有三个鲜明的特点：

一、中国早期新闻学的发展与中国社会发展，尤其与国家民族利益息息相关

40多年间，中国新闻学从近乎空白到勃然而兴，这与中国社会的动荡、变

---

① 黄天鹏回顾新闻运动时说："有清光绪二十八年，商务印书馆刊行《新闻学》一书，为我国人知有新闻学之始，原书为日人松本君平所著……"资料来源：黄天鹏. 新闻运动之回顾［A］. 黄天鹏. 新闻学名论集［C］. 上海：上海联合书店，1929.
② 林德海，等. 中国新闻学书目大全1903—1987［M］. 北京：新华出版社，1989.

革休戚相关。西方新闻学是现代化的产物，最早形成于19世纪末20世纪初。1901年，"新闻学"一词首见于中文报章①，但直到民国前夕，国人对于"新闻有学乎"尚存疑，认为报社就是新闻人才的"养成所"。至1912年上海报业俱进会以"吾国报业之不发达……其最大原因，则为无专门之人才"②为由，号召组织报业学堂，培养报业专门人才。不难看出，此时新闻界亦将新闻学视为办报之"技"。至1918年邵飘萍为徐宝璜《新闻学》作序仍"窃叹我国新闻界人才之寥落，良由无人以新闻为一学科而研究之者"③。黄天鹏把1903年至1918年新闻学研究会建立之前的十余年视为中国新闻学的启蒙期。④

1918年，随着以启蒙为目标的新文化运动愈演愈烈，新思潮涌入国门，"新学""西学"站在旧传统的对立面被学界关注，新闻学思想也不例外。作为公学之首和新文化运动中心的北京大学率先开办新闻学研究会，力证了"新闻学"存在的正当性；徐宝璜《新闻学》一书问世，成为中国新闻学理论的奠基之作。新闻学教育兴起，新闻学研究著作渐盛，待到北伐前夕，中国新闻学从学理上和实践上俱已建立起来。

新文化运动后期，马克思主义传入中国，资本主义文明逐渐"祛魅"。之后的大萧条使得西方国家的痼疾暴露无遗，曾经"理想之彼方"的西方报业也难以幸免。在这一时代背景下，如何建立"吾国之报业"成为新闻学研究的热点，围绕这一热点，一方面，关于中外新闻理论、新闻事业、新闻业务的著作日益涌现；另一方面，军阀对于激进言论的暴力摧残，又引发了新闻人对于言论自由的论争。20世纪20年代的中国新闻学呈现百家争鸣之势。

"在这言论自由纷争之际，也有若干论调，认为新闻纸不过是一种政治宣传的工具，在新闻学方面也唱过所谓社会主义的新闻理论，不过这种论调没有完成，当头的国难已把这种理论粉碎。"⑤"九一八"事变后，面对空前的民族危机，"国家至上、民族至上"成为国论，报业成为勾连与动员社会的渠道和网络，

---

① 梁启超. 本馆第一百册祝辞并论报馆之责任及本馆之经历[J]. 清议报，1901（100）：1-8.
② 戈公振. 中国报学史[M]. 上海：上海书店，1989：278.
③ 徐宝璜. 新闻学[M]. 长春：时代文艺出版社，2009：7.
④ 黄天鹏. 四十年来中国新闻学之演进[M]//龙伟，任羽中，王晓安，何林，吴浩. 民国新闻教育史料选辑. 北京：北京大学出版社，2010：149.（以下征引本书时，一律简注为《民国新闻教育史料选辑》。）黄天鹏在此文中提出他对于1903年到战事结束的40余年间中国新闻学发展阶段的划分，原载《中国新闻学会年刊》第1期，1942年9月。
⑤ 黄天鹏. 四十年来中国新闻学之演进[M]//民国新闻教育史料选辑. 北京：北京大学出版社，2010：161.

致力于推动"舆论统一"。直到全面抗战中期之前，以战争宣传动员为主要研究目标的"战时新闻学"都是新闻学研究的热点。

1943—1949年中华人民共和国成立前夕，随着战争形势的转变，抗日战争已现胜利的曙光，中国新闻学人开始构想新闻业的未来。萨空了①于1943年开始着手书写《科学的新闻学概论》，旨在提醒新闻人应"鉴于美英的前车"②，避免报纸"为大财阀资本家所独占"③，"积极地设法使报纸成为大多数民众自己的相互报道消息、提供意见的工具"④。

二、中国新闻学是"西学东渐"的产物，中国早期新闻学人大多具备西学背景

"西学东渐"的内在精神是中体西用。在"用"的招牌下，西学大量涌入。中国新闻学直接引自日本和美国。首先，中国最早的新闻学译著分别为1903年商务印书馆编辑出版的松本君平的《新闻学》和1913年美国记者休曼著、史青编译的《实用新闻学》。前者成为中国新闻学的开端，而后者作为美国第一本新闻教育著作，"提供采访编辑各种实际问题的解决方案"⑤，也奠定了中国新闻人对于新闻教育之作用的基本构想。

早期中国新闻学人大多具备留美留日的求学背景。徐宝璜曾于美国密歇根大学修习经济学与新闻学，其《新闻学》（1919）的参考文献包括在美国出版的图书23种、在英国出版的图书7种，印证了时任北大校长蔡元培所言，"新闻学之取资，以美为最便矣"⑥。任白涛求学日本早稻田大学政治经济学系时，加入了《朝日新闻》名记者杉村楚人冠等筹建的"大日本新闻学会"⑦，《应用新闻学》

---

① 萨空了（1907—1988）四川成都人，蒙古族，笔名了了、艾秋飚，记者、主编、新闻学家。1927年任《北京晚报》《世界日报》编辑记者、《世界画报》总编辑。曾任教民国学院新闻系、北京新闻专科学校。1935年任上海《立报》副刊主编、总编辑兼经理。中华人民共和国成立后任中央人民政府新闻总署副署长兼新闻摄影局局长、出版总署副署长、全国政协副秘书长兼《人民政协报》总编辑等职。负责主编《中国大百科全书·新闻出版》卷，著有《科学的新闻学概论》《科学的艺术概论》《宣传心理研究》等。
② 萨空了. 科学的新闻学概论［M］. 香港：文化供应社，1946：36.
③ 萨空了. 科学的新闻学概论［M］. 香港：文化供应社，1946：36.
④ 萨空了. 科学的新闻学概论［M］. 香港：文化供应社，1946：36.
⑤ 黄天鹏. 四十年来中国新闻学之演进［M］//龙伟，任羽中，王晓安，何林，吴浩. 民国新闻教育史料选辑，北京：北京大学出版社，2010：157.
⑥ 邓绍根. 中国新闻学的筚路蓝缕：北京大学新闻学研究会［M］. 北京：清华大学出版社，2015：228.
⑦ 1915年《朝日新闻》的杉村楚人冠等在庆应义塾大学创办"新闻研究会"并讲授课程，后根据该讲义出版了《最近新闻纸学》（1918）。其时，杉村楚人冠还兼任"大日本新闻学会"的筹建者与学会新闻讲座讲师。

（1922）正是仿照杉村楚人冠《最近新闻纸学》一书体例所做。① 邵飘萍的《实际应用新闻学》（1923）亦参考了《最近新闻纸学》。② 杉村楚人冠深受美、德新闻思想熏陶，美、日、德的新闻思想因故才传到中国。

事实上，正是留美、留日学生群体的新闻学著述构建起了中国早期新闻学的基本框架。仅本丛书所涉国内著（编）者30人中，别除资料不详者3人，有留学经历者共计15人。其中留美5人：徐宝璜、伍超、赵敏恒③、戈公振④、曹用先⑤；留日8人：吴定九⑥、邵飘萍、黄天鹏、任白涛、张友渔⑦、谢六逸、袁殊⑧、王文萱⑨；

---

① 周光明. 近代新闻史论稿［M］. 北京：社会科学文献出版社，2014：276.
② 方晓红. 中国新闻简史［M］. 南京：南京师范大学出版社，1996：122.
③ 赵敏恒（1904—1961），记者、新闻学教授。早年就读于清华大学，1923年起先后于美国科罗拉多大学文学院、密苏里大学新闻学院、哥伦比亚大学新闻学院攻读英国文学和新闻学，并获新闻学硕士学位。1925年起在纽约环球通讯社当编辑。1927年回国，在国民政府外交部情报处短暂工作后加入路透社。1945年10月任《新闻报》总编，兼任复旦大学新闻学教授。
④ 留学两个及两个以上国家的，按其留学的第一个国家计。
⑤ 曹用先，女，宁波人，天津南开大学社会科毕业。1926年与未婚夫查良鉴自南开大学毕业后，同赴密歇根大学留学，1930年在该校安娜堡完婚。硕士毕业后回国，曾就职于上海商务印书馆编辑所并任教于大夏大学，1949年与查赴台，1951年4月病逝于台湾。
⑥ 吴定九（1890—1930），名鼎，字定九，嘉定人。著名报人，《京报》元勋之一，著有《新闻事业经营法》。公派赴日本名古屋学习土木工程时，与在东京政法学校读书的邵飘萍成为密友。1923年9月，私立北京平民大学设立报学系，时任京报社经理的吴定九担任教授并讲授专业课程"新闻经营法"。
⑦ 张友渔（1898—1992），原名张象鼎，字友彝，又名张忧虞，山西灵石人。法学家、政治学家、新闻学家。先后求学于山西第一师范学校，国立北平法政大学法律系。1927年任《国民晚报》社长兼总编辑。同年加入中国共产党，任中共北平市委员兼秘书长。1930年赴日留学。"九一八"事变后回国任《世界日报》主笔及燕京大学、中国大学、民国大学、中法大学、北平大学法商学院教授，讲授宪法学、劳动法学、新闻学和日本问题。1943年起在重庆任中共南方局文委秘书长、《新华日报》社论委员会委员、中共重庆工作委员会候补委员兼政策研究室副主任、《新华日报》代总编辑等职。
⑧ 袁殊（1911—1987），中共谍报人员、记者、新闻学者。早年赴日攻读新闻学、东洋史。曾创办上海自修大学并设新闻专科。1931年3月创办的《文艺新闻》，最早揭露了左联五烈士被害的消息。1932年任新声通讯社记者，经潘汉年引介加入共产党。1942年卧底敌伪报纸《新中国报》，1945年10月转移到苏北解放区；1949年调入中央情报部门。著《记者道》《学校新闻讲话》《新闻大王赫斯特》等书；译《新闻法制论》等。
⑨ 王文萱，曾留学日本，1930年5月翻译杉村广太郎的《新闻概论》。1942年国立社会教育学院新闻系成立，王文萱在该系教授新闻业务课程。1947年年初，李宗仁授意萧一山在北平创办《经世日报》作为喉舌，任命王文萱、蓝文澄两位教授为主笔。

旅欧2人为胡愈之和储玉坤①（详情见表）。这些涉足新闻学研究的归国留学生兼容并蓄，汲取美、日、德等国新闻理论和马克思主义新闻思想的精华，进行本土化改良，亦从侧面反映出中国新闻学的理论来源。

三、中国早期新闻学人往往兼新闻实践、新闻教育、新闻研究于一身

1918年，北京大学新闻学研究会成立，徐宝璜负责讲授新闻学知识。他结合自身从业经验，参考欧美新闻学书目，形成课程讲义；再结合讲课心得，不断完善新闻学理论。1919年，国人自撰的第一本新闻学专著《新闻学》最终成书。徐在自序中细陈写书修书之过程："新闻学乃近世青年学问之一种，尚在发育时期。余对于斯学，虽曾稍事涉猎，然并无系统之研究。客岁蔡校长设立新闻学研究会，命余主任其事，并兼任导师。余乃于暑假中，正式加以研究，就所得著《新闻学大意》一篇，以为开会后讲演之用。……开会后，余继续研究，加以会员之质疑问难，时有心得，遂将原稿加以修改，成第二次之稿……"②显然，"曾稍事涉猎"指其曾经担任《晨报》主笔的工作经历。早期中国新闻学人兼具从业经验和新闻学教学经验者多会总结实践经验、丰富新闻理论、著书立说、传道授业，这种情况并不鲜见。

从早期新闻学著作的作者（编者）身份来看：本丛书涉及国内著（编）者30人，除李公凡、刘元钊和鲁风三人身份不详，仅蒋国珍③、项士元④二人没有明确的新闻从业经验。而在这25人中，更有20人兼具从业经历与从教经历。新闻学人大多具有新闻从业经历，学术研究、传承活动与新闻实践密不可分（详

---

① 储玉坤，1912年生，江苏宜兴人，笔名雨君、储华。1937年中央政治学校大学部新闻学及国际政治专业毕业。1938年1月任《文汇报》编辑兼社论撰述者；1938年5月担任《文汇报》法国哈瓦斯分社编辑；抗战胜利后，任《文汇报》总主笔。1946年5月转任《申报》主笔和法国新闻社远东分社中文部主任，兼任中国新闻专科学校教务长和沪江大学新闻系教授。著有《现代新闻学概论》《第二次世界大战史》《美国经济》。
② 邓绍根．中国新闻学的筚路蓝缕［M］．北京：清华大学出版社，2015：244．
③ 蒋国珍出生于1896年，江苏溧阳人，做过学生运动领袖、国民党党员、教育工作者、政府职员、银行经理。曾加入上海学生运动，代表上海全国各界联合会、全国学生联合会、上海各界联合会、学生联合会四团体发声。虞文俊认为其传世的《中国新闻发达史》翻译自日本人伊藤武雄的《中国新闻发达史》，即蒋国珍应为此书的译者而非著者。
④ 项士元（1887—1959），佛教居士、学者。原名元勋，号慈圆，又号石楼。浙江临海人，通日、英、德、梵、俄文，一生佛学著作等身。25岁毕业于杭州府中学堂，后办私立小学和赤城初级师范，兼任各校教师；捐资并赠书创办了临海图书馆。项士元长期辗转江浙等地从事教育、新闻和史志方面的研究工作。中华人民共和国成立后主持台州文管会，任浙江省文史馆馆员。所著《浙江新闻史》是中国最早的新闻史之一。

见表1①）。

从新闻学著作本身来看，许多民国新闻学书籍正是新闻实践和新闻教育的直接产物：国人自撰的第一部新闻采访学专著——《实际应用新闻学》根据邵飘萍在北京大学新闻学研究会和平民大学新闻系的讲稿所著，《新闻学总论》一书则根据邵氏国立政法大学的新闻学讲义整理而成；周孝庵②根据自己在复旦大学的新闻学讲义编著了《最新实验新闻学》；郭步陶③的《本国新闻事业》是上海市私立申报新闻函授学校讲义之十一；而《新闻学的基础知识》本就是中美日报读讯会④为新闻学自修者所出版的教材《实用新闻学讲义》之一；储玉坤的《现代新闻学概论》则是专门为大学新闻理论教科书而编写的（详见表2）。

正是由于早期新闻学人兼新闻实践、新闻教育、新闻研究于一身，才能为理论教学与著述提供最鲜活的案例，促使新闻实践经验迅速融入新闻学理论研究。这是近代中国新闻学迅速发展的重要因素，对于当今的新闻学研究、新闻学教育工作也有重要启示。

本丛书编委会邀请相关领域资深专家进行研讨，认真甄选了书目，仔细进行了版本比较和甄别，从而保证了本丛书较高的学术权威性。

由于历史的局限，民国新闻学书籍的不足是明显的，如学术理论不成熟、部分话语和话题打上了深深的时代烙印等；又因书中涉及的新闻稿件写作于特定历史环境和历史年代，其表达方式不严谨亦不可避免。盖所选书目皆是历史文献，我们在审校中尽量保持其历史原貌，不做大的删改；对极个别对马克思

---

① 李秀云. 留学生与中国新闻学[M]. 天津：南开大学出版社，2009：239-251. 本书中李秀云整理了民国期间从事新闻学研究的留学生44人，并分析其留学国别构成、专业构成、新闻实践经历、从教经历等。

② 周孝庵（1900—1973），佛教学者、律师、报人。松江府人。毕业于江苏省立第一商业学校。历任上海时事新报馆记者、编辑、主编，著《最新实验新闻学》。1928年秋被复旦大学聘为新闻学教授。曾于上海法政大学获法学学士学位，1930年兼律师。1932年主编上海《新闻报》"法律质疑"栏目，编著了《法律质疑汇编》。上海沦陷后，曾氏关闭了律师事务所，潜心佛学研究。

③ 郭步陶（1879—1962），原名成爽，后改名惜，字步陶。四川隆昌人。名记者、新闻研究者。1911—1917年任《申报》编辑，1917年任《新闻报》编辑主任、主笔。1930年任教于复旦大学新闻系。上海沦陷后赴香港，任职于《申报》（香港）、《星岛日报》；1939年创建中国新闻学院（香港）并任院长。抗战胜利后回沪任教于复旦大学、新中国学院。

④ 《中美日报》是"孤岛"时期的国民党报纸，为躲避日伪新闻检查，在美商罗斯福出版公司招牌下运作，副刊有《集纳》《堡垒》等。1938年11月创刊，1941年12月停刊，1945年8月复刊，次年4月终刊。总编先后为杨勋民、查修、詹文浒，总主笔周宪文，执笔者有储玉坤、章丹枫等。胡道静曾任英文编辑。报社读讯会为自修新闻学的读者出版了《实用新闻学讲义》，共计10种，对编辑术、采访术、评论作法、新闻写作、新闻学史、剪报工作等都有专篇论述。

主义、共产党等的不适当叙述已进行了删除处理。

  本丛书规模较大,从策划项目、搜集资料、校订编纂到审稿成书,历时两年有余。这50本书可能并非本本经典,其中有些内容亦有重复、雷同之处,但瑕不掩瑜,它们对于研究中国新闻学功不可没,作为新闻史资料极具研究价值。感谢中国传媒大学出版社和安徽大学新闻传播学院诸位老师的辛勤付出,也希望读者在本丛书中能读出更丰富的内容,获得启发并更深入地思考。

丛书主编 芮必峰

2018年5月7日

附表：

表1 著者受教育、从业、从教及著述情况列表

序号	姓名	是否留学及留学国家	从业经历	从教经历	著作
1	徐宝璜	美国密歇根大学，经济学、新闻学	北京《晨报》主笔	北京大学新闻学研究会、北京平民大学新闻系	《新闻学》《新闻事业》
2	戈公振	1927年赴美国、日本考察新闻事业	首创《图画时报》、"上海新闻记者联合会"会长、《申报》总管理处设计处主任兼《申报星期画刊》主编	上海南方大学新闻系、上海国民大学新闻系、复旦大学新闻系、上海沪江大学商学院、上海民治新闻学院	《新闻学撮要》《中国报学史》《新闻学》
3	邵飘萍	东京政法学校	《汉民日报》主编、《时事新报》《申报》《时报》主笔、创办"北京新闻编译社"、《京报》社长	北京大学新闻学研究会、北京平民大学新闻系、国立法政大学	《实际应用新闻学》《新闻学总论》
4	吴定九	日本名古屋工业专门学校土木工程	主持《京报》	北京平民大学新闻系、国立法政大学	《新闻事业经营法》
5	谢六逸	日本早稻田大学东洋文学史	《立报》文艺副刊《言林》主编、《国民周刊》《趣味》周刊主编	复旦大学新闻系、申报新闻函授学校、国立社会教育学院新闻系、暨南大学新闻系、大夏大学新闻系	《实用新闻学》《国外新闻事业》《新闻储藏研究》
6	黄天鹏	日本早稻田大学新闻系硕士	在北平创刊《新闻学刊》并担任主编	复旦大学新闻系、上海沪江大学商学院新闻学科	《新闻文学概论》《中国新闻事业》《新闻学入门》《新闻学概要》
7	赵敏恒	美国科罗拉多大学文学院、密苏里大学新闻学院、哥伦比亚大学新闻学院攻读英国文学和新闻学，并获新闻学硕士学位	纽约环球通讯社编辑,后加入路透社。"九一八"事变后为美国国际新闻社、伦敦《每日电讯报》《朝日新闻》等供稿。1945年10月任《新闻报》总编辑	复旦大学新闻系、中央政治学校新闻系、暨南大学新闻系	《外人在华的新闻事业》

续表

序号	姓名	是否留学及留学国家	从业经历	从教经历	著作
8	周孝庵	无	历任上海时事新报馆记者、编辑、主编；主编《上海新闻报》"法律质疑"栏目	复旦大学新闻系、新闻大学函授科	《最新实验新闻学》
9	张友渔	1930年、1932年、1935年多次赴日学习新闻学、考察日本新闻事业	《世界日报》编辑、《大同晚报》总编辑、《国民晚报》社长、《泰晤士报》总编辑、《新华日报》社论委员	燕京大学新闻系、北平民国学院新闻系	《新闻之理论与现象》《日本新闻发达史》
10	袁殊	日本新闻专科学校、早稻田大学历史系	创办《文艺新闻》《译报》、新声通讯社记者	上海自修大学新闻专科	《记者道》《学校新闻讲话》《新闻大王赫斯特》《新闻法制论》（译）
11	胡愈之	1928年法国巴黎大学攻读国际法	《东方杂志》编辑、创办《公理日报》、哈瓦斯通讯社远东分社中文部编辑主任、主编新加坡《南洋商报》		《胡愈之出版文集》
12	储玉坤	留法	《新闻报》编辑、《文汇报》编辑、法国哈瓦斯通讯社中国分社编辑、《文汇报》总主笔、《申报》主笔、法国新闻社远东分社中文部主任	中国新闻专科学校、沪江大学新闻系、之江大学新闻系、致用大学新闻学系	《现代新闻学概论》
13	任白涛	日本早稻田大学政治经济学	创办中国新闻学社、《新湖北日报》总编辑		《应用新闻学》《综合新闻学》
14	曹用先	美国密歇根大学①	上海商务印书馆编辑所②	大夏大学③	《新闻学》

① 毛彦文. 往事［M］. 北京：商务印书馆，2012：28.
② 雪林. 一段值得介绍的婚姻（红藏·生活·第四卷第三十八期）［M］. 湘潭：湘潭大学出版社，2014：435-437.
③ 毛彦文. 往事［M］. 北京：商务印书馆，2012：28.

续表

序号	姓名	是否留学及留学国家	从业经历	从教经历	著作
15	王文萱	留日①	《经世日报》②	国立社会教育学院新闻系③	《新闻概论》（译）
16	伍超	留美"攻读新闻科"④			《新闻学大纲》
17	郭步陶	无	《申报》编辑、《新闻报》编辑主任兼主笔、《申报》(香港)、《星岛日报》编辑	复旦大学新闻系、《申报》新闻函授学校、中国新闻学院(香港)、新中国学院	《本国新闻事业》
18	任毕明⑤	无	《民国日报》《时报》《快报》主笔、《大众日报》总编辑	香港中华新闻学院	《战时新闻学》《评论学十讲》
19	赵君豪⑥	无	《申报》副总编辑	上海商学院新闻专修科、复旦大学新闻系、上海法政学院新闻专修科	《中国近代之报业》《上海报人的奋斗》

---

① 杉村广太郎. 新闻概论·黄序［M］. 王文萱, 译. 上海：联合书店, 1930.
② 冯国定. 忆萧一山先生［M］//中国人民政治协商会议北京市委员会文史资料研究委员会文史资料选编（第43辑），北京：北京出版社, 1992：104.
③ 苏州大学社会教育学院. 峥嵘岁月（第三集）［M］. 北京、上海、南京、苏州校会. 1991：229.
④ 伍超. 新闻学大纲·自序［M］. 上海：商务印书馆, 1925.
⑤ 任毕明，原名任大任，生于1904年，广东鹤山人。1925年在广西梧州创办《民国日报》，曾任《时报》《快报》主笔，主持过香港的《大众日报》。参与创办香港中华新闻学院，并任教。著作有《龙虎集》《风云集》《社会大学》《新社会大学》《战时新闻学》和《评论学十讲》等。
⑥ 赵君豪（1900—?）江苏兴化人。报人。"五四时期"求学于上海交通大学，经常给著名的《民国日报》副刊《觉悟》投稿，并与时任《觉悟》编辑的邵力子讨论种种社会改造问题。毕业后进入《申报》馆工作，抗战后任《申报》副总编辑。1929、1942年两度兼任复旦大学新闻系编辑教授；1930年兼任上海法政学院新闻专修科教授，讲授采访学；曾任《申报》新闻函授学校教授。1944年10月在重庆出版《上海报人的奋斗》。

续表

序号	姓名	是否留学及留学国家	从业经历	从教经历	著作
20	杜绍文[①]	无	杭州《民国日报》国际版编辑、《东南日报》《前线日报》主笔兼《新闻战线》周刊主编、《东南日报》总编辑、《文汇报》办公室主任	复旦大学新闻系	《新闻政策》《中国报人之路》《战时报学讲话》《国际新闻纵横谈》
21	胡道静[②]	无	《万有文库》编辑、上海通志馆编修、《通报》《中美日报》《大晚报》等报记者、编辑、撰稿人	上海法政学院新闻专修科	《上海新闻事业之史的发展》
22	张静庐	无	创办上海杂志公司并出任总经理		《中国的新闻记者与新闻纸》《中国近代出版史料》《中国现代出版史料》《中国出版史料》《在出版界二十年》
23	萨空了	无	《北京晚报》编辑记者、《世界日报》画刊编辑、《世界画报》总编辑、天津《大公报》艺术半月刊主编	民国学院新闻系、北京新闻专科学校	《科学的新闻学概论》

---

① 杜绍文（1909—？），又名杜超彬，广东澄海人。1927年入复旦大学中文学新闻组学习，1931年留校助教。后任杭州《民国日报》国际版编辑、资料室主任、浙江《东南日报》主笔。抗战期间主编浙江战时新闻学会会刊《战时记者》月刊，《国民日报》总编辑、社长；抗战胜利后任上海《前线日报》主笔兼《新闻战线》周刊主编。1946年至1951年间任复旦大学新闻系教授，1952年任上海《文汇报》记者、编委办公室主任。著有《新闻政策》《中国报人之路》《战时报学讲话》《国际新闻纵横谈》。

② 胡道静（1913—2003），安徽泾县人。1931年毕业于上海持志大学国语系。曾参加《万有文库》编辑和上海通志馆编修工作。"孤岛"时期坚守上海新闻界抗日宣传工作，任《通报》《中美日报》《大晚报》《密勒氏评论报》记者、编辑、撰稿人，同时在上海法政学院新闻专修科讲授新闻史课程，为共产党的抗日宣传培养新闻干部。1949年后历任中华书局上海编辑所编辑、上海人民出版社编审等。

续表

序号	姓名	是否留学及留学国家	从业经历	从教经历	著作
24	管照微①		复旦大学校刊编辑、1931年兼任上海新闻社记者	兰州大学经济系	编《新闻学论集》
25	项士元				
26	蒋国珍	疑为《中国新闻发达史》的译者而非著者②			
28	李公凡	不详			
27	鲁风	不详			
28	刘元钊	不详			

---

① 管照微，高中就读于上海立达学园，曾与王济深、刘仲达、唐旭之等先后组织了"时潮社"和"立达剧团"。后进入复旦大学新闻系学习，与伍梦窗、林楚君、向浦、徐之津等加入了复旦大学"左联"，并负责复旦大学的校刊编辑工作。1933年12月21日因宣传左翼思想被捕，后任教于兰州大学经济系。

② 虞文俊是东亚中国新闻史研究第一人.《中国新闻发达史》译者蒋国珍初考［J］. 新闻界，2015（15）.

表2 书目

序号	年份	书名	作者	备注
1	1903	新闻学	〔日〕松本君平 著	
2	1913	实用新闻学	〔美〕休曼著 史青译	
3	1919.12	新闻学	徐宝璜[①] 著	北京大学新闻研究会讲稿
4	1922.11	应用新闻学	任白涛[②] 著	
5	1923.8	实际应用新闻学	邵振青 著	北京平民大学、国立法政大学讲义
6	1924.4	新闻事业	徐宝璜 胡愈之 著	
7	1924.6	新闻学总论	邵飘萍 著	
8	1925.1	新闻学大纲	伍超 著	
9	1925.2	新闻学撮要	戈公振[③] 编	
10	1927.9	中国新闻发达史	蒋国珍 著	
11	1927.11	中国报学史	戈公振 著	
12	1928.9	中国的新闻纸	张静庐 著	
13	1928.11	最新实验新闻学（上）	周孝庵 著	复旦大学新闻系
14	1928.11	最新实验新闻学（下）	周孝庵 著	复旦大学新闻系
15	1930.4	新闻事业经营法	吴定九 著	
16	1930.5	新闻概论	〔日〕杉村广太郎 著 王文萱 译	

① 徐宝璜，中国新闻学者、新闻教育家。1912年毕业于北京大学，后公费留美，于密歇根大学攻读经济学、新闻学。徐宝璜在美国密苏里大学受过系统的新闻学教育。
② 任白涛，笔名冷公、一碧，河南南阳人。1911年辛亥革命后，先后担任上海《民立报》《神州日报》《新闻报》驻河南特约通讯员，参加当地反袁活动。1916年留学日本，在早稻田大学攻读政治经济学，并加入了大日本新闻学会。
③ 戈公振所著的《中国报学史》最早由上海商务印书馆出版，是研究新闻学和我国新闻事业发展史的开山之作，国内外新闻界将之誉为中国首部新闻史学权威著作。任教上海国民大学期间，戈公振开始着手《中国报学史》一书的写作。在从事新闻工作之余，戈公振致力于新闻教育事业和新闻学研究工作，曾在上海国民大学、南方大学、大夏大学、复旦大学等校新闻系和杭州暑假报学讲习所讲授新闻学方面的课程，在新闻学研究上留下了许多著述。

续表

序号	年份	书名	作者	备注
17	1930.8	中国新闻事业（上）	黄天鹏[①] 著	
18	1930.8	中国新闻事业（下）	黄天鹏 著	
19	1930.8	新闻纸研究	〔日〕后藤武男 著 俞康德 译述	
20	1930.9	浙江新闻史（上）	项士元 编	
21	1930.9	浙江新闻史（下）	项士元 编	
22	1932.7	学校新闻讲话	袁殊 著	
23	1932.8	外人在华的新闻事业	赵敏恒 著	
24	1933.4	新闻学入门	黄天鹏 著	
25	1933.10	新闻学论集	管照微 编	复旦新闻学会丛书
26	1935	实用新闻学（上）	谢六逸[②] 编	申报新闻函授学校讲义之三
27	1935	实用新闻学（下）	谢六逸 编	申报新闻函授学校讲义之三
28	1934.1	新闻学	曹用先	
29	1934.2	新闻学概要	黄天鹏 编	复旦大学讲义、上海沪江大学新闻学专修科
30	1935	上海新闻事业之史的发展	胡道静 著	
31	1936.5	新闻学讲话	刘元钊 编著	

[①] 黄天鹏，字天鹏，别号天庐。1927年1月，他创办了我国首个新闻学刊（1929年扩改为《报学月刊》）并任主编；他是我国新闻学术史上最早研究新闻学之产生及发展史的学者，是我国具有新闻学术史观的第一人。他于1923年就读于北京平民大学报学系，1929年留学日本，修业新研究所，旋入早稻田大学新闻系。归国后出版了《新闻文学概论》《中国新闻事业》《新闻学入门》《新闻学概要》等十余本新闻学专著。

[②] 谢六逸，中国现代新闻教育事业的奠基者之一。著名的作家、翻译家、教授。1917年以公费生身份赴日就读于早稻田大学。1922年毕业归国，入商务印书馆工作。后历任神州女校教务主任及暨南大学、复旦大学、大夏大学教授。1930年任复旦大学中文系主任，并创设了后来闻名海内外的复旦大学新闻系，任主任。

续表

序号	年份	书名	作者	备注
32	1936	本国新闻事业	郭步陶 编著	申报新闻函授学校讲义十一
33	1936.6	新闻之理论与现象	张友渔 著	
34	1936.11	记者道	袁殊 著	
35	1937.7	现代新闻学概论	储玉坤 著	国民党政府唯一指定大学新闻理论教科书
36	1938.7	战时新闻学	任毕明 著	
37	1938.9	中国近代之报业（上）	赵君豪 著	
38	1938.9	中国近代之报业（下）	赵君豪 著	
39	1938.10	基础新闻学	李公凡 著	
40	1939.7	中国报人之路	杜绍文 著	
41	1940.4	新闻学	戈公振 著	1932年完稿，另有1947年版
42	1941	新闻学的基础知识（上）	中美日报读讯会 编	中美日报读讯会实用新闻学讲义
43	1941	新闻学的基础知识（下）	中美日报读讯会 编	中美日报读讯会实用新闻学讲义
44	1941.7	综合新闻学1	任白涛 著	
45	1941.7	综合新闻学2	任白涛 著	
46	1941.7	综合新闻学3	任白涛 著	
47	1944.9	新闻学	鲁风 著	新中国自修学院约稿
48	1946.6	科学的新闻学概论	萨空了 著	另有1945.3出版的署名艾秋飚的版本
49	1946.11	新闻史上的新时代	胡道静 著	
50	1947.12	新闻学的理论与实际	〔英〕斯蒂德 著 王季深 吴饮冰 译	上海文化函授学校读本

新聞學

【上篇】

序言 … (一)

什麼是新聞學 … (三)
  一　新聞的定義 … (四)
  二　新聞的價值 … (六)
  三　新聞的種類 … (一七)

什麼叫做報紙 … (二三)
  一　新聞和報紙 … (二三)
  二　報紙的起源和變遷 … (二四)
  三　報紙的本質 … (二六)
  四　報紙的使命 … (二八)

新聞的來源及其寫作 … (三五)
  一　什麼叫做探訪 … (三五)

新聞的取捨及其處理

二　探訪的對象……………………………………（三六）
三　探訪的準備……………………………………（四二）
四　探訪工作的進行………………………………（五八）
五　怎樣做一個記者………………………………（六六）
六　新聞記者的種類………………………………（八一）
七　新聞稿的寫作…………………………………（八三）

新聞的取捨及其處理

一　什麼叫做新聞編輯……………………………（九三）
二　編輯部的運用和其組織………………………（九七）
三　編輯的方式……………………………………（一〇一）
四　新聞標題術……………………………………（一〇二）
五　新聞紙的版面技術……………………………（一二四）
六　編輯與資料工作………………………………（一三五）
七　編輯和校對工作………………………………（一三九）

言論的態度與寫作

一　社論的撰述……………………………………（一四一）
二　專論與特稿……………………………………（一四六）
三　副刊與特刊……………………………………（一四七）

【下篇】

新聞紙的印刷……………………………………（一五一）
　一　鉛字的鑄造…………………………………（一五二）
　二　排字的拼版…………………………………（一五四）
　三　紙型與鉛版…………………………………（一六二）
　四　印報與印報機………………………………（一六四）
　五　印刷報紙的材料……………………………（一六八）
　六　印刷部的組織………………………………（一六九）

新聞紙的發行……………………………………（一七一）
　一　報紙發行的原理……………………………（一七三）
　二　報紙發行的方法……………………………（一七三）
　三　報紙的售價與批價…………………………（一七八）
　四　紙報銷路的推廣……………………………（一七九）

新聞紙的廣告……………………………………（一八二）
　一　新聞紙廣告的特性及其種類………………（一八三）
　二　新聞紙廣告的技術…………………………（一八四）
　三　新聞紙廣告的兜攬…………………………（一八六）

目　錄　　　三

新聞學

四　廣告價格的計算………………………………（一八八）

報業的管理………………………………………………（四）

一　人事的管理……………………………………（一九〇）
二　財務的管理……………………………………（二〇〇）
三　事務的管理……………………………………（二〇一）

【附錄】

現代新聞事業之發展及其趨勢…………………………（二〇三）

【附圖】

新聞的探訪與編輯
新聞資料的儲藏
排字工作的進行
印刷工作的進行
新聞紙的發行
新聞紙製作過程圖解

新聞學

序言

新聞學是新興的學科，就是在新聞事業發達的國家，新聞學也並不如何發達。美國杜威的十進圖書分類法，把應該屬於「社會科學類」的新聞學歸入「總類」，可見新聞學的落後。至於我國，新聞事業更較工業先進國家落後，因此關於新聞學的書籍，更為貧乏。

新聞學是一種綜合科學，所涉及的範圍極廣。新聞事業尤與一般人民的生活有密切關係。我國初期的新聞紙，僅供文人騷客逞其才辯，其後隨民智的進步與社會組織及社會關係的日趨複雜，人民對新聞紙的要求日益殷切，新聞紙除求國內外新聞報道的迅速與完備之外，更日益重視教育與組織的任務，通過了新聞紙，各界讀者之間能彼此瞭解其意見和需要，而互相裨益。新聞紙更成為現代國民所不可或缺的精神食糧。因為新聞紙所負擔的任務甚繁重，於是新聞從業員的責任也愈益重大，而「才難」之嘆，也「於今為烈」。

訓練新聞從業員的新聞教育，在我國既不普遍，更少切合實用。因為別的學科，大都可以外國為借鏡，能把外國大學的功課搬運到中國來，就已盡其能事，而新聞教育，則外國的課程，就並不適用於中國，何況外國的也未必優良（更說不上盡善盡美）。事變以前，各大學的新聞學系和新聞專科學校，其成績已不見得怎樣完善；事變以來，更限於環境和物質，不能有何進步。而另一方面，則新聞事業雖為物質環境所困，但由於廣大讀者的要求，較過去更受人重視，無論在主觀客觀方面，都進入了新的階段。而一般青

年，願意投身於新聞事業的也日益增多，這當然是一個好現象。

因此，怎樣滿足那些願意投身新聞事業，針對著他們獲得基本的新聞學知識的需要，而提供一些入門知識，成為今日的急務。

我國出版的新聞學書籍，近二十年來也先後發行了數十種，但有得於心而言之有物的，祗戈公振氏的中國報學史等寥寥數種，大部份則或搬譯外人著作，或陳陳相因，絕尟眞知灼見。何況現在則連這些著作也無從購得。在今天無論是新聞從業員要從事進修，或有志於新聞工作的青年想獲得一些基礎知識，都有無書可讀之嘆。

需要的殷切如彼，而新聞學書籍的匱乏如此，編者不揣譾陋，妄想以此編問世，以稍稍滿足當前的急需。本書著手編著，為應新中國自修學院之囑，間日發刊於報紙，公餘之暇，隨編隨刊，刊畢即彙而付印，其中不免有錯誤或不盡之處，希望讀者能隨時指正，以便改正或補充。

我國新聞教育，大部份取法於美國，而美國的新聞界風尚則過分重視興趣而忽略其對社會的影響。本書對這一點，特別再三注意。本書為針對中國目前的需要而編著，其立論為適合現階段中國實情寫原則，一切以簡明實際為主，希望能做到中國化和現代化。這是編者執筆時所懸以自律的目標，但究竟做到若干，還希望新聞界先進多加指正。

上篇 什麼是新聞學

「新聞」是人類歷史動態的表現,是社會意識的表現,人類如果沒有新聞,便會變成社會盲目的虛度者,個人的見聞與經驗,是被其個人社會生活的環境所限制。現代人類的意識內,所以能夠表現得異常複雜而廣大,以至將整個世界人類活動的痕跡,攝入個人意識中去,其原因,便是因為有「新聞」的緣故。所以「新聞」是協助人類克服意識形態發展上的時間和空間限制的一種工具。

解釋

上面所述:「新聞是社會形態的一種表現。」這句話意義,是說「新聞」這東西,並非純然出自人類或新聞記者等個人的思維,而完全是許多事實的表現。所以,一般新聞學者解釋,「新聞必須是種事實」。至於「新聞」這一個名詞,最初產生在什麼地方,以及什麼時候,什麼人所確定,一直到現在為止,尚沒有方法加以具體的證實。有人說,這一個名詞的發生,是由於人類本來的簡略性,也有人說:這一個名詞,在十七世紀中葉的出版物中,已有記載,另據日本新聞學者後籐武男氏的考據,最早起源於德國,以後輸入英國,最後傳播至美國,新聞的性質與內容,逐漸乃有發展。但也有人說:「新聞」這一個名詞的成立,最早係起源於美國,經美國人的運用而發展起來的。所謂新聞的內容,包括着人類的行為,意新聞的起源,最早是出於人類新奇心的自然要求這一點,是已被公認了的。

慾的一切社會事實，和具有變化萬端，發展無窮的生命，因之，新聞是一切新形成的社會現象，和許許多多變動中的客觀事物所造成的。

現代人類對於現實生活的接觸，是多方面的，時代越進化，方面亦越擴大越增多，從多方面的觀察，而使人生意識獲有表現，過去的是歷史，現實進行中的便是新聞。

摘　要

△新聞是社會形態的一種表現。
△新聞是幫助人類克服意識形態發展上，在時間和空間上所受限制的一種工具。
△新聞必須是一種事實。
△新聞的發生，起源於人類新奇心的自然要求。
△新聞是現實的歷史。

二　「新聞」的定義

發生在最近而能使一般人類發生興趣，或對大多數人的生活和幸福發生影響的一切事件，叫做「新聞」。

解　釋

關於「新聞」這一個字的定義，中外新聞學者議論紛紜，因為「新聞」這一個名詞是非常抽象的，要加以具體正確的規定，比較困難，同時，由於現代新聞學的不斷發達，其涵義的規定，更增困難。因之，一直到現在為止，「新聞」這名詞

還未有世人認為最滿意的定義。上面的一條，是編者根據個人見解，並參照各家新聞學者已有的定義，加以歸納而來。不過，考察一般新聞學者意見，對於：(一)「最近發生的事故」(二)「對大多數人發生興趣的事故」(三)「與多數人類發生關係的事故」等三點，則是一致公認的。茲將各國新聞學者所下的定義，擇其比較合理而完善者，分列於次，以作參考：

△中國徐寶璜氏：「新聞者，乃多數閱者（指新聞紙的閱者）所注意之最近事實也。」

△中國邵飄萍氏：「新聞者，最近時間內所發生，認識一切關係於社會人生的興味，實益之事物現象也。」

△中國潘公展氏：「最近發生之事實，能引起多數讀者之興味能給予多數讀者以實益，方為新聞。」

△美國葛蘭特海德氏：「新聞者，就是最近的事故底紀錄而引起讀者底興趣的，且是使大多數讀者，感覺興趣的最近的事故。」

△美國萊爾·斯賓塞氏：「所有刺激人底心情的，使人發生興趣的，都叫做新聞。」

△美國哈林頓氏：「人類所具有興趣事故，統謂之新聞。」

△美國布雷亞氏：「凡對多數的人們靈活地予以趣味者，都叫做新聞。」

從前面許多刻板的定義裏面，大概可以使我明白，新聞這東西，是個含着這樣的一種內容，有時間性的。假使是舊的，失掉了時間性的，都不是新聞而是歷史了。比喻電影明星阮玲玉自殺，在阮女士自殺的當時，是一件很好的社會新聞，到現在，已變成僅能引起人們一些回憶的社會歷史事件了。再拿近一些的事實來說，一九四一年十二月八日，日本對英美宣戰，在當時是一件轟動世界的新聞，到現在那一天的事實，亦已變成一種歷史事件了。

其次，新聞必須是使人發生興趣的程度越大，越是個好新聞。比喻張三養了一個兒子，這是一件事實，但不能算為一個新聞，因為這事實，張三的家裏人或他的丈母娘等對它發生興趣，但對於大多數的人們，則一些也引不起興趣的。如果張三養的是個怪胎，那麼就算是件社會新聞了，因為怪胎這一件事實，已能引起人們的興趣。更擴而大之來講，如果這個怪胎產生在一個有地位人士的家庭裏，或者生這怪胎的是位著名女伶，或是著名電影女明星的時候，於是，給人們的興趣就愈加大了，新聞的價值也就更大了。

再其次，新聞必須與人類及公共福利有關的事。或者是對個人和別人的關係與活動，以及對個人行為有所教訓的事。關於這一點，就是說凡是一件新聞，其與人們發生的關係愈大，引起人們的注意也必定愈大。比喻說，紗布實行統制了，這一件統制紗布的消息；必然的大多數的人們所注意的因為紗布的統制，會與大多數人們的生活發生的關係的緣故，反之，如果統制的不是紗布，而是普通較次要的綢緞呢絨，香烟之類，新聞固然仍是一件新聞，但其影響和廣大性就比較差了。

所謂「對大多數人的生活和幸福發生影響」，其範圍是非常廣泛的，有些甚至是間接的。如某人發表一則談話，或一篇文章，發表談話或發表文章的本身，雖因某人的地位如何而有引起人們注意的強弱之別，其談話或文章內所涉及的事情或提出的主張，或有關政治經濟，或有關文化，都和大多數人的生活幸福有影響。又如某人辛苦地完成了一件富有藝術價值的作品，這一事實，雖對大多數慾衣廢食的平民沒有直接關係，藝術作品，旣不能衣，飢不能食，能欣賞的僅限於少數人士（以今日中國的情形講），但與一國的文化有關，廣義的講，仍與大多數人的幸福有影響，還是不失其為新聞。對學術上的發明與發現，其影響比藝術作品較為直接，更是一件新聞。

美國發生大罷工風潮，似乎和我們中國人民的生活如風馬牛不相及；事實上並不如此，在平時會影響到美國輸入中國貨物的減少，某些美國貨會漲價，某些國貨工廠可以增加生產品的盈餘，還會因此刺激其他有連帶關係的工商業，在戰時，則顯然足以削弱美國的生產力，和我們的關係更大，所以是一件重要新聞了。

摘要

△ 新聞的本身，必須是種事實
△ 新聞必須是為大多數人發生興趣的事件
△ 新聞必須是與大多數人類發生密切關係的事件

二 新聞的價值

「新聞價值」的問題，如果直截了當的說明，正如前面一節曾提到過的，凡是一件新聞，關心的人愈多的，它的價值便愈大，其影響程度越大，其新聞價值也愈大。反之，也是一樣，就是：一件新聞，很少能刺激人們興趣和關切的，它的新聞價值便越小。這是「新聞價值」最簡單的解釋法。不過，以宇宙之大，世態變化之複雜，每一件新聞事實價值之巨細，這樣簡單的解釋當然是不夠的，現在我們分下列七點，來分別說明新聞價值的各方面：一、時間性，二、距離性，三、關係性，四、著名性，五、異常性，六、情操性，七、指導社會向上性。

1. 新聞的時間性

新聞在時間價值上的衡量，必須以「現在」標準，即最接近於「現在」的新故事，為時間性上的最高價值者。所謂：「新聞如鮮魚」，同一新聞，其價值與發生至刊登相距的時間，適成為反比例，相距的時間愈短，則新聞的價值愈大，愈長則愈小。

解　釋

上面所說的所謂新聞的時間接近性，是指對「現在」的接近的意思。人類的本能，便包含有愛好新奇的天性。現在的最新的新聞事實，比過去的，陳舊的新聞事實，其刺激力必定大大的增加。過去的新聞事實，很容易喪失它的刺激和興趣，係因喪失了新聞時間接近性的緣故。新聞如果失掉了它的時間性，不但新聞的價值會減少，甚至會完全喪失掉。比如拿昨天的一張新聞紙和今天剛出版的新聞紙來比較，昨天的報紙，便會像一瓶走了氣的啤酒，反之，今天的報紙，就彷彿是一尾剛出水的新鮮活魚。

再以事實來作列證，電影明星英茵女士服毒自殺的新聞，在這件新聞事實最初發現的一個時間，是最新鮮的，當時會引起許多人的注意和感情衝動；可是，到了現在，大家的腦筋裏已漸漸的淡忘了，原因便是因為服毒的自殺，這一件新聞離開現在已經有了相當的時間，亦即已失去了它的所謂新聞時間性。不過，假如這一件新聞事實，與另一件同性質的新聞

事實比較一下，諸如以另一個電影明星阮玲玉女士自殺這一件新聞來比較，則後一件新聞價值，比前一件新聞價值更形減少了。阮玲玉自殺新聞，比較英茵自殺新聞，在人們腦海的印象更形淡漠了，這是一個事實，因爲阮玲玉自殺這件新聞事實的發生，在時間上，比英茵自殺的新聞的發生，更離開得遠，因之，它的新聞價值自必是更形減失了。

以上是普通一件社會新聞的實例。再以國際大事爲例，當這次歐洲大戰爆發，德英戰局達最緊張階段的時候，德國社黨副總理赫斯突乘飛機出亡蘇格蘭，這一新聞發生的當時，不知引起多少人的注意，以及各種光怪離奇的猜測與議論，所有世界各國報紙，都以最大的標題，以第一條新聞登出來。可是到了現在，雖然時局不過隔了短短幾年，而人們的印象中，已在漸漸淡忘了。不過，這一件事實的新聞性到現在固還沒有完全失去，因爲赫斯的出走，與戰爭有密切關係，而戰爭尚在繼續中，說不定將來還會發生什麼作用。如果隔得更遠一些，或是到大戰結束的時候，這一件新聞，必然會變成僅引起人們傳奇式囘憶的資料而已，這又是由於時間性的遠近的緣故。

由於時間接近性，與新聞價值關係的重要；所以，現代新聞紙的工作者，對新聞獲得與新聞發表時間性上的爭取，是予以最重大的努力與注意。如爲了新聞獲得的時間上的競爭，在新聞探訪的技術上，已發展到預先佈置一件新聞的發生的階段。譬如當第二次歐洲大戰開始不久，德法的戰局尚未決定最後成敗的當時，有許多國際上重要報紙，預先就派新聞記者到巴爾幹佈置戰爭新聞的一切準備工作。雖然，當時一般的觀察，尙不能確定德國的軍隊，是否一定會向巴爾幹進攻。另以別一個事實爲例，當十年前日本濱口雄幸首相遇刺，彈穿腸數洞，經開肚接腸後，因爲斷腸之處過多，接續後，生命是否得保，有待於一屁，蓋如能通屁，即可證明斷腸接續完固，生命即可無虞。當時日本及世界各國駐東京新聞記者晝夜守於首相官邸，以待一屁之發，俾準備在最迅速之時間中，獲得了一件重要新聞。

關於發佈新聞的時間速度的爭取，由於科學的進步，印刷術的發展，而在逐步增進着的。過去一般新聞的報道，普通是每日發行一次的日報，現代的報紙，爲求新聞的從速刊佈，有的已增刊夜刊，或甚至於午刊，必要時，再隨時刊發「號外」，俾使新聞於最短時間內，發佈於讀者之前。所以，現代的新聞事業，爲了求新聞的新鮮，及刊佈上的迅速，不惜用種種技術與方法，以求改進，其原由便在求新聞時間價值的增高。

摘要

△ 新聞在時間價值上，最新及最接近「現在」者，其價值也越大。
△ 新聞如鮮魚，愈新鮮，其價值也越大。
△ 新聞如果失了時間性，其新聞價值便減少，或甚至完全失掉。
△ 現代的新聞事業，為了求新聞時間的接近性，盡量的增加發刊次數，以增加其新聞的新鮮性，增加新聞的價值。

2. 新聞的距離性

人類是對種族地方有深悉利害觀念的一種動物，凡發生於自身周圍的事，必特別感到趣味和刺激。因之，新聞事件發生的場所，與讀者間的距離愈接近，讀者對新聞事件的關心和興趣亦必愈大。人們自己生活關係內的事故比別人生活關係內的事故要關切，本地的事故比外埠的事故要關切，本國的事故比外國的事故要關切，同種族的事故比異種族的事故要關切，這是新聞價值中一個法則。

解釋

前一節述及的新聞時間性，是新聞價值第一個主要原素。新聞的距離性，則是新聞價值第二個主要原素。時間性在新聞價值上是縱的因素，距離性在新聞價值上則是橫的因素。

引例來說，同樣是件盜劫事故，如果這件強刼案發生在自家的鄰近，終比發生在別條街上來得注意。再如中日戰爭發生之初，上海大世界門前落下一個炸彈，死傷了無數生命，展開了一個慘絕人寰的場面，當時這一件事故，會使每一個上海人驚心動魄。這一件新聞，如果用新聞距離性來解釋新聞價值，那末當這件新聞事故發生時，住在大世界左近會目擊這事

上編

九

3. 新聞的關係性

摘要

凡一件新聞事實，其關係影響所及的人或事愈廣大，它的新聞價值，也必然隨着關係擴大的程度而擴大。反之，其關係影響愈小，其新聞價值也自必隨之縮小。

△新聞事件發生的地點，與讀者興趣成一正比例（即距離越近，興趣越大，距離越遠，興趣越淡）。

△人們自己生活圈內的事故，較他人生活圈內的事故要關切。

△新聞時間性，是新聞價值縱的主要因素；新聞距離性，是新聞價值橫的主要因素。

△讀者對本地的新聞，較外埠新聞關切；國內新聞，較外國新聞關切；本族新聞，較外族新聞關切。

解釋

在第二節「新聞的定義」中，曾述及「…對大多數人的生活和幸福發生影響的一切事件，叫做新聞」。這所謂：「和生活幸福發生影響，」便是指新聞和人類的關係，至關係的大小和深淺，則是新聞價值的問題。不過，這裏所指的「關係性」，並不是指廣義的「關係」，而是指狹義的「關係」，因爲廣義的關係性，可以說每一種新聞價值都可以以「關係性」來說明的，因之，這裏所要說明的，是狹義的關係性來說明新聞價值的問題。

故實像的，一定比得距離較遠，而未會目擊的人們來得驚心動魄。同樣的，住在南京與北京的人們，對這件新聞的關係，一定有不會比住在上海的人來得關切。再換一個例子來說。本國的內閣改組，總比外國政府內閣改組來得引人注意；再遠一些來講，日本政府內閣的改組，比歐洲或美洲地域內國家的內閣改組來得使國人關切，這一切事例，都說明了新聞距離性，決定了新聞的價值。

據心理學家的分析，人類性格分析到最後，必然是自私的。所以，每一種事件的發生，如果與他自身發生密切關係的，他必定特別加以關心。如果利害關係比較淡薄的事件，關切的程度，亦必然減少。根據這種心理學上原理來解釋新聞價值，就是，凡是一件新聞事實，它影響所及的範圍愈多愈廣大，則其新聞價值亦愈廣大。

我們拿實例來解釋，假定有一家公司，在某一天遭強盜洗劫了一次，損失了一筆財產，這固然是一件新聞事實，不過從新聞價值上來解釋，這新聞並不是一件重要的新聞，因為這一件新聞事實影響所及，關係並不廣大，最多不過是這公司的股東們遭受了一些財產的損失，其他關心這件事的人們，因為沒有切膚的關係，最多祇予以感歎與同情而已。假使這遭劫的場合，是發生在一家大的銀行或者郵政儲金局之類公共儲蓄機關的時候，情形就稍稍不同了。因為一個公共儲蓄機關，突然損失了一筆鉅款，也許會立刻影響到這家儲蓄機關的信用，以致動搖它的存在基礎，於是，所有儲蓄戶都會受其影響。因之，這一件事實的被關切的範圍，當然比前一件事件的要廣大了，這一件新聞事件的價值，它自必較前一件新聞價值來得大了。如果更進一步，這家儲蓄機關被劫的鉅款，是用來救濟一次廣大的水災或旱災的，如果這筆款子被劫，這一次急切的救濟工作勢必停頓下來，以致無數的生命將因之而遭犧牲。那末，這一件新聞事件其被關切性，自必更擴大了，這種關切，不僅是面積上的廣，而是深度的深，因為這件新聞事件，關係到無數人的生命死亡，其新聞關係性上的價值，自然也更形擴大而深入了。

摘 要

△以新聞關係性來說明新聞價值，是指「狹義」的新聞關係性。
△凡一件新聞事件，其關係和影響的範圍愈廣大，其價值也愈廣大。
△凡一件新聞，與多數人的關係愈深入，其新聞價值也必愈廣大。

4. 新聞的著名性

凡是一件新聞事實，無論是人物，地點，或是事件，為讀者事前所熟識，或已有相當預

上篇

備知識者，定必較新的，以前所不知道的人物，地點，事件來得容易使人們發生興趣和親密感。因之，它的反響亦大，其新聞價值亦必更大。

解釋

人類天生有一種強烈的「求知慾」。對於想知道而未能知道的東西，固然存在着強烈的「求知慾」，而對於已經知道一部份，而尚未知道其他部份的「求知慾」，常常是更強烈的，這便是由於有了「預備知識」的緣故。比喻電影女明星陳雲裳與湯于翰結婚事件，其實，結婚是件極平常的事情，算不了什麼一回事。但為什麼陳雲裳的結婚，會引起成千成萬人的注意和興趣呢？就是因為陳雲裳是個多數人的所預先熟知的，因之，陳雲裳的結婚事件，便變成一件新聞事件了。以其他一般新聞而論，同樣一篇談話或一件新聞，出於名人之口與出於普通人士之口，其新聞價值則完全不同了。當世界大戰德國節節勝利的時間，希特勒元首是世局舉足重輕的人物，希氏的一舉一動，自然是認為重要的新聞資料了。再拿最細小的實例來說明，開醬肉舖必取名「陸稿薦」，糖菓店必名「采芝齋」，湯糰店非用「喬家柵」不足以號召，再等而下之來說，一般市上新店舖開幕，必設法拉攏幾位名流，名媛，明星，大亨之類來舉行開幕剪綵，其原理和作用亦在於此。這都說明了「著名性」和新聞價值關係的密切了。

至於以地點來講，「盧溝橋」是中日戰爭的爆發點，因之，盧溝橋這地方已為每個人士所熟悉，於是盧溝橋這地方，在新聞學上，就具備了讀者「預知性」的條件。再如貢比臬森林，是第一次歐洲大戰結束時，德法簽訂停戰協定的地點，故該地點為世人所熟悉，至第二次歐洲大戰爆發以至第二度的德法停戰協定在貢比臬簽字的時候，當貢比臬這個地名再提出來時，早為世人所熟知，因之，該事件更引起了人們的興味和注意。因之，新聞價值也就愈形增加了。其他種種，亦可由此類推。

摘要

△人類天生有一種「求知慾」，對於已知其一部份，而需要知其他部份的「求知慾」則往往是更強烈和更感興味。

△關於事前熟知的人事有關係的新聞，必然比事前全無所知的新聞，更能引起興味和親切感。

△人們「熟知」的程度越大，新聞的反響作用亦必愈大，故其新聞價值亦必愈大。新聞著名性和新聞價值，必成一正比例。

5. 新聞的異常性

凡一件新發生或新發現的事實，這事實如係「非常態性」的，即係反常性或異常性的，這一種事件，便含有了新聞價值。如其反常性和異常性的程度愈高，則其新聞上的價值亦愈大。

解釋

有一個美國新聞學者解釋「新聞」兩字的意義謂：「狗咬人，不是一件新聞。如果人咬了狗，則是件新聞了。」這一句話來說明「新聞」這個名詞的全部意義，當然是不夠的，如果用來說明新聞的異常性，恰是一個很適當的例子。「狗咬人」這是種常態的事件，隨時隨地都會發生的，所以這不是一件新聞。反過來，如果有一天發生了「人咬狗」的事件，這便是新聞了，因為這是人們所想像不到，也不能以常態來說明的事情，這便是種反常的事件，於是，這是件新聞。

某人家生了一個孩子，這是件不希罕的事件，如果某人家生了雙胞胎，那末左右鄰居便會作為茶餘酒後的談話資料，便發生了一些新聞的價值。如果誰都不希罕的事件，如果某人家生了個三胞胎，而這三胞胎的臉色，一個是紅的，一個是黑的，一個是白，像傳說中所謂「劉關張」投胎，新聞紙便會把這消息用花邊框刊登出來。因為三胞胎不是常有的事，而面色的各異，更不是常有的事。數年前，加拿大某農家產生一胎五女的事，這一件事，立刻很快的把消息傳播開去，引起了全國人士，甚至是全世界人士的注意，而對這件新聞發生了濃厚的興味。好萊塢電影公司專門為這五姊妹拍了

電影,以供世界各地人士的玩味,英國政府甚至特派官家醫師,爲這五個孩子照料飲食和注意他們的健康。這也因爲「五胞胎」更不是常有的事,它的反常性,自然較雙胞胎,三胞胎更大,所以當然更引起廣大人們的興味和注意。

記得數年前,有一個朝鮮壯士到上海來表現生吃活蛇,和生吃野禽,甚至可以毫無忌地吞服任何有害普通人生命的毒菌,這事件,當時也曾被當作很妙的新聞資料而映傳一時,這也因爲吃活蛇,吃毒菌是件反常的行動,因爲反常,在新聞學立場上,便有了新聞價值。

黃金,白銀,鐳錠之所以名貴,因爲這些東西生產稀少的緣故。同樣,在人類的所特有的常態性格中,稀少便會引起人類的特別注意和寶貴。所以,同樣的,反常和異常,也能特別引起人類感官反應的,因之,新聞事件本身的「反常性」越大,其新聞價值必然的愈高,這一個新聞價值的原理,是根據於「人性」的。所以,過去的歷史中,曾不知有多少事件,因爲其反常性而引得廣大讀者的興味。像英國皇帝愛德華六世的「不愛江山愛美人」,像德國某著名女運動家突然宣告女性變成男性,上海南市發現五百年前僵屍面目如生等等,都是很好的例子。假如有一天發生「雄雞生蛋」那樣的事情,自然更是一件「異常性」的好新聞了。

△一件事實的發生如具有超常的「異常性」的,便存在着新聞的價值。
△新聞事件的反常性愈大,其新聞價值也必愈大。

摘　要

6. 新聞的情操性

由人類感情反射的程度,來確定其新聞價值的,新聞學者名之謂「新聞的情操性」,或者稱之謂「新聞的感性」。亦即是根據新聞事件對人類—讀者在感情上所發生的感應和反應程度,來確定新聞事件的價值,稱之謂「新聞的情操性」。

解釋

人，是一種感情的動物，在人性的本質裏，是充滿着一種的情操。新聞的讀者是人類，由於人類這種情感性的反射作用，所以，每一件新聞事件必然具有它的「情操性」。當然，人類的感情程度是不一致的，有的豐富，有的薄弱，有的對某一種事物，能發生濃厚的感情，對另一種事物則又完全不同。不過，有許多情操性，則普通人都有共同性的，比如說，「惻隱性」，雖然每一個人有濃淡程度的不同，而惻隱之心，人人皆有之，則為事實。比如有一部份慈善為懷者在建議及籌備救濟上海的街頭流浪兒童，這一件新聞事實，雖不像一般戰局移動的消息那樣引起人們的注意，但確也引起許多讀者的重視，這便由於人類普通的惻隱情操的反射的關係。因之，救濟流浪兒童這一件事實，便具有新聞的價值了。

人類所具有的情操是非常複雜的，所謂「七情六慾」者，便是指人性中所包含的情操種類不多。不過歸納起來，最普遍地反映在新聞方面的情操，大概可分為：（一）性，（二）死，（三）鬥爭，（四）冒險，（五）英雄崇拜，（六）幸運等幾種。

我們以實例來說吧，「性」的情操作用，關係於新聞的價值是很大的，因為人類對男女觀念，直到現在為止，還是相當歧視的，同樣一件新聞，發生在女子身上，和發生在男子的身上，其被重視的程度就不同。「女明星」之比「男明星」更引起人們的興味，這是目前的事實。假如發現一個無名女屍的時候，新聞編輯者常常要加上「豔屍」等形容詞，此外如姦情，哀情新聞之吸引讀者重視，便是因為讀者對人類情操性的這一種弱點，這種例子是非常多的。慘亡，自殺，巨災等等新聞之引起大量讀者注意，便是由於人類對「死」有着強烈的感情反射作用的緣故。對戰爭之類事件之引起讀者注意，也是由於人類「鬥爭」情操性的存在。一般人對名流要人之另眼相看，則緣於人類對「英雄崇拜」的情操性的關係。中日事變初期，上海租界鬧市落下炸彈，死傷無數，而且遭難者屍體橫飛，血肉四濺，造成了空前未有的慘狀，因之，這一事件實引起了無數人的注意，而且的情操性反射愈強烈愈擴大，則其反映於新聞上的價值也必大。中日事變初期，上海租界鬧市落下炸彈，死傷無數，而且遭難者屍體橫飛，血肉四濺，造成了空前未有的慘狀，因之，這一事件引起了無數人的注意，而且這一件慘聞，在新聞學上講起來，便是一件最好的最有價緣於這一件新聞，反射了最深刻而強烈的情操性的關係。

值的新聞資料了。所以，丟開人道主義立場，有人批評新聞記者最「幸災樂禍」，就是因為災禍是可以刺動人類的感情的。總之，由於人類情操性發揮的情形，來確定新聞之價值的存在和大小，在新聞價值論範圍裏，是佔很重要地位的。

7. 促使社會的向上性

摘　要

△由人類感情的反射作用，來確定新聞價值的，謂之：「新聞的情操性」。

△新聞情操性的範圍非常的廣大，主要的有性，死亡，鬥爭，冒險，英雄崇拜，幸運等幾方面。

△凡是一件新聞事實，其對人類——讀者的感情反射作用越強烈擴大，則其新聞價值也隨之擴大。

凡一件新聞事件，這件新聞事實對讀者直接的反應上，或無顯著的新聞價值，而從「大我」或「社會」的觀點來看，如含有隱伏性的，或未來性的意義，而同時具有積極性和促使社會向上性的時候，這種事件，也同樣包括着相當的新聞價值。這種新聞價值，稱之謂：「促使社會向上性價值」。

解　釋

「新聞」的「促使社會向上性」價值，在新聞價值上，應該是佔有極重要地位的，但過去一般新聞學者，對這一點類都是忽視的。我們知道，人類不斷活動的目的，主要的在求生活的改善，和社會的向上，而社會的向上，更是互為因果的。現代新聞紙的使命，在本位的立場上說，是寫盡責於新聞的報道；更積極的意義來說，該是在促進「社會的向上」。我們明白了這一點基本原理，便得承認「促使社會向上性」，在新聞價值中的重要。比喻說，開一次普通的展覽會，或者某名家的一篇演講，或者科學家，思想家在學理有所貢獻與發明，這些活動和事實，雖然直覺的對人類不發

生影響作用,亦不能引起讀者濃厚的興味,但該項事件活動的本身,是對社會對人類有益的,就是含有指導和促使社會向上的作用,所以,這些事件,都是具有著新聞價值的。所以,一個有思想有遠見的新聞記者,對這類新聞價值的重視,並不亞於對一般戰爭新聞和低毀黃色新聞的重視的。

反之,如果一件新聞,在時間,關係,距離,情操各方面都有重大價值,而對社會的影響上則有不良後果,就是說違反了「促使社會向上性」,如賭博,風化,自殺等,則其新聞價值就相對地減低了。美國式的新聞紙常過分重視新聞的刺激性,但純正的新聞工作者則應該嚴格注意到對社會的責任的。

摘要

△「新聞」積極的意義,應含有對人類生活改善及對社會促使向上的作用。
△具有「促使社會向上性」的新聞事件,應具有新聞價值。
△現代有遠見的新聞記者,重視新聞促使社會向上性價值,不亞於重視其他一般的新聞價值。
△凡對社會有不良影響的新聞,即相對地減低其別方面的價值。

關於新聞的價值問題,大致已分別述明如上。不過,我們對一般新聞價值的看法,並不能用十分機械的方法的。常常有許多新聞,其性格類多是混合的,即含有幾種以上的新聞性格的,所以它的新聞價值也很難用固定刻板的原則去衡量的。比喻一件火災新聞,它就同時具有關係性,時間性,距離性,情操性等多元的新聞價值原素,其他的新聞也大多如此。

三 新聞的種類

新聞的種類,可以用兩種方式來區分,一種由觀念上來區分新聞的種類,也即所謂平面的分類法。另一種由性質上來區分新聞的種類,即所謂立體的分類法。現分述如次:

1. 觀念上的分類

新聞是世事形形色色的報道，所以它的來源和所表現的性質和形態，是非常廣汎的。如果為了新聞記者的工作上的習慣性，和研究方面的便利起見，從新聞觀念上的區別，普通的把新聞分作：（一）政治新聞，（二）國際新聞，（三）經濟新聞，（四）文化新聞，（五）社會新聞，（六）體育新聞等六個主要綱目。

解釋

從觀念分類新聞，照前列的分法，是依照中國新聞記者的習慣和適用的分類。所謂「政治新聞」，通常是包括內政，外交，財政，警務，衛生行政，司法行政等等。「國際新聞」包括與本國直接有關的外交新聞以外的所有國外新聞。「經濟新聞」是包括實業，產業，金融，運輸交通及其他關於經濟範圍以內的新聞。「文化新聞」包括教育，文化，學術，出版，藝術等有關文化思想方面的消息，都屬之。「社會新聞」則是包括以個人為中心所釀成的一切專件，以及有關於市鄉自治機構的一切活動紀錄都屬之。社會名流被暗殺事件，固然是屬於社會新聞的範圍，如果一個政治要人突遭暗殺，同鄉團體的成立，自警團的組織等等也是屬於社會新聞。社會新聞被暗殺事件的直接因果，諸如姦情，自殺，火警等等屬於個人的事件。社會新聞類多被放在第四版，不過也可以列入社會新聞的範圍，因為暗殺的直接因果，社會新聞類多被放在第四版，前者的出典，是因為各國新聞紙的編制，社會新聞類多被放在第四版。後者則因為美國會有一張專刊暗殺，姦情等社會新聞的報紙，習慣上便呼之謂「四版新聞」，這名稱特別在日本是很流行的。至「體育新聞」，則包括各項運動團體，及有關體魄鍛鍊的一切行動和事件等。

以上是中國新聞界方面比較通用的分類法，根據這樣的分類，所以中國新聞紙的編制方面，也多根據這種分類而有黃色的紙張來印刷，以醒眼目，因之，人們便對「社會新聞」稱之謂「黃色新聞」了。這一個名稱，目前在中國新聞界中，也已變成一個很普遍而流行的名稱了。

「要聞版」，「國際新聞版」，「經濟新聞版」，「教育新聞版」，「體育新聞版」，「社會新聞版」的分欄編製。關於這種分類是否絕對合理，直到現在很難確定。因為這一類與那一類之間，常常都有着混合性的。諸如上面說過，一件社會新聞，常常同時也可作為是件政治新聞的。再引一個例說，如政府頒佈了一個新的法幣政策，這是一件政治新聞，因為這件新聞是直接和金融界發生了密切關係的。所以，新聞的分類，盡整個國家的行政和國策，但同時又是件經濟或金融新聞。故而近代新聞事業進步的國家，如日本，如美國，他們把新聞的分類，要加以絕對的界限和說明，是不可能的。

嚴分得精細，以減少彼此混合的程度。

2. 性質上的分類

從新聞的性質上來分類，也即是從立體方面來區分，則種類比較簡單。一種是：「報道新聞」，即日本新聞學者稱做：「記事新聞」的，英美人所謂：「News」者是；另一種為「情操新聞」，第三種為「讀物新聞」等三類。「報道新聞」是新聞的本體，即純粹性的新聞；「情操新聞」是在「報道新聞」中滲入相當記者主觀情操的新聞記事屬之，第三類「讀物新聞」為一切純主觀性的新聞附屬記事。

解　釋

說明新聞的種類，從觀念上分析，像上一節內所說明的，可以分成許多具體的類別。現在從性質上來分，則比較簡單，就是如前面所述明的，一種是新聞的本體，所謂「報道新聞」，即純客觀的新聞記事；第二種是「情操新聞」，這種新聞便是在純客觀的新聞事實中，滲入了記者個人的情感成份；第三種是「讀物新聞」，這類讀物新聞，幾乎常常是包含有着最主觀的立場，具體一些說明，凡如評論，專論，特稿，以及一切新聞的補充材料及作品都可歸入這一個部門。

所謂「新聞的本體」者，是指一個純粹的新聞報道，祗是簡潔，明瞭，平淡地把一件新聞事實報道出來，不弄什麼辭藻

上編

一九

，也不加任何解釋。這種純粹報道新聞，主張新聞本位論的美國新聞學者認為是新聞生命寄託的所在。而事實上，也確是新聞工作者最主要的努力對象。美國開薩斯州立大學教授林特氏，曾說明所謂純粹報道新聞，必須：「在理想與精神上公平無私，並須不夾一絲一毫的偏見」。

其次關于「情操新聞」，「情操」兩字的解釋，「必須本于非人稱的，及純客觀的記載來報道」。

撰述一件關于英雄事蹟，自殺或殉情等等新聞的時候，常常在不經意中，記者的感情，會隨着新聞事實的報道洋溢到字裏行間去，諸如對英雄的崇拜，對盜賊行為的憤懣，對名人死去的哀感，對忠勇事件之歌頌等等。這類新聞記事，便是在純粹新聞紀事中滲入一部份主觀的情感的成份，故名之謂：「情操新聞」。

以實例說，如民國卅二年十一月十八日新中國晚報上有如下一條新聞：

「本市華商交易所，自復業以來，證券交易，原定採取隔日交割制，現決定改行七日交割。此項新實施，將於下星期一起執行。至於以前市經濟局所發之卅五家華股號執照，業已收回，由實業部發給新執照。場內經紀人之證券證明費，現亦同時取消，改收交易稅，由所方收齊後，繳呈實業部云。」

上面一則新聞的內容，如「實行七日交割」，如「收回舊執照，由實部發給新執照」，如「證券證明費，亦同時取消，改收交易稅。」等等，都是報道純粹的新聞事實，一些不夾擾有記者的主觀意見，所以，這是一則標準的「報道新聞」。

如果現在換一則新聞來看：

十一月廿日新中國報第三版本埠新聞刊：

「住居於浦東小石橋之十一歲幼女龔金弟及八歲幼女羅姚珍，於本年七月廿八日傍晚，出外遊樂時，被其隣居崇明人金川林騙至其家，將兩孩謀斃，並將兩屍孩棄於荒野。至八月三日，孩屍始被發現，屍體四肢已被割，歐狀殊慘，路人觀者如堵，咸謂兇手慘無人道云」。

這一則新聞，大體上論，也可說是一則報道新聞的，因為這一則新聞的本身，主要是報道了一件孩贅被殘殺的事實。

不過該則新聞的末尾「……四肢已被割，歐狀殊慘，路人觀者如堵，咸謂兇手慘無人道云」，這一段，除掉報道新聞事

實之外，又滲入了記者的感情作用，就是有了主觀的成份。特別是「慘狀殊慘」，「兇手慘無人道」兩句，完全是記者下筆時主觀情緒的流露。一種非常自然的流露。因為如果祇單純報道一件新聞專實，所謂「慘狀殊慘」，所謂「慘無人道」字樣，是可以不必插入的。但是事實上，在各項新聞記載中，特別是關於社會方面的記事，這種片斷感情性記述的插入，是很普遍的。所以，這一種新聞，可稱之為「情操新聞」，亦就是報道新聞與記者主觀感情滲雜着的一種新聞。大體上講，「情操新聞」中組成的成份，報道的成份，總比情操的成份的有，不過並不普遍。如近年來中國新聞紙亦很流行着的所謂「特寫」，亦就是「特寫新聞」這類新聞稿件的內容，常常主觀描寫成份，比新聞事實的成份佔得多。（關於特寫新聞具體說明，另章再有詳述）。

至於「讀物新聞」者，從顧名思義來解釋，所謂「讀物」，是指文章之類的東西，但是單是讀物是不行的，這種讀物，必須直接的或間接的與「新聞」有關，始能成為「讀物新聞」。如評論，時事解釋之類的新聞附屬文字，它的本身不是種新聞，但與新聞有着最密切的關係，因之，它已不是一般普通的文字，而是一種含有「新聞血統」的文字。如評論，它是闡揚時事和對時事提出指導理論的一種文字，它必定是隨着時事新聞走的。所以，它不是普通文字，而是一種新聞性的讀物。如果一篇評論，它不能緊密地把握住新聞性，則不能成為評論，祇少不是一篇完美的好評論。其次是專論，專論不像評論那樣，必須要有絕對的新聞性，但論點的對象，必須是比較新近的時事，故新聞紙上的專論，也必然帶着新聞性，因之，它也是種「讀物新聞」了。此外時事解釋，人物誌，地理誌等類的文字，能與報道新聞發生呼應作用，或能發生說明作用的時候，它便成了一種「讀物新聞」了。

「讀物新聞」，在刊載的地位上，和「報道新聞」，「情操新聞」不同，是不能混合刊的。大體在新聞紙面上有它特定的地位。如評論有評論專欄，專論有專論專欄，時事解釋之類，也大抵用特別線框把它劃分開來。不過有一小部份解釋性的讀物新聞則是例外，很多是混和在「報道新聞」或是「情操新聞」裡面的。我們可引一則新聞來作例，如下一則新聞。

【柏林廿二日海通社電】德國名記者華文特羅柏氏，於前晨在慕尼黑逝世，享年七十四歲，渠為海軍退伍軍官，為反英派，斥英國為德國主要敵人，為全歐洲之敵人。渠最近之著作：「自波斯丹至杜恩」一書，銷行頗廣云。

上面這一則新聞，前一段報道了一個著名德國老新聞記者的逝世，是純粹的報道新聞。但「渠寫海軍退任軍官起

，麦渠最近之著作『自波斯丹至杜恩』銷行頗廣」一段，則並非新聞，而是一段解釋性的文字，在平素，它僅是一種普通的參考資料之類的文字而已，但現在和報道華氏死訊的新聞配在一起，它就有了新聞性，於是它在這一種場合被發表出來，就成爲一則「讀物新聞」。所以上一則簡單新聞中，同時包括了兩類新聞，一種是「報道新聞」，另一種是「讀物新聞」。和前面所引用的一則新聞中，同時包括了「報道新聞」和「情操新聞」一樣。有時候，常常是三種性質的新聞同時混滲在一起的，如果多注意新聞紙上的各色新聞，是隨時可以發現的。

在「讀物新聞」範疇中，有的新聞學者主張把新聞紙副刊中的文字，也一律包括在內。但也有新聞學者認爲完全脫離了新聞性，而僅僅是「發佈在新聞紙上」的文字便得稱爲「讀物新聞」，這一個理由是不夠充分的。

摘　要

△從新聞的性質上分，可分作三類．（一）報道新聞，（二）情操新聞，（三）讀物新聞．

△「報道新聞」是屬於純粹報道性的新聞。

△「情操新聞」是報道新聞中滲入了若干記者的主觀情感。

△「讀物新聞」本身並非是種新聞，而是與新聞發生密切關係的。大抵都是帶有濃厚主觀性的。其在新聞紙面上的存在，常常是比較獨立性的。但有部一份解釋性的「讀物新聞」，常混雜於「報道新聞」或「情操新聞」之中。

什麼叫做「報紙」

一 「新聞」和「報紙」

「新聞」的發生，是由於人類性格中的「新聞慾」的活動。至於表現新聞的方法，自原始以迄最近代，方法是很多的，而「新聞紙」則是傳達「新聞」的唯一最具體的一種工具。反過來說，「新聞紙」，即「新聞紙」的一種基本原質，亦即是說：「新聞是報紙的本質的原料」。更具體的說，新聞報紙是傳達新聞和發佈新聞方法中最主要的一種形式，而新聞則是構成新聞紙的最主要的質素。

解 釋

關於「新聞」這東西的本質內容，上一章裏已作概略的叙述。便是：「新聞」的發生，是起源於人性中一種先天的「新聞慾」的活動和需求。所謂「新聞慾」者，是由於「欲知道」，「欲使人知道」，及「欲被人知道」三種心理活動而發生的。這裏便進一步的要談到「新聞」和「報紙」的關係。「新聞」發生的時候，必須要發佈出來，或傳達出去，新聞的散布和傳達的方法，從古代到現代，方法是有過許多的，諸如原始人類用號角用口頭言語傳達新聞等（關於報紙起源，另詳報紙的發生及其變遷一節）但發展至近代爲止，能把「新聞」用最具體的方法發表出來，以及傳達開去，則以「新聞紙」爲第一，因之，「新聞」和「報紙」，在新聞學的研究上，便成了最重要的對象。

所謂「報紙」，也稱作「新聞紙」一個新聞紙的構成其外延和内包都是很複雜的。以一張報紙的普通構成條件來說，由紙面上說，祇少是包括了新聞和廣告，更擴大一些來講，則更包括了印刷經營等各方面，不過新聞則是構成一張「報紙」

上篇

二三

的最主要條件和原素，報紙之稱為「新聞紙」，也是由於這一種原因。一張報紙可以沒有廣告和其他，但不能沒有「新聞」，沒有「新聞」，決不能稱為一張「新聞紙」，這是很容易了解的事情。所以「新聞」和「報紙」是處於不可分離的地位的，是處於最密切關係地位的。

△「新聞」的散佈和傳達的方法，可以有各種不同的方式，「報紙」則是散佈新聞和表現新聞最具體最科學的一種工具和方法。

△報紙的構成，包括了各種原素，而「新聞」則是構成新聞紙最主要的原素。新聞是報紙的本質的原料。

摘　要

二　報紙的起源和變遷

「報紙」的起源，據史家的考據，世界上最早的報紙，是三千年前中國周朝時代的「京報」，和古羅馬時代的日錄（Acta Diurna）。其次是中國漢唐時代的「邸報」，和中世紀盛行於歐洲的「新聞信」（News Letter）。至其具有現代新聞紙意義的，是一五六六年在義大利威尼斯所發刊的「Notizie Scritte」。十五世紀以後，德國發明活字印刷術，新聞紙進展到一個新的時代。用現代的印刷術來製造的華文文字報紙，最早的為在馬六甲創刊的「察世俗每月統記傳」。一六二一年，英國發行「威克萊」新聞，到一六九〇年美國在波斯頓發行「巴布利克，歐可倫斯」報，才漸漸具備了現代新聞紙最初的模型。所以，新聞紙最初起源於中國和羅馬，由於印刷術的發展，英國完成現代新聞紙的幼年期和少年期，復由美國完成其青年期。近年來日本和德國新聞紙的突飛進步，使近代新聞紙的發展，更躍進了新的階程。

解釋

報紙起源的歷史，由來極古。贤從新聞的傳佈行為來說，數千年以前，人類在砂土上用下的足跡，也可說就是記載人類走路的新聞。不過，新聞紙完備了現在形態的報紙，總可以看作新聞歷史上最初的報紙。這恰好像追求水源似的，森林中的露水，必須匯流到一起，方纔可以稱作一種源頭。

根據這種意義來立論，在亞洲大約三千年前，中國周朝所發行的「京報」和歐洲紀元年前六十年西撒氏在羅馬所發刊的「阿克特·丟爾諾」報（Acta Diuran）被認為是最初的報紙。再以後一個時期，時間是漢唐時代。所謂「邸」者，是漢時代諸侯大官們在京師的邸舍，「報」是傳鈔朝廷的詔令章奏的報告，「邸報」在民間流行，從漢代算起，已有二千多年的歷史。至於「日錄」者，據說羅馬共和時代，就有，是政府當局揭示軍隊的調動，官吏任免的布告，手鈔後再送給地方的長官們。以上兩種官報，是世界新聞紙的始祖。

繼「日錄」而起的，是所謂「新聞信」的，在中世紀時代盛行於歐洲。當時各國住在中央都市的人，傳鈔各該地的重要新聞，轉而供給內地貴族和富有者參看的。這種鈔送消息新聞的人，多受雇於某一個私人，所以，最初的新聞流傳，僅及於少數人。以後因需要者日多，逢成了一種比較普遍的通訊職業，同時傳鈔許多份，以應各方面的需要。初期是用手寫的，待印刷術發明之後，纔進化到印刷的時代。以後在英國且致寫冊子的形式，加上了特定的名號，稱作：「新聞冊」（News Book），最初發行祇有兩頁，還不能稱書，所以應能叫做「紙」（Paper），這便西洋人稱「報紙」為「新聞紙」（News Paper）名稱的由來了。

至於具有現代新聞紙意義的，應該由義大利說起，一五六六年威尼斯發刊的 Notizie Scritte 報，內容是搜集各地有興趣的消息，予以刊布，該項報紙，已開始帶有一般營業的性質。待十五世紀以後，德國人發明了活字印刷法，當時德國境內所創刊的報紙，更較現代化；更以後，機械的發達，愈趨科學化，報紙受著現代物質文明的推動，也愈趨發展。到了一六一五年，德人 E. Emmel 創刊 Die Frankfurter Zeitang 報，該報是德國新聞紙的元祖。英國被公認為最初的報紙是：「星期週報」（Weekly News）。至於美國最初新聞紙的產生，則遲至一六九〇年時期。

所以，綜述世界新聞紙的起源及其變遷，最早發現於中國及羅馬，中間由於德國發明印刷機而開展了新的天地，經過英國新聞紙的發展，而完成了新聞紙現代化的基礎，而完成了所謂「新聞紙的崛起」，又完成了所謂「新聞紙的青年期」。而最近代日德新聞事業的高度發展，可以說世界新聞紙，已走上了「壯年」的時代。

如果注意到世界新聞史的發展，特別是近代，其發達的程度，是異常迅速的，我們即以日本的新聞紙發展史來說，日本在文久年間發刊的翻譯新聞，「巴塔維亞報」，是日本新聞紙的鼻祖，但到如今僅不過百年的光景，日本業已出現了日銷數百萬份的最現代的報紙。如東京朝日新聞，創刊於明治二十一年，在明治二十四年間，平均每日僅銷售六萬份，然而到了今日，已突破了日銷三百萬份的最高紀錄。從這一個簡單的例子，就可說明了現代新聞紙發展的速度。曾有一位蘇俄女作家對現代新聞紙的發展說過這麼一句話：「地平線上有一個怪物出現，人們不知道他的真面目，這東西就是報紙」。這一句話，更具體地說明了新聞紙這東西發展的趨勢。

摘要

△在歷史上可稽考的最早的報紙，是中國周朝時代的「京報」，和羅馬的「阿克特・丟爾諾」報。

△具有現代新聞紙意義的報紙；係自一五六六年在威尼斯發刊的 Notizie Scritte 報始，到十五世紀後德國人發明了印刷術，新聞紙總又進入了一個新階段。

△綜觀以往的新聞發展史，最早發跡于中國與羅馬，十六世紀後，英國完成新聞紙的少年期，近代美國新聞紙的發展，完成了新聞紙的青年期。現代新聞紙的發展趨勢，正向「壯年期」進展中。

三 報紙的本質

以現代的報紙為對象，一張「新聞紙」的本質，最簡單的說明，包括下列三點：一、「繼續性的發刊」，亦就是所謂「定期性」。二、「時間性的內容」，亦就是所謂「現實性」。

三、「廣大的發行」，用機械的或其他的方法從事多數的複製，亦就是所謂「公開性」。現代新聞紙本質上最大的特徵便是：「定期性」，「時間性」和「公開性」。

解釋

怎麼樣纔能稱爲一張報紙呢？這問題答覆起來是很複雜的，這裏，如果從構成「報紙」的本質條件來論，則可從：１、「繼續性」，２、「時間性」，３、「公開性」三方面來說的。第一、所謂「繼續性」，便是，現代報紙構成的第一條件，是必須連續的發行。亦便是說：必須定期發刊的東西。當然，定期發刊的刊物，其伸縮性是相當大的，所謂定期性，以中國的情形而論，有一年刊行一次（即年報），有三個月一次的季刊（即季報），有一個月一次的月刊（即月報），有半個月一次的半月刊（即半月報），有三天一次的三日刊，有一天一次的日刊（即日報）。這些定期發刊的印刷物，都可稱之爲「報紙」，這是廣義的解釋法。

不過，普遍的所稱報紙，大體是指每日發行一次的「日報」而言的。

無論是一年發行一次也好，一天發行一次的也好，凡是有固定的出版日期，而其規定日期是有着長期繼續性的，這是構成「報紙」第一個條件。常然如果要稱得上是張報紙，單是有了「繼續性」是不夠的，比如以前商務印書館印行「萬有文庫」，它是分批定期發行的，但是不能稱之爲「報」，其原因，便是沒有第二個條件──「時間性」。這一個本質上的條件，是構成所謂新聞紙最重要的一點。一張報紙的內容，紙面上的「廣告」也好，「言論」也好，甚至報紙上的一切必須要「新鮮」的，即是要有「時間性」，即所謂「時間性的內容」。「萬有文庫」不能成爲一種「報」者，就是它沒有「時間性的內容」。一年發行一次的年報，它必須把握了一年中的「時間性」，一個月發行一次的月報，它也必須把握了一個月發行一次的「時間性」，一天發行一次的日報，它必然要把握了一天廿四小時中的「時間性」。近代進步的新聞紙，感覺一日發行一次還不夠，縮短至半天發行一次的「午報」或是「夜報」，必要時還刊行「號外新聞」，其目的，就是在強調報紙這個「時間性」的本質。所以，與現實性密切連繫的性格，在報紙的本質中，是佔有了很重要地位的。

第三所謂：「公開性」，具體的解釋，大量的印刷，而經過廣大的發行，也是構成報紙條件的一種「新聞」，如果缺少了廣大的印刷和發行的步驟，它祇能算是一種「報告」，而不能稱為「報紙」，這是很簡單的說明。自機械不斷進步以來，現代新聞紙的進步和發展方向，其中一個特徵就是「大量擴展發行數量」，亦即是盡量擴張其「公開性」，「公開性」越廣大，報紙的威力亦越擴大。所以，報紙越發展越進步，報紙的這種本質必然是越明顯。構成一張報紙，上面所說的三個本質，必須要同時的存在，缺少其一，便會成了問題。

關於說明報紙本質的，世界各國新聞學者曾下有過許多大同小異的定義，現在酌列如下，以作參考：

△宇奧爾夫氏謂：「報紙，必須是發行期間最接近的定期的發行。有發行者所不能預知，且有不能預寫限定的讀者羣。內容有一定的多面性和現實性。」

△布爾夫巴氏謂：「報紙是按照一定規則的時間，而從事間隔發行的，由直接現實狀態，及其事件，而集合多樣複雜的內容，並用機械複製，派送於一般人的刊行物。」

△魯伊布爾氏謂：「報紙是在一定期內，——雖屬不規則的間隔，用個別的紙張，連續發行（所謂定期的）傳播消息於公衆的一種印刷文書，其內容包羅公衆感覺有興趣的各種消息，——是一種未完成的著作。」

△蓋拉氏謂：「報紙包括有下面五種特徵：（一）無期限而有定規的發行形式。（二）無限制的**公開性**。（三）定職業者傳達報道的特性。（四）內容多面複雜。（五）有大量的屬於現實性和時間性的內容。

四　報紙的使命

摘　要

△報紙的本質，最重要的有三點：（一）繼續性，（二）時間性，（三）公開性。

△報紙越發展越進步，其所包含的本質，也必表現得愈明顯。

報紙進步的歷史演進，報紙在社會上的地位愈增大。一張現代新聞紙本身所負的任務，歸納起來，有：一，報道新聞的使命。二，宣傳，指導和批判的使命。三，促使社會向上的使命。這三項使命，彼此都有着最密切的關係。現分別敍明如下。

1 報道新聞的使命

以最正確，最具體，最合理的新聞；用最迅速的方法，傳達給讀者，使讀者的「新聞慾」獲取最高的滿足，這是一張新聞紙第一個重要的使命。

解釋

關於「新聞」的問題，以前曾有過詳細的說明，我們已知道「新聞」是構成一張報紙最重要的生命。所以現在談到一張報紙的使命的時候，「報道新聞」，自然是第一個使命。

一張報紙，怎樣才算完成了報道新聞的使命呢？問題便在這裏了。答覆這一個問題，如果站在純粹新聞學的立場，第一個條件是「正確的報道」。第二個條件是「具體的報道」。第三個條件是「迅速的報道」。

「正確」和「具體」「迅速」直覺地看，或者是很簡單的，但是，一張報紙上的「新聞報道」，要做到「正確」和「具體」而且「迅速」，實在不是一件簡單和容易的事。現代新聞紙的工作者，爲了求新聞報道的正確，和新聞報道的具體及迅速，眞不知已化費了多少腦汁和心血，流了多少汗。

報紙是具有「公開性」的東西，所以，報紙是具有「公共性」的，它是應該對社會負有相當責任的。現代私營的新聞紙，雖然很多是企業形式的，但實際上，新聞紙是和電力公司，電車公司一樣，具有着濃厚「公共性」的，因爲，報紙是「大量發行」的東西，它的一字一言，都直接間接地發生廣大的影響。由於報紙這種「公共性」的存在，故新聞的正確性問題，便顯得非常重要了。報紙上報道了一則不正確的新聞，上當的是社會上一大羣的人，一則欺騙性的新聞，亦便是欺

騙了社會上一大羣。所以，報紙爲了提高對社會的責任心，必須盡量努力於新聞報道的正確性的提高。

報紙對新聞報道的努力，僅求其「正確」還不夠，同時還得求其「具體」和「迅速」。新聞報道愈具體迅速，使能使讀者得到「求知慾」適度的滿足，所以要完成新聞紙報道上的使命，首先要從事於「求正確」和「求具體」「求迅速」方面去努力。把社會的一切事象，通過正確和具體的很迅速報道手段，反映到新聞紙上去。有人謂：「報紙是反映社會事態的明鏡」，主要的便是指新聞紙應該如何客觀地，正確地，負起新聞的報道使命而言的。

2. 宣傳・指導和批判

用主觀輿論的力量，來指導社會，批判社會，（——這社會字樣，是包括上層的政府，和基層的人民。）是報紙第二個使命，報紙爲了要執行這種使命上的任務，主要的可以通過兩種方式來完成它：一、直接的，用「評論」的手段，來達到宣傳指導和批判的任務。二、間接的通過新聞記事主觀的選擇和整理的方式，以達到對社會指導和批判的任務。

解 釋

報紙的使命，第一是新聞報道的使命。第二便是宣傳，指導和批判的使命。一般人都明瞭，報紙發展到現階段的形式，是具有了相當權威力量的，而這種所謂「權威」，主要的便是建築在這宣傳，指導，批判的作用上面。報紙因爲有了宣傳的力量，指導的力量，批判的力量，所以，報紙便由這些力量的集中表現，而表現出它權威的力量來。

這些使命和力量，是通過怎麼樣的方式發揮出來的呢？普通是通過兩種方式：一、用評論的方法出之，即是所謂運用輿論的力量。這是直接的方式。譬如說：我們爲了要使一張報紙，達到協助政府完成國策的使命和目的，便可通過評論的手法，從事於推行國策的宣傳。如果報紙企圖對社會指導向善的趨向，諸如「提倡節約運動」，「提倡識字運動」等等，亦可以利用輿論的方法，強調報紙的指導作用。至如對國家政策的批判，社會習俗的糾正等等也均可藉評論的方式，直接

發揮報紙的使命。其次，所謂間接的方式，便是通過新聞記事用主觀選擇和表現方法來達到宣傳，指導，和批判的任務。我們舉例來說，比喻某一張報紙，對社會間蔓延着的賭博風氣，覺得有嚴加抨擊，嚴加批判的必要，于是，該報除在評論上直接指出賭博對社會人心之害處種種之外，同時可由記者多探訪關于因賭博而敗家喪生，以及因賭博而造成的各色各樣的社會新聞，同時復可由編輯者和記者對各項新聞事實，無論在標題的製造方面，或新聞稿的撰述方面，加以合理的強調。使新聞報道的本身，對社會對讀者，發生了「賭博之必須禁絕」的暗示。像這種間接的方法，與其所發生的宣傳，指導，批判的力量，不但和直接評論能同樣發生力量，而且有時候，往往其發生的反應，還超過「評論」的。因為「評論」的內容，大致限於理論化和抽象化，而由新聞事實來表現，則常常比較具體，及真實感的。比喻，像下面一條消息：

違反規定營業時間

當局將嚴予處罰

對咖啡館等再申前令

本市警察當局，前為維護界內秩序起見，曾通令各咖啡館及酒吧間之營業時間，不得超過子夜十二時，但目前不乏陽奉陰違者，故特重申前令，派員嚴加檢查，如有發現此項不良現象時，第一次召其經理人員前往談話，面加申斥。第二次如再發現，則須將其營業執照予以吊銷，聞如區內四馬路一帶之咖啡館，有此種現象發現者，已有數起云。

這則消息，雖然祗是一則很單純的報道新聞，但由標題術上比較主觀的做法，以及記者對這則消息的叙述法，無形中便含有了宣傳的作用和指導的作用，這一則新聞，暗示了：「違反規定營業時間的咖啡館酒吧間，必須加以嚴厲處罰。」這一種暗示，對警察當局則有「鼓勵執行公務」的作用，對違法的酒吧間，則含有「警告」的意思，對一般人民，則含有「你再不要進非法營業的咖啡店裏去！」的意思。編輯和記者對某一則新聞的標題的誇大，和其刊載地位的不同，也可作為強調某一種作用的手段的。

把現實的事實或知識，供給一般讀者，使讀者對於這種事實或知識，通過本身的了解和本身的批判，來增加他對客觀

各種事象的理解，是新聞紙很重要的機能。因為人類一切的思維和批評，大體都由一定共通意識的基礎而發生，其意見或批評的具體表示，都用一定共通的思維態度和精神做前題的。所以，報紙的報道性，具有着一種潛勢力，能對讀者予以一種推進和啓發的力量，這種原動力，便包括了所謂報紙的指導性，宣傳性，和批評性。

現代的報紙，為了求表現力量的增強，常常使直接的評論手段，和間接地用新聞報道主觀整理和選擇的方式，同時互相密切的配合，使新聞紙的指導性批判性，發揮到最高的程度。

3. 促使社會向上的使命

報紙的使命，除消極地執行報道新聞的任務，和進一步的執行宣傳，指導，批判的任務之外，更進一步，更積極地必須執行「促使社會向上」的任務。這種任務，是報紙恆久性的使命，是報紙最終極的努力目標。報紙是啓迪民知，促進文化最有利的教育工具。一張報紙，如果不能充分地把握這一點任務，使它積極地去努力完成這一個任務，那末一張報紙的存在，會失却了它的意義的。

解釋

「促使社會向上性」問題，我們在新聞的價值一節裏，略巳提到過。在這裏，談到報紙的使命時候，我們把它再強調說明一下，因為報紙應如何積極負起促使社會向上這一點，實在是非常重要的。

我們看報紙的演進史，最初報紙的發生，新聞報紙為其骨幹，其次又有了主觀的輿論權威時代。最後，到資本主義的時代，報紙由於側重經營方面的發展，廣告和發行，也成了構成一張報紙的重心，於是，在新聞事業上，曾發生了所謂「新聞本位」？「輿論本位」「營業本位」的分野。所謂新聞本位論者，認為新聞紙最大的使命是：盡最大努力，從事於新聞的發掘，完成最理想的報道任務，便算完成了一張最理想報紙的任務。輿論本位論者，則認為新聞紙的輿論作用，是新聞紙

摘　要

上篇

任務中最高的權威，報紙造成了輿論的權威，總是一張理想的報紙。營業本位論者，則完全墮落到一種市儈的看法，他們認為新聞事業也和其他一般商業一樣，是營利工具的一種，祇要一張報是在營業上獲取了利潤，是辦報紙的最高理想，一張報紙的利潤越大，也便越接近於他們所謂「報紙的理想」。

這些本位論者，祇把握到報紙使命的一部份，而沒有把握到報紙的真正的理想的目標，怎樣才能算接觸到真正的使命了呢？是要以「促使社會向上」這一個最終目標作為衡量的標準，纔能確定一張報紙的價值，和完成使命的程度。

新聞本位論者，以美國的新聞紙經營者最為重視，如美國哈斯脫系的新聞紙，即是著名「黃色新聞」的經營者，哈斯脫系的報紙，為了求新聞報道工作的盡善盡美，他們不知道用盡多少心機，為了迎合一般社會人士低級趣味和低級刺激的需要，他們便盡點向這方面去努力，於是揭發陰私，奸淫擄掠，社會黑暗，作為新聞的報道主要的對象，盡量誇張，盡量喧傳，盡量滿足讀者這方面的需要，於是，報紙是為一般讀者所歡迎了，他們新聞的報道任務，亦達到了最盡職的程度。但這是不是算已達到了所謂報紙的使命了呢？如果把「促使社會向上」的標準來衡量一下，該是不能「及格」的。再如以「營業本位論」來講，即以目前中外新聞紙來作例，由於經營新聞紙而能獲取企業性利益的，也不少。在中國，當然比較少，但也是有的。不過，事實上，過份着重了利潤的新聞紙，常常不是一張良好的新聞紙，因為，本身的利潤觀念一深，往往會與「促使社會向上性」相違背的，當然不是絕對的，祇少是可能性更大的。

一張真正好的報紙，必須在「促使社會向上」的大前題下，從事於新聞報道，輿論權威，及經營三方面的努力，纔能做成一張最完善而理想的報紙。

所以，要衡定一張報紙的「好」或「壞」，我們不能以報紙的形式大小，或銷量的多少來機械地去確定的。而必須以「對社會的戕害」抑是「促社會的向上」方面去評價的。以實例來說：事變前上海發行的「立報」，是一張對開的小型報，但人們對它的注意，超過了當時若干的大型報。英國日銷僅二三十萬份的倫敦太晤士報，受人重視反超過了日銷三百萬份以上的「每日郵報」。其理由，亦即在於此。

三三

報紙愈發展，在社會間的地位愈提高，它的使命也相對的愈增大。

報紙所負的主要使命，歸納起來，計有：（一）報導新聞的使命。（二）對社會執行宣傳，指導，批判的使命。（三）促使社會向上的使命。

報紙所具三項主要使命中，以「促使社會向上」的使命爲最重要。蓋執行「報導的使命」和執行「宣傳、指導，批判的使命」，可說是報紙執行使命過程中的一種手段，而「促使社會向上」的使命，才是報紙終極的使命。

新聞的來源及其寫作

一 什麼叫做「採訪」?

新聞紙成立主要的原素是刊載「新聞」，「採訪」則是「新聞」生產過程中第一個步驟。「採訪」的意義，依照字義的解釋：凡在社會間各種動態的或靜態的事象中，偶然採得了一種新聞事實，此即叫做「探」。這種事象，一經變故，就有了相當導綫，新聞記者有了導綫，根據導綫的啟示，再從事某一個特定目的底訪問，這便叫做「訪」。前一種是以歸納為手段，而後者則是以演繹為手段。

解釋

在「什麼是報紙？」一章中，我們已說明了一張報紙的完成，主要的使命是報道新聞。但是報紙用什麼方法去獲得「新聞」，更用什麼樣手段把新聞報道出去呢？誰都知道，世界是這麼大，社會是那樣的複雜，在這大時代裏，無論空間與時間，都是在瞬息萬變，各種新聞的事實，可說隨時隨地在那裏不斷的發生，不斷的在變化，從事新聞工作者，如何把這些千變萬化的事象，用最迅速最具體的方法，把它發掘出來，報道出去，這便是關係到「新聞探訪」的問題了。

什麼叫做「探訪」呢？如果單從字義來說，是最簡單的。社會間許許多多動的或靜的事象中，偶然探集了一種新聞，這就叫做「探」。探到了一種新聞的導綫，再加以具體的演繹，即根據導綫去從事一種「訪問」工作，這便叫做「訪」。所以，用歸納的手段去發掘新聞的導綫，再用演繹的手段去訪問，使新聞導綫變成具體化，這便是「探訪」工作最簡單的意義。

可是，事實上新聞採訪工作要做得合理滿意，實在不是件簡單容易的事。因為一切新聞事象的發生，決不會先兩到給新聞紙發表上的便利的。有許多越是精采的，重要的新聞，它越是隱伏性的。它的傳佈，亦多是曲折微妙，決非隨便輕易可得。況且，一件新聞事實，在其流傳的過程中，常常帶有誇張或錯誤的成份，但是報紙的發表一件新聞，在迅速之外，最重要的是正確。就是新聞的探訪，必須是件事實。一個外勤新聞記者出發活動的時候，他便是一個「去找尋事實的人」。但找尋事實，決不像去找一個普通的事實那麼容易。所以要完成美滿的探訪工作，第一，報社必須要有合理的「探訪組織」和「探訪制度」；第二，必須有健全合乎理想的外勤記者。（關於探訪組織，及怎樣做一個理想的記者問題，另有專章詳述。）

摘　要

△探訪是新聞生產過程第一個步驟。

△用歸納的方法去探集新聞的導線，復以演繹的方法去作具體的訪問，謂之「探訪」。

二　探訪的對象——新聞來源的分類

新聞的來源，乃是探訪工作的對象，新聞來源的分類，主要可分作兩大類：（一）地域上的分類。（二）性質上的分類，即新聞的面的分類，茲分誌如下：

1. 地域上的分類

新聞的來源，從地域上來分類，可分為：一，本埠新聞；二，國內新聞；三，國際新聞等三種。

解釋

由一張報紙或一家通訊社的立場，探訪工作的對象，以地域來分類，可以分作：本埠新聞，國內新聞，和國際新聞三種。所謂「本埠新聞」者，是指該新聞紙或通訊社所在地的本市本縣或本城而言。諸如在上海出版的報紙，在上海市區內發生的新聞事實，便是本埠新聞，也俗稱「本地新聞」。本埠，便是本埠新聞探訪活動的地域對象。「國內新聞」，是指發生於本埠範圍以外區域的新聞事實，或國內新聞，這些，便是外埠通訊員，外埠特派員探訪活動的地域對象。第三，所謂「國際新聞」，是指本國範圍以外所發生的新聞，統名之謂「國際新聞」。也便是國際通訊員或國際特派員探訪活動的主要對象。這裏所說明的新聞來源地域上的三項分類，最主要的是本埠新聞。而在探訪工作活動的立場上也是以本埠新聞為主要工作對象。因為國內新聞或國際新聞的探訪，在各該當地，也是以本埠新聞活動的結果，作為新聞資料唯一的來源的。拿比喻來說，上海的新聞紙上刊載了一則南京的消息，在上海立場說起來，當然是屬於外埠新聞，即所謂國內新聞。但這一則新聞的由來，則是經過南京地區新聞記者的本埠新聞探訪活動而來的，還是以「本埠探訪」，作為其基礎的。所以，在新聞學上所述探訪活動的各種理論與實際，大體都是指的本埠新聞探訪活動而言的（至關於電訊社及通訊工作等特徵各點，以後另有專章說明）。

2. 性質上的分類

新聞發生的來源，如果從內面性質方面的分類，也可分作三項：（一）突發性新聞——即意外新聞；（二）繼續性新聞；（三）固定性新聞——即意內新聞，等三類。

解釋

新聞發生的來源，由地域上分類，已如前述。現由內面性質上去分類，也可以分做：一，突發新聞；二，繼續新聞；

上編

三七

三，固定新聞等三類。

（一）什麼叫「突發性新聞」？

什麼叫做「突發性新聞」呢？就是說，這一種新聞的發生，是突然其來的，是人們所不能預測的，不能意料的一切新聞事件。如地震，火災，洪水爆發，輪船沉沒，車輛互撞，飛機失事，房屋倒坍，颶風降臨，暗殺自殺，強姦盜警等，這是關於一般社會新聞事件的，此外如物價暴漲，股票狂跌，商店倒閉，銀行擠兌等則是屬於經濟新聞範圍的。大一些事情來講：如內閣改組，兩國交兵，軍隊叛變等等，則是屬於國家大事的政治新聞範圍的。今以實例來說，本月十三日各報所刊下列新聞：

「中華輪船公司所轄，行駛於江北線之華泰輪船，於本月七日由滬啟椗，當該船將抵常陰沙時，因駕駛人員之疏忽及不諳航線，竟在常陰沙江面突告擱淺，全船幾遭不測，迭經該船全體人員之努力，六小時後，始獲脫險按照原定航線駛赴張黃港。不意途次復遇盜船，迫令停駛，正在危急之時，幸遇巡艦路過，盜船始行逃去，而華泰輪遂獲再度脫險，免遭洗劫，始得安抵張黃港。至九日午後七時卅分，正擬由新港方面啟椗駛返滬上時，不意船纜甫解，船身而突告傾覆，未及五分鐘，全船慘遭沒頂，男女乘客千餘人，以事出倉猝，一時不及逃避，途同沉江底，慘哭呼救之聲百餘人，惟大牢均告凍僵，厥狀之慘，實為近年來所罕有之慘案云」。

這一則新聞，可說一則最道地最精彩的情操性報道新聞。在新聞來源的分類上，則是一則最標準的突發性的社會新聞。在這一則新聞裏，包括了載有千人乘客的船隻的「擱淺」，「遇盜」，「傾覆」，造成了一幕千餘人殉難的慘劇，這一些事實，都是突然來的，在船自上海開出時，誰都不會意想到，這隻輪船會遭遇到這許多悲慘的命運，搭坐這條船的乘客，亦猶似遭受雷霆之擊，事前連做夢也不會想到的。所以，這是一則標準的突發性新聞。再引同日另一則新聞：

「十二日仰光電：由於孟加拉，阿齊密一帶之糧荒緊迫，印度民衆對英獨立運動愈形激化，最近此種空氣，波及印緬國境方面之印度兵，傳英印軍之基幹古爾加兵，全部發生叛亂，形勢極嚴重………。」

這則新聞，又是「突發新聞」的另一實例，因為印度古爾加兵的突然叛亂，正如新聞中所述的，是「突然」而來，事前無可逆料的，所以這是一則突發性的國際新聞。

在新聞來源中，突發新聞是最富於刺激性的一種新聞，而也是新聞探訪活動中最重視最困難的一種新聞對象。如果每一個讀者，當翻開當天報紙來看的時候，「新聞性」的「突發新聞」，必定最先吸引讀者的注意，和促使讀者聚精會神去讀它。因為我們知道，人類的本性中除好奇性之外，對人性也是具有最大吸引力的，所以大凡一件新聞是具有了突發性的，這一則新聞祇少巳具備最好的新聞條件。因之，新聞探訪工作者，對突發新聞，當然予以最大的重視與努力。不過，與其「突發新聞」是突然其來的，是不可預料的，誰也不會知道，在什麼時候，或者在什麼地方，會發生怎樣一件突發的新聞事件，因之，對這一種突發新聞的探訪活動，是一種很艱難的工作了。所以，一張新聞紙要引起讀者的重視，必首先重視突發新聞獲取的努力，一個好的外勤記者，也必須要以這種生動，活潑，新鮮的「突發新聞」為其工作努力的主要對象。

（二）什麼叫「繼續性新聞」？

第二、所謂「繼續性新聞」，什麼叫做「繼續性」新聞呢？從顧名思義來說明，這新聞是具有「繼續性」意味的。以實例來說明，大一些的國際大事件，如這次第二次大戰的爆發，德國開始進攻法境的事件，是一個突發新聞。以後由於這一個事件而發展的許多事件，都可算是這一個突發新聞的「繼續新聞」。當德軍初次進攻巴爾幹，巴爾幹大戰展開時即是一件「突發新聞」，以後隨日爾幹時件而發生的各項戰事新聞，便是「繼續新聞」。二年前十二月八日，日海空軍進攻珍珠港美海軍根據地，展開了太平洋大戰，這是件突發新聞，以後的南洋戰線的擴展，即是這一則新聞，最初發現的時光，是件突發新聞，但拿小一些事件來講，前面會經提到的「華泰輪船沉沒」的報道新聞，當這一則新聞，最初發現的時光，是件突發新聞，但是，這一則新聞，決不是第一次在報上披露了就算完成了報道的任務，而尚有許多繼續發展事實需要報道，諸如，這次「沉船」事件發生後，實際死亡的情形如何，輪船公司的搭客的損失如何？善後問題如何處理？這次失事的責任者誰屬？遭難搭客船員們的家屬情況如何，以後航輪安全問題如何策劃？這些問題都是隨著這件新聞的爆發，而為讀者所密切注意

的。而新聞記者的活動，必須隨着這一個線索去不斷發掘其繼續性的新聞，以供給社會讀者的滿足與需要，直等到這一事件的新聞價值消失為止。

「繼續性新聞」的發展情形，也有各種變化方式的，有的繼續性新聞是直線發展的，如華泰輪出事的新聞，由該輪出事，直到這新聞發展到新聞價值消失為止，是逐漸直線發展的，新聞記者可隨着這一條直線去活動。所以，這種新聞來源，可稱之為「繼續性直線發展新聞」。另有一種繼續性的新聞，則並不是直線發展的，而是出於一種曲線發展的行式。諸如上海市的燃煤問題，煤的缺乏，自戰事發生以來，已成為上海問題之一，這一個新聞，是可作為一則繼續性新聞的對象的。但這一個事實，常常在發生變動的，有的時候，這個事實發展成為一個嚴重的形勢，于是這問題便成為新聞的對象活動的對象。有的時候，又被重視起來，過幾天，這問題是隱伏着的。比如最近這幾天，上海市的煤荒問題又在嚴重化了，于是，報上關於煤的新聞，又被重視起來，過幾天，這新聞也許又會被人漸漸淡視了。像這樣起伏性的新聞，即謂之：「繼續性曲線發展新聞」，就是新聞本身是有着繼續性的，但是繼續性的發展形勢是曲線的，而不是直線的。另外還有一種繼續性的新聞，其繼續發展的形勢，既不是所謂：「直線的」，也不是所謂：「曲線的」，而是「慢性潛伏」的。什麼樣叫「慢性潛伏」的呢。

拿一個實例來說，這次歐洲大戰爆發之前，先發生了所謂「蘇台德事件」，由「蘇台德事件」而發展到「波蘭走廊」事件，因「波蘭走廊」事件，而發展到「德法開戰」，以致醞釀成為第二次歐洲大戰。這一事件發展的經過，最初的爆發點是「蘇台德事件」，當「蘇台德事件」揭開的時候，大家都知道歐洲事件將隨之有其他的下文，「有下文」是誰都知道的，但有怎樣的「下文」，則誰都難預測。以後跟着這一個導線的發展，發生了所謂「波蘭事件」，以至發展到第二次歐洲大戰，所以，在新聞來源來講，「波蘭事件」和「歐洲大戰」，是「蘇台德事件」的繼續新聞，而這種新聞是潛伏性的，而「波蘭事件」又是「德法開戰」的潛伏着的繼續性新聞。再拿另一個實例來說：日本在原則上已宣佈放棄在華「治外法權」了，不過，事實上還未正式實行，但新聞的繼續新聞，「有下文」是誰都知道的，但有怎樣的「下文」，則誰都難預測。等到有一天日本撤消在華治外法權實行了的時候，該一則新聞，便是「日本宣佈準備放棄治外法權」這則新聞的繼續新聞，不過後一則新聞，在未暴露之前，是始終處於一種潛伏形式的，誰都不知道什麼時會實現。所以，凡一件新聞發生之後除掉其本身新聞事件之發展之外，埋下了另一個新聞事件發生的伏線的場合，這種便可稱之謂「潛伏性的繼續新聞」，也可稱之謂「因果性新聞」。如以更近的事件來講，上海

在二年前，治安是很不穩定的，盜匪和恐怖事件很多，因為這種現象的存在，於是，以後出現了上海市的保甲組織運動，所以，後者這一個新聞事象的發生，是由於前一種新聞事象存在的緣故，故而，前者是「因」，後者是「果」，這便是新聞事象的「因果律」。一個新聞記者在採取新聞事象的過程中，這種新聞因果律的研究和注意是異常重要的。世界上，社會上有許多重要的新聞事件，都是由這種因果律而產生的。所以，在採訪工作上，對於這種具有因果律的繼續性新聞，是含有非常重要性的。

（三）什麼叫「固定性新聞」？

第三，所謂「固定性新聞」，即所謂「循環性」新聞，這類新聞的發生，是具有相當定期性的，也猶如春夏秋冬季節的循環一樣，例如元旦的慶賀，雙十國慶紀念節，總理誕辰，總理逝世紀念，孔子誕辰等等，此種新聞事件，是年年如此，決不會有變化的，即所謂有固定性的。另外一種，雖非像上面所述的雙十節之類有絕對固定性，而是事前可以相當預知的新聞導線，諸如行政院的定期例會，省市政府的定期例會，以及其他各機關各社會團體的定期公開儀式，這類新聞事件的導線，類多先前宣佈的，新聞記者在事前便可準備一切，這種新聞，亦可稱之謂「固定性新聞」。

以上三類新聞來源之中，「突發性新聞」，例子在前面亦已述及；「固定性新聞」則比較具有獨立性。在這幾項新聞來源裏面，從新聞探訪學的立場上而論，突發性新聞是為記者所最重視，而探訪工作也最困難，其次是「繼續性新聞」，再其次是「固定性新聞」，因為「固定性新聞」大多是公式化的，很少刺激，在探訪活動方面亦比較容易一些。所以普通一個記者開始實習時，開始大多先從探訪「固定性」的新聞開始的。

摘 要

△新聞來源的分類，從地域分類，可分作一、本埠新聞；二、國內新聞；三、國際新聞等三類。從性質上分有：一、突發性新聞；二、繼續性新聞；三、固定性新聞。

上編

△突發新聞，亦稱意外新聞，是新聞採訪活動工作中最重要的對象，其次為繼續性新聞，再次為固定性繼續新聞。

△繼續性新聞來源中，又可分作：一、繼續性直線發展新聞；二、繼續性曲線發展新聞；三、潛伏性繼續新聞等三類。

△三類新聞來源中，突發性新聞，常同時包含有繼續性新聞，繼續性新聞亦常另發生新的突發性新聞。固定性新聞則比較具有單獨性。

三 採訪的準備——「新聞線索」問題

採訪是新聞生產過程中的第一個步驟，而「新聞線索」的準備與佈置，則為採訪工作進行過程中的第一個步驟。從事一件新聞事件的採集，必須先有該項新聞事件最初的「導綫」，根據了該項最初的「導綫」，外勤記者再去繼續的採訪和發揮，使該項新聞導綫，演化為一則具體的新聞，這是採訪工作中必然的過程。該項「導綫」，在新聞學上，稱之謂「新聞綫索」。新聞記者要順利而方便地進行採訪任務，必須先佈置好完備的「新聞綫索網」，「新聞綫索網」的準備，大體上可分作兩部門：一，動的新聞綫索的佈置。二，靜的新聞綫索的佈置。

解釋

前面已經提起過，一個新聞記者，每天要從事各種各樣的新聞，探集活動，但是世界如是的大，世事的變故，又是這樣的迅速和複雜，做新聞記者的，他既無三頭六臂的神通，也無「順風耳」「千里眼」那樣的本能法，即使有超人的智慧

摘 要

探訪是新聞產生過程中的第一個步驟，「新聞線索」的準備與佈置，則為探訪工作進行過程中的第一個步驟。

新聞記者要順利地完成各種新聞探訪的任務，必需要佈置好完備的「新聞線索網」。新聞線索網佈置之完美與否，也無法把各種消息的發生和變化，能夠很容易的去把握住。假如一個記者，他不能用科學的方法，精細地先準備好新聞的「線索網」，即使憑着他最大的精力，從早到晚像無頭蒼蠅般到街頭四處去亂闖，其結果，仍然是會很悲慘的。比喻要探訪一件社會新聞，如自殺投江之類的社會新聞，新聞記者總不能一天到晚厮守在黃浦灘頭去待候一個自殺者的光臨，因為新聞事件的發生，雖然多得像滿天在飛，但是一個記者，他事前絕對不容易先知道，某一項突發新聞會發生什麼地方，或者在什麼時候會發生。因之，現在新聞記者的探訪工作的便利和迅速，而獲取新聞會發生什麼地方，或者在佈置好一種很精密的，科學化的，技術化的「新聞線索網」，作為探訪工作活動方面主要的指南針。

所謂「線索」者，根據，就是前面已屢次提到過的「新聞線索網」。我們大概知道，巡捕房裏密探們的破案，類多是根據一種「眼線」的，根據，這種眼線，再去繼續追究查詢，纔能把一件案子源源本本的查明白，纔能完成一件破案的工作。所謂新聞探訪工作正是一樣，新聞探訪也必須要有這種「線索」來作為發展一則新聞事件的導引的。

因為，大致一則新聞事件的暴露或發生，最初的開始，類多是先發現一些不具體的傳說或零碎的報導影子之類，很少是一下子就把新聞事實全面暴現的。這種最初的傳說，和零碎不完全的報導，便是所謂「新聞線索」，也稱「新聞導線」。

根據這種法則的原理，新聞探訪工作者，便可在可能發生「新聞線索」的地點與場合，預先去佈置好「線索網的據點」，各個新聞線索的據點，與新聞社或新聞記者的自身，保持着經常密切的聯絡，使每個線索據點，以新聞社或新聞記者為中心，構成一個很細密的「新聞線索網」。有了這個線索網之後，每一個據點，發現了一個新聞導線的時候，立刻以最迅速的方法報道新聞社或新聞記者，於是新聞記者，他的新聞線索網佈置得完備與否，即可決定了探訪工作的成功或失敗，關於新聞線索網的佈置和準備，主要的可以分做兩方面來說明：一，動的「新聞線索網」的佈置。二，靜的「新聞線索網」的佈置。

所以，一個新聞社或新聞記者，他的新聞線索網佈置得完備與否，即可決定了探訪工作去從事探訪一件具體的新聞事件了。

可以決定了□□探訪工□的成功或失敗。

△新聞線索網的佈置

「新聞線索網的佈置」和準備，主要可以分做兩部份：一，動的新聞線索的佈置。二，靜的新聞線索的佈置。

一，「動的新聞線索」的佈置

動的新聞線索，是佈置成新聞線索網的主體，這一類新聞線索據點的佈置，可以分作下列幾方面：一，機關的據點。二，團體的據點。三，公共場所的據點。四，個人的據點。

解釋

所謂動的新聞線索者，是指準備各種不可意料性的新聞事件發生時的新聞導線據點而言，亦即指應付所謂「突發性新聞」探訪活動的準備而言。凡這種新聞事件，決非憑新聞記者個人的聰明才能，所能關起門來去工作的，這種線索據點，必須在外□非常普遍的去佈置的。所以，我們稱之謂「動的新聞線索」。動的新聞線索據點，它佈置進行的對象，主要的可以分做四部份：一、是以各種政府機關作爲新聞導線的對象，故名之謂：「機關的據點」。二、是以各種團體爲新聞導線的對象，故名之謂：「團體的據點」。三、以公共場所的新聞導線爲對象，故名之謂：「公共場所的據點」。四、以某個個人爲新聞導線的對象，故名之謂：「個人的據點」。茲再分別詳述如左：

（一）新聞線索的「機關（政府）據點」

所謂「機關據點」者，即是指可能發生新聞事件，或者儘先能知道新聞事件的眞相和內容機關而言，因爲我們都知道，機關大多是一種政治的組織，是管理民衆的機構，它本身可能發生新聞的機會性最多，卽使是一般社會間發生了任何新聞事件，機關大體能比較早得到消息，而消息也必定比較要有正確性和具體性。所以，新聞線索據點的佈置，當然是以機關爲最重要的對象，至於對各機關線索據點的佈置，當然也以愈精密越好。比喻一個報社要佈置一種高級政治新聞的線索據點，機關的對象，當以國民政府爲第一，但單在國民政府的文官處或者行政院的秘書處佈下了一個據點，是不夠的，還

得在行政院下所屬各部會分別佈下線索據點，而且在各部會佈好了還不夠，最好在每一個部會的每一「司」或每一「科」都佈下了新聞線索的據點。因為新聞線索的據點，越佈置得精密，所能探訪得到的新聞事實，在內容來講，必更具體詳盡，在時間來講，必更迅速而早。如以實例來講：「國民政府將公佈實行大赦」這一則新聞，假使到國民政府文官處去探訪這則消息，消息當然可以探訪到，不過內容一定比較最單純的，如果到司法行政部去探訪這一則新聞的釀成前後經過，當然可比較詳一些，如果能點直接向司法行政部或主管科去探訪得這消息，當然更是具體了。在時間上來講，「大赦」這件案子發動後，最初擬稿者大致是屬於「科」的，所以，在主管科探訪這一則新聞的線索，一定比主管「司」來得早，當然比部的秘書處更早，比行政院秘書處或國民政府的文官處當然更早了。這是一種例。如果我們再拿一個社會新聞線索的佈置實例來說：和社會新聞（即所謂黃色新聞）發生最密切關係的機關，當然是「警察機關」，一個新聞社對一個警察機關從事佈置新聞據點的時候，能夠連絡好一個警察的局長，或是一個警察的科長和督察長之類的人物，來作為一個新聞線索據點的佈置，當然是最理想的，如果另在這一個警察機關的「電話間」裏，也佈下了新聞線索的據點，也是同樣重要的。因為一個機關電話接員的報導，常常會比一個機關裏的長官們的報導更便利，更迅速。

至於以機關為對象的新聞線索據點的具體項目，則需視各新聞社和新聞記者所在地的情形而定的，如「中央」與「地方」的情形不同，「省」與「市」又不同。有的，同樣是個省或市，也有大同與小異。以實例來說，上海市與南京市的機關分佈情形，有著相當的差異，而南京市與北京市又有很多的差別，其他的也是如此。所以，以機關為對象的新聞線索據點的佈置，需視所在地的機關機構不同而隨機進行的。不過，這裏可以「市」為單位，把大體其同樣的機關項目，輯列如次，以供參考。

市政府（或省政府）一般政治新聞來源的據點。
財政局（或財政廳）一般與財政有關新聞來源的據點。
教育局（或教育廳）一般與教育文化有關新聞來源的據點。
工務局（或建設廳）一般與建設有關新聞來源的據點。
衛生局（或衛生處）一般與衛生有關新聞來源的據點。

公用局　　一般與公用事業有關新聞來源的據點。
經濟局　　一般與經濟產業有關新聞來源的據點。
警察局　　一般與治安有關新聞來源的據點。
消防隊　　一般與火警有關新聞來源的據點。
偵緝隊　　一般與治安有關新聞來源的據點。
法　院　　一般與司法有關新聞來源的據點。
刑事法庭　一般與刑事案有關新聞來源的據點。
民事法庭　一般與民事案有關新聞來源的據點。
各監獄　　一般與監獄有關新聞來源的據點。
驗屍所　　一般與自殺謀殺死亡等有關新聞來源的據點。
航政局　　一般與航業及輪船肇事等有關新聞來源的據點。
鐵路局　　一般與鐵路交通及火車肇事等有關新聞來源的據點。
其他

（二）新聞綫索的「團體據點」

日常可能發生新聞事件，或可被認爲是一般新聞來源的，除掉上面已說明的政府機關之外，其次該是一般民間的團體。因爲團體，也具有一般的公共集團性；它不但是直接的新聞來源，或是新聞的製造者，祗少也是能儘先知道新聞事件的所在。所以，一般結社團體，也是佈置新聞線索的重要對象。特別是一般普通的社團新聞事件，和社會新聞事件，大部份是從社團方面供給了主要的新聞線索，和新聞的事實。諸如商業方面的罷市，金融風潮等等，勞工方面的罷工，工業災害等等，航業方面的輪航遇險，新關航路等等，以及大規模的救災慈善活動事件等等，主要的都得由各民間團體間去探訪新聞的內容，作爲主要的新聞來源地。所以，在當地所有主要民間團體佈置好很完備精密的新聞線索的據點，作爲整個新聞線索網的一

方面，也是新聞社所重視的。至於應佈線索據點的各項團體，各地情形也多不同，不能一概而論。現在這裏以上海市慣例，酌舉各重要團體分類如次，以供參考。

商會（及所屬各同業公會）為一般商業有關新聞來源線索的據點。

總工會（及所屬有關各工會）為一般勞働有關新聞來源線索的據點。

教育協會（及其他各教育團體）為一般教育有關新聞來源線索的據點。

文化協會（及其他各文化團體）為一般文化活動有關新聞來源線索的據點。

體育協會（及其他各體育團體）為一般運動及體育有關新聞來源線索的據點。

青年協會（及其他各青年團體）為一般青年運動有關新聞來源線索的據點。

各慈善團體 為一般慈善事業有關新聞來源線索的據點。

各宗教團體 為一般宗教活動有關新聞來源線索的據點。

各幫會團體 為一般幫會組織活動有關新聞來源線索的據點。

各同鄉團體 為一般同鄉組織活動有關新聞來源線索的據點。

（三）新聞綫索的「公共場所據點」

新聞社或新聞記者，佈置新聞線索據點的對象，除上述的政府機關和一般民間各團體組織外，凡是公共的場所，也屬主要的對象。因為公共場所，是大衆多數人時常集會的所在，無論是固定性的新聞事件，或是突發性的新聞事件，在公共場所發生的可能性是最大，而且也是最普遍性。凡有許多光怪陸離奇，以及偉大場面的新聞事件，類多是在這些公共場所裏發生和演出的。如三十二年底發生的一件驚心動魄的軍警衝突事件，便是發生在公共場合的共舞台。所以，公共場所的需要佈置各種新聞線索的據點，是十分重要的。諸凡旅館裏的茶役司閽，醫院裏的看護士和接線生，戲院子裏的賣票員，以及殯儀館裏的工役等等，都是佈置新聞線索據點的主要對象。如果佈置得更細密一些，凡是熱鬧場合的烟紙店或糖菓店裏的小伙計，都是新聞記者們最好的新聞線索的報導者。關於這方面線索佈置的方法和對象，可以說是非常廣汎的，至其

合理精密與否，則需視新聞社或新聞記者的聰敏能耐來決定了。至於一般需要佈下新聞線索據點的公共場所，大體上有下列幾種：

各旅社　為政治要人來往駐足之處，所以是政治新聞來源的線索據點。同時也是一般自殺犯罪等社會新聞事件的主要來源地。

各醫院　為自殺、槍傷、盜警、死亡等社會新聞事件來源的線索據點。

各交通要站（包括火車站航輪碼頭等）　為要人行蹤等新聞來源的線索據點。

各娛樂場所　為一般羣眾肇事等社會新聞事件來源的線索據點。

各交易所　為一般會社風潮等新聞事件來源的線索據點。

各大公共集會場所（包括各俱樂部，各聯誼會所，各同鄉會所，各大總會，各大西菜館等）　為一般社交活動及社會新聞事件來源的線索據點。

各公共賭博場所（包括賭場，跑馬場，跑狗場，回力球場，夜總會等等），為一般犯罪新聞事件來源的線索據點。

（四）新聞綫索的「個人據點」

最後，我們要說到新聞線索網中的「個人據點」了。上面已述及的：一，機關據點；二，團體據點；三，公共場所據點等，大體都是以「場合」為佈置新聞線索的主要對象的。但是，現在要陳述的，則是以個人為對象的新聞據點。因為新聞「可能發生」和「可能獲取」的所在，「場合」固然是佔最重要的地位，但是，也有許多新聞，是非「場合」所能包含的，便是必須向「個人」去追求，所以，新聞社和新聞記者在佈置新聞網據點時，除上述的機關，團體，和公共場所之外，同時還得佈下相當「個人」的據點。

不過，這裏所謂：「個人」者，是指一般所謂「名流要人」之類的人物，因為「個人」的單位是異常多數的，決不能像機關團體那樣，可以有相當限度的數目。因之，對「個人」新聞據點的佈置的對手，祗能選政治上的要人，和社會上的名流來着手。要人和名流等人物，大體常是和「新聞」發生着關係，在他們身上，時常可以尋出新聞事件的線索來。所謂

政治要人者，當地的地方長官以及警察局長等人物，當然是主要的對象，此外凡是在當地置有固定居處的達官貴人，大富人家，交際名媛，社會名流，電影明星，以及其他社會間的特殊人物，都是新聞線索中重要的據點。諸凡此等人物的經常往來的場所，住宅的門牌，自備交通工具的牌號，住宅及辦公處的專用電話號碼等等，都得事前有一種精詳的調查，以備隨時應用。

至於線索據點佈置時，也不一定限於此等人士的本身，凡是與他接近的周圍人等，都是目標，上自該項人物的秘書室書記，下至他的車夫，保鑣，司閽、娘姨、廚司等等人物，都是很好的新聞線索的據點。而且根據探訪上的實際經驗，下級人物的聯絡，其所獲的效果，有時要超過了直接的或其周圍上級屬員的聯絡。因為有許多要人之類，特別是在政治上負有重大任務的政治要人，有很多是不願接見記者的，新聞記者要想直接向他探取新聞，實在是很困難的，於是祇能從他的屬僚或僕從階層的人物去間接探訪新聞了。

以實例來說，如事變前的財政部長孔祥熙氏，他因為兼任瀋中央銀行總裁等重要職務的關係，所以當時每逢星期五日，他總得由京搭夜快車來滬。因為他還兼任瀋行政院副院長的重要職務，所以一般政治新聞部門的外勤記者，都當他是個主要的新聞來源，每當他抵滬的次晨，總有若干記者登門求見。但是孔氏的脾氣是非常古怪的，逢到他高興的時候，他可以和新聞記者立在汽車門旁瑣瑣碎碎談上一大堆，有說有笑，連你本來想不到的問題，他也會自動的全盤托出，使每個記者滿載而歸。或者，甚至他還會再由汽車門旁延記者囘進他的會客室裏去，叫茶房送上餅干和烟茶，和你總續的談上一個鐘頭或半個鐘頭。但是，如果他時運不巧，逢到他不高興的時候，碰到記者問他什麼，他便囘答你一聲「不知道！」再要問他什麼，他就乾脆給你一聲：「你們這些記者眞討厭！」於是，沒有下文，於是下去便是他的汽車向你放黑汽，命令車夫開車便走。如果新聞記者因跳上汽車，在這種場合，如果新聞記者因爲某一種重要新聞，必須從他那裏找出一些頭緒的話來的話，那末祇能改變策略到門房間裏去和他的門警保鑣等去鬼混一陣，在鬼混之餘，常常會從那些人中間發見新聞頭緒來。同時，因為在門房裏，可以看到許多來訪的次等政治人物，以及其他關係要人等，在這些人物中，也許會連帶發現其他新聞的新聞事件來的。因此，在那時期，孔公館的門房間，便是當時一部份新聞記者的俱樂部。而孔公館的門房，警衞，保鏢等人物，都是記者們最好的「新聞哨」。祇要你有功夫去走走

，向門警或保鏢遞過一支香烟去，接着向他們問上一句：「今天幾點鐘，某某省的財政廳長來訪，幾點鐘辭去。」或者「某某金融界鉅頭等會來作長談——」於是記者們便滿意而歸，不愁沒有新聞好報告了。這是例子的一種。

再來說另一個實例：在事變前，唐有壬氏（已被刺逝世）任外交部次長時，那時正是中日問題最困難多變的時代，唐氏身當中日外交之衝，所以許多新聞記者，都以唐氏爲探取當時中日外交新聞的主要來源。所以，記者們每天向當時法租界白爾部路漁陽里八號的唐公館去活動。但唐氏爲了避免覆許多困難的問題，實行逃避政策，一清早就出門，到深夜才回家，有時即使在家，也回說：「不在家」。於是，新聞記者便難爲其工作了。記者中有一位姓翟的記者，他是江北高郵人，他發現了唐氏家裏的一個燒飯娘姨也是江北人，於是，他便以同鄉的關係，向那娘姨下功夫，後來終於因爲那娘姨的幫忙，給他捉住了唐氏的行蹤，而給他獲得了不少獨特的新聞資料，這又是一個佈置新聞綫索據點的實例。

（五）佈置新聞綫索據點的方法

關於一個新聞社或新聞記者應該佈置新聞綫索的方面，大致已如上述。至於用怎樣的方式和手段，去從事綫索據點關係的聯絡，也是十分重要的。不過，這種方法和手段，主要的是需要活用的，很難加以條理的說明。如果一定勉强要加以條理說明的話，那末，我們就把它分作：一「物質的方式」，和二「感情的方式」來闡明：

所謂「物質的方式」者，是用物質酬勞的方式，作爲新聞綫索據點聯絡工作的手段。「物質」兩字之下，當然包括了金錢，和禮物等而言，關於這一種方式，過去以及現在中國新聞紙方面，大體會運用着的，而外國一般新聞事業方面，亦多採用，但其運用的方式，各有不同而已。不過，以中國新聞紙新聞綫索據點佈置實情而言，用物質的條件，去換得新聞線索的情事，其範圍並不廣大，而是極有限度的。其原因，基本上因爲中國新聞事業，在世界新聞事業的觀點來論，是處於落後的狀況，一般對新聞探訪的競爭，普通並不猛烈。同時更因中國新聞事業類多缺乏穩固雄厚的經濟基礎，辦報紙能有潑力，而肯着眼於新聞事業遠大前途的人，也不多。有了這許多客觀上的原因，過去中國新聞社和通訊社當然不可能

摘要

上篇

化很大的錢，去從事廣大新聞線索網的佈置。而祇能限於很小的局部，零零碎碎的，在新聞線索關係方面的最下層，酌量化一些錢去佈置一點新聞線索的據點。諸如法院裏的庭丁，救火會的接線生，火車站的聯絡員，大旅館裏的侍應生等等，最多亦祇能在若干要人家裏的門房娘姨之類，必要時，作一些物質上的酬勞而已，所以，新聞線索網的佈置，自然很難到盡善盡美了。當然，在新聞採訪技術上來論，用物質條件去收買新聞線索的據點，常然不是唯一的辦法，也不是一種最理想的方法。不過，現代新聞採訪技術等到現今為止，化大量的金錢，去大量開發新聞的來源，仍被認為是最有利的方法。所以，站在新聞本位的立場上，這一個問題，亦是值得為研究新聞採訪技術者所重視的。

其次，所謂用「感情的方式」者，則是通過「感情」的手段，去從事新聞線索網的佈置工作。當然，這裏所謂「感情」兩字，是很抽象的，這裏面包括了新聞社或新聞記者對外的社會關係，交友關係，以及新聞社本身的力量，新聞記者本身的能力等等問題，這些問題，都直接間接地對新聞線索的佈置發生影響作用和影響關係的。一個新聞社有了歷史，有了地位；它的社會關係發展了，它的新聞線索關係也會無形中增加着。新聞記者的個人也是如此。他的社會活動能力越大，社會地位越高，社會關係越發展，他個人的新聞線索關係，也會無形中越擴展。這些新聞線索關係的無形中存在，主要便是憑了「感情的作用」，亦即是「關係的作用」。現代一般的新聞採訪活動，用這一種方式展開新聞活動的，是最普遍的，而且，也是新聞採訪活動任務中最重要的。

探用「感情的方式」，在新聞線索據點佈置的方法中，該是最重要的，因為上面所說的採用「物質的方式」，固然是一種有利兼有效的方法，但是，這種方式還得處以「感情的方式」去善其後的。比喻說：某一個新聞據點上講，接洽安當之後，允許給以相當物質上的酬勞，便其經常作新聞線索報道的任務。但除了物質酬勞之外，還得由新聞記者和該新聞來源者作經常的感情上的聯絡，纔能獲得工作上圓滿的效果。否則，單憑物質的方法，而忽略感情的聯絡，其效果還是難得滿意的。

△動的「新聞線索」的佈置，其對線有四：1、機關的據點，二、團體的據點，三、公共機關的據點，四、個人的據點。

△新聞線索據點的佈置，愈精密愈佳，愈廣大愈佳。因爲能「精密」，新聞內容可具體，能「廣大」，新聞線索關係的聯絡可靈活。

△四項新聞線索佈置的對象中，一、二、三，三類是以「場合」爲對象，第四類則以「人」爲對象。

△新聞線索據點的聯絡方法，大體上有兩種。一種是以「物質的方式」，另一種是以「感情的方式」。

2.「靜的新聞線索」的準備

在新聞採訪工作的過程中，突發性新聞的採訪，有賴於動的新聞綫索網的佈置。而繼續性新聞和固定性新聞事件的採訪，除有賴於動的新聞綫索網的協助外，尤須同時依賴「靜的新聞綫索」的準備，纔能使一般新聞的採訪工作，得順利的進行與發展。此項靜的新聞綫索的準備工作，主要的包括了：(一) 精閱報紙，期刊，和公報等，(二) 剪貼報紙及編製新聞索引等幾項工作。這類靜的採訪準備工作，對於一般採訪任務，有着很大的幫助。

解 釋

關於新聞採訪工作中的線索佈置問題，我們把它分作：「動的新聞線索」和「靜的新聞線索」兩方面。關於「動的新聞線索」的佈置，在上面已相當述明，現在，我們繼續來說明「靜的新聞線索」如何準備和佈置的問題。

動的新聞線索的進行佈置，主要的是爲預防各種突發性新聞的發生，所以，新聞社或新聞記者對於這一類線索的進行佈置，主要的是必須向戶外去活動，去進行的。而現在所要說明的「靜的新聞線索」的準備，對於突發性新聞當然也有關係，不過主要的，則是以協助繼續性新聞和固定性新聞線索的發掘爲其對象。因之，這一項工作是一種「靜的」準備工作，不必

到外面去活動或佈置，而是關閉起門來，在室內可以進行的。

靜的新聞線索的準備工作，範圍當然沒有像動的新聞線索網的佈置那樣廣大複雜，但在新聞採訪工作中，其所佔的重要性則是非常大的。因為每日裏，一般新聞紙上所披露的新聞事實，常然以突發性的新聞為最可貴，最可吸引讀者的注意力，不過，突發性新聞，在一天內決不能發生得很多很多，所以一張新聞紙中，除了若干突發性新聞之外，同時也有許多是繼續性新聞和固定性新聞，而且，繼續性新聞和固定性新聞的，在比例上所佔的數量，常常有時超過於突發性的。這種繼續性新聞和固定性新聞，線索的來源，除掉一般上述的「動的新聞線索網」各據點供給外，主要的便得仰給於靜的新聞線索的準備工作了。

關於靜的新聞線索的準備工作，主要的有下面幾種：一，精閱日報，期刊，和公報等。二，剪貼報紙和編製新聞索引。茲酌分別說明如次：

（一）精閱日報，期刊和公報

照目下中國一般新聞記者的共同經驗，採訪活動的進行，其新聞線索的獲得，除掉依靠外來新聞線索網各據點的報告之外，最主要的，便是在當天各日報的新聞中，去尋出他們新的新聞線索來。所以，一個現役的新聞社外勤記者，他每日一早起來，如果接不到外來的新聞線索據點的報告，他便得把當天的早報詳細的披閱，從當天的各項新聞的啟示中，去找取新聞的線索，甚至在每一條新聞的字裏行間，去抽尋出新的新聞的線索出來。即以目前中國記者的外勤活動的方式而論，他們的新聞線索，可以說十分之六七是從當天的新聞中去發掘的。所以，普通一個讀者看一張當天的新聞紙，他們可以看了看新聞的大意，或者看了新聞的標題，明白了今天的新聞事實的大意就算完事。但是，做一個新聞社外勤記者的人，他的看報的方式，就大大不同了。所以，他們一方面看着新聞，一方面便隨時在注意：「這新聞是否還有新的發展？」，「這新聞裏是否有着尚未被發掘的新的新聞事實在裏面？」「這新聞是否還可以再擴大一些？」。所以，一個外勤記者的看報，往往要看到「骨子」裏去的，即使是普通的廣告之類的東西，他們也得化一些時間去研究，去仔細審考。因為，

上篇

五三

常常有許多很有意思的新聞資料，是從廣告中發現的。如三年前，著名話劇導演人吳仞之氏「讓妻事件」的桃色新聞，便是由一個新聞記者，從啟事廣告中發見了線索，根據了這廣告線索，而獲得了一則很有興味的特寫新聞。比喻下面一則新聞：

上海市節約協會
明日舉行成立會

上海市民節約會，將旣組織寫上海特別市節約協會，茲寫旣組會務起見，定於本月三十日（星期四）上午十一時，假座西藏路寗波同鄉會舉行旣組成立大會云。

上面一則短新聞，如果以普通讀者的目光看來，這是一則極普通的新聞事件而已，如果以一個外勤新聞記者的目光來看，則這一則新聞裏，你可以找出一個預定性的新聞線索來，就是：「上海市節約協會，將於明日成立」，在明日成立會中，必然有許多公開性的節目和演詞之類，於是，外勤記者便可根據這一個預示的線索，去準備明日採訪這一則新聞事實的活動了，這是最簡單的一個例子。

現在再以下面一則新聞寫例：

零售商保留紗布
即將准許出售
政府當局命令施行

頃據記者向商統會方面探悉，關于棉布中交織品之免除收買一事，原已定有處理辦法，曾經呈奉行政院核准備案，並檢定各零售商保留之紗布，擬准於在最短期內，開始出售應市。該會業已正式奉到政院電令，准如所擬辦法辦理，刻正在準備通告週知。至各項免除收買之紗布，應如何依照此項標準定價出售，該會亦將函上海市府物價評議委員會另行核議云。

像上面的這一條新聞，除掉其本身，在發表的當天，是一則報道性的新聞外，同時在新聞記者的目光中，這則新聞中，又包含着若干繼續新聞的線索。因為在這則已披露了的新聞中，還有幾點很重要的問題，不能獲得圓滿的答案，而這些答案，都是一般讀者所需要迫切知道的。諸如，根據這則已發表的新聞，關於在零售商所保留的紗布，政府已准許不日公開發售，看了這一則新聞，「紗布不久可發賣」這一個事實是知道了。但是，究竟這「發售」的事實，那一天實行？實行的辦法是怎樣？發售時的價格如何？買的數量是否有相當的限制？以及行政院核准的內容詳情究竟如何？這些問題，都是讀者所最希望明白的，而且是希望愈早明白愈好。一個新聞記者必須捉住了這一個新聞中的新聞線索，去從事繼續的探訪工作，供給於新聞紙，使這則新聞更趨具體化，而給予新聞紙讀者，以更高的滿足。現在，再來舉另外一個例子，如三十二年十一月十九日報上載有下面的一則新聞事實：

【南京特訊】首都青年模範團團員及京市大中學生所結成，該隊因鑒於祖國之沉淪，而仍有少數同胞，終日昏昏醺醺醉生夢死，每日處於紙醉金迷聲色犬馬之中，雖經當局力圖挽囘狂瀾，而一般沉醉同胞，仍然置罔聞，於是該隊隊員為向社會黑暗勢力作劇烈鬪爭，以喚醒一般沉醉同胞起見，乃於十七日晚，集合各校青少年千餘人，在首都最繁華地點，亦為最黑暗地點之夫子廟一帶，對各界民眾發表：「我們的抗議和要求」。同時一部份隊員百餘人，復開始行動，搗毀首都最大之鴉片館雲裳閣，百樂門，雪園，潮園等鴉片館，以示警告。當時一般烟客，咸為愛國正義所激動，亦參加破壞，當時空氣，極為緊張，後該隊隊員復整隊晉謁負責當局，高呼口號，表示決意。負責當局對於彼等愛國熱忱，深表同情，並勸導以後行動，務須遵守團體紀律，維持治安秩序，不宜輕舉妄動，致干法律，迄深夜三時方散云。

像上面的這則新聞，這新聞中，也包含着一種新聞線索，不過其存在的形式，則與前面一則新聞中，其內容許多未盡的事宜，是很明顯地表明着的，所以，記者可以根據這些新聞中的缺陷去繼續發掘。而這一則新聞，在其新聞本身，可以說沒有很顯著的未盡事宜。不過，新聞記者，如果根據了這一則新聞事實來加以「引想」，那末，就可以發生了另一種新聞線索來了，諸如南京的青少年，為了消滅烟毒的存在，不惜以行動來加以鬪爭，這是一件很刺激性的青年運動事件，這件新聞事實發生以後，其他各地的影響如何？以上海地方來講，上海正是一個烟、賭、舞之市，市

民們對於這「三害」，痛恨已極，對於南京這次行動，是否會引起同樣的反應？於是，新聞記者便有了新的新聞線索了，記者便又去訪問本市的青少年負責者，有何感想？有否有同樣行動的準備？所以，像這一種型的新聞，也是新聞線索的一種。

以上所舉說的幾則新聞，所包含著的新聞線索，大體都是屬於繼續性的新聞和固定性的新聞，至於，在新聞紙消息中去發見突發者的情形，也是有的，不過，可能性比較少，也可說是「可遇而不可求」的。編者個人，過去曾有過這樣一次經驗：

民國二十五年間，魯迅先生之死，他逝世新聞最初線索的發現，便是編者在一張日文報紙上所偶然發現的。因為當時正在中日事變行將爆發之間，魯迅先生因思想問題，當時恰處於行動很不自由的情況，他為了求得自身的安全，所以他的住所及行動，可以說保持了絕對的秘密，而且，常時，有的還傳說他已離開了上海。因之，魯迅先生真正行蹤所在，除了他最親信的親友之外，一般人是無法知道的。編者那時在某一家晚報當記者，那天因新聞線索毫無，正在「無計可施」之時，拾能在各種報紙裏面，希望找出一線新聞線索來。末了，終於在一張隔天的日文報紙的角落裏，給我發現了兩行很小的簡訊，說是：「魯迅先生近傳患病甚重，但因行蹤甚秘，一說渠居閘北斯高塔路某某里，但未能證實云云」。

這樣一個線索給我發現了之後，我靈機一動，我想想魯迅先生患重病的事實，大家都不知道，如果是事實，祇少是大家願意關心和知道的。而且，照那家日文報紙上所記載的新聞，雖然祇簡短地兩小行，但察其語氣，魯迅先生的病勢好像很嚴重，這一病，魯迅先生也許會因之逝世。其實，做一個新聞記者的，常常會在這類神經過敏的想法。那時辰光邊不到上午八時，於是，我便立刻出動，姑且依照日文報紙所載的路和里找去，結果，那條弄堂終於給我找到了，不過，是那一家呢？報紙上並未載明，而且我自己也還不寄予信心，因寫我認為魯迅先生登出來的，刊出來的那地名，也許會不準確的。不過，我覺得既然尋來了，就不妨問一個落底。那條弄堂裏一共有九個號頭，我便一家的後門敲過去，問一問是不是信「周」的？敲到第七家，娘姨來開門的時候，樓下正跑下一個青年來，我認識他是黃源，是魯迅先生的學生，當時他正在編輯一個叫「作家」的文學雜誌。我想：「在這裏了」。我便向王先生問魯迅先生病是怎樣，他起先很覺得詫異，問我怎麼知道魯迅先生有病？更問我和魯迅先生有什麼關係？我寫了求一件新聞的真實性，

我祇得臨時撒謊，說我是「作家」的長期讀者，因爲看到日文報上有關於魯迅先生患病的消息，所以非常關心，希望知道一些眞情。這時，我發現黃源的眼睛是發着紅，淚水突然滴下來了。他才非常感情地告訴我，魯迅先生剛剛在一小時前逝世了，各方面還不知道，最早的看見了魯迅先生斷氣幾不久的遺體，他說，如過我願意見一見魯迅先生的遺體，可以自己上樓去。於是，我便上樓去，看見了他們的孩子「海嬰」，還是那樣天眞地吹着口哨，跳跳踯踯的那付神情。魯迅先生臨終時所寫的最後文稿，以及著名的「死了，埋掉拉倒！」的遺囑，還擺在臨窗口的書桌上。以後，田漢，田軍，歐陽予倩，內山完造等都來了，使我獲得最眞實最豐富的新聞資料囘社去。當天下午的晚報上，發表了這一則獨有的重要新聞的具體詳情。這便是由靜的新聞線條中，偶然掘發了「突發新聞」的一個例子。像這種例子，我已說過，是可能發生的，但決不會常常發生。

靜的新聞線索的準備，除開在各種日報上去找尋外，此外，凡是定期性的週報，月報，以及公私機關所刊行的公報等，都可以找出若干的新聞線索來。當然，在時間性和範圍方面，沒有像日報那樣的新鮮和廣汎，其具體性有時是可以超越普通在日報上所獲取的新聞線索的。如在過去江海關所發表的統計月報，便是新聞記者報道進出口貿易狀況消息的最好新聞線索。此外如國民政府，各省政府各市政府等所發行的定期公報，如人事異動，各種命令全文等，都可以在這裏面去找到。再如各商會，各工會，各團體所發刊的月報會刊等，亦都是靜的新聞線索覓取的很好對象。

（二）新聞剪貼和新聞索引的編製

靜的新聞線索的準備工作，除上面所述各點之外，次之，一個從事外勤工作的記者，必須還要做新聞剪貼的工作，和編製新聞索引的工作。當然，這裏所指的剪報工作，並非指一般的剪報工作，而是一個外勤記者個人所需要的剪報工作。比喻，某一個記者，他向來擔任敎育文化方面的探訪活動的，他得把這方面有關的各項新聞隨時剪下，用貼報簿貼起來，這樣，不但可作新聞寫述時的參考，同時，與各項同類新聞的研究比較，歸納之下，可以發現新的線索的。

至於新聞索引的編製工作，則是新聞剪貼工作更深入一步的工作了，因爲新聞編成了一種很有系統的索引，不但檢查起來便利，而且，關於有若干潛伏性和繼續性發展的新聞線索，可利用這種方法而不致漏掉。比喻說，今天報上發表了一

則新聞，說戶口米的配給，自下月一日起，將實行增加。這一則新聞，就潛伏了一種新聞線索，而這種新聞線索，並不是發現了線索便可立刻去從事繼續採訪活動的，而必須要等到下月一日前後，始能應用，始能根據這個線索，去訪明「配給米增加」這件新聞是否是實行，配給增加量到底多少？像這類新聞線索，必須有很好的索引編製工作來加以紀錄，纔能使新聞線索不致隨便漏掉，使採訪活動能精密地展開。

摘要

△靜的新聞線索的準備，主要的包含兩種工作：（一）精閱報紙、期刊和公報。（二）剪貼報紙和編製新聞索引。

△靜的新聞線索的準備工作，是「繼續性新聞」和「固定性新聞」採訪活動上最有力的協助者。

△精閱日報，則是靜的新聞線索準備工作中最重要的一項。

四 採訪工作的進行

1. 人物的訪問

一般新聞的探集，記者必先訪問一個人或數人，不從事訪問，是無從完成一件採訪工作的。即使是新聞記者們親眼目睹的事件，亦必須去問一問其他眼見的人底意見如何？或訪問一下當事者的報告和意見。所以，新聞的獲得，以及新聞稿件的寫成，「訪問」工作的過程，是必須要經過的。訪問的種類，大體有下列兩個方式：（一）爲事實而訪問，（二）爲意見而訪問。

繼探訪準備工作之後，現在要談到探訪工作的實踐問題，即新聞探訪工作如何進行的問題。要談探訪工作如何進行，就不能離開「訪問」的方法問題了。因為一般新聞事件的探集，新聞記者必須要先去訪問人，纔能獲得資料。因為一件新聞事實的發生，在「發生」之後，大致都是件過去性的事件了，新聞記者為了要探集這一事件的真相和發展經過，就得去訪問各種與這事件有關，或親眼看見這事件發生的人物，從他們的談話中，搜集資料，始能完成一件新聞的報導工作。比喻一件火警新聞或是一件盜警新聞發生的時候，當新聞記者接到線索關係的報告，趕到出事地點的時候，主要的現象，類多是已經過去了，或者消滅了，因之，對於損失的情形，死亡的情形等等，必須要從各有關係方面去加以訪問，始能獲得新聞事件的全貌。即使有一件新聞，是新聞記者所目擊的，也須去訪問當事人的意見等等，以補充新聞內容的不足，而使之完備。所以，在探訪新聞中，訪問工作是完成探訪活動所不能缺少的過程。

關於訪問工作的種類，第一是「為事實而訪問」，即以求事實寫中心的訪問工作。第二是「為意見而訪問」，即以徵求某一個人物的個人「意見」或談話而訪問的工作。茲再分述如下。

（一）為事實的訪問

事實的訪問，是新聞記者對於已發生的某一個新聞事實，當時未曾目覩，或雖曾局部的目覩而仍未能了解全部事實的真相，欲查明其究竟，而去找尋某些人物，詢問此項新聞的本源，以充作寫述新聞的資料。此種訪問，稱之謂「為事實的訪問」。在新聞探訪工作中，這種訪問，是最普通的一種，也是最常用的一種。

解釋

「訪問」這兩字的涵義，英語為 Inter View，在新聞學上有兩種解釋法。一種是廣義的解釋法，便是，前已說過，凡是一種新聞探訪工作，必須要經過訪問的手續，所以廣義的解釋法，「訪問」便是「探訪」，一般的所謂「探訪工作」

，便是「訪問工作」。狹義的解釋，則是指以某一個人物的對象的特種訪問而言。在本節中所要叙述的，便是指廣義的訪問，亦就是爲求一般新聞事件的事實眞相爲重心的訪問。而所謂狹義的訪問，則下一節中有詳述。

就新聞學的立場論，新聞的構成，大體上是以事件爲其重心的，以人物爲其重心的也有，但比較次要。所以，在訪問工作中，「事實的訪問」是佔了最重要的地位。在新聞記者實踐新聞探訪的過程中，也是最晋遍的。如果我們打開一張報紙來，分析其新聞來源的方法，平均至少有十分之六七以上的新聞事件，是經過這種「爲事實而訪問」的手段而產生的。比喻，以一則「颶風坍屋傷人」的新聞爲例，當這一個新聞事件產生的時候，新聞記者爲了要完成一則具體而精詳的報導，便得多方面的展開訪問工作，如到天文台去訪問氣象學家，詢問颶風的來蹤去跡，風力如何，到坍屋場所附近去訪問目視這慘案發生的人們，到各醫院去訪問死傷者的實况，到社會局或警察局去訪問善後處理辦法等等，這種廣汎的展開訪問工作，其主要對象是在求得「颶風坍屋傷人」這件事實的眞相內容。因之，這一切的訪問活動，便是「事實的訪問」。爲事實而訪問的探訪活動，在其進行時，主要的須以五項事象爲訪問的對象，這五項事象，就是普通所謂五個「何」，即英語的五個「Ｗ」。玆分誌如下：

1. 何事？（what）即新聞事件的性質
2. 何人？（who）即新聞事件的主體
3. 何地？（where）即新聞事件發生的場所
4. 何時？（when）即新聞事件發生的時間
5. 何故？（why）即新聞事件發生的緣因

爲要求得一件新聞的完備，必須要具備這五種要素的探訪，係最普遍性的，適用於任何新聞事件的探訪，漏缺其一，即不足以構成一則完備之新聞。換一句話說，這五種要素，是構成一件新聞的「骨子」，有了這五條「骨子」，擴而大之：可以成爲一則詳盡的新聞紀事。簡而縮之，亦不失爲一完整的新聞。現以一月四日新中國晚報所刊下列一則新聞爲例．

使女姿色不惡 被拐誘賣為娼

嘉善人萬金生，現年五十八歲，育有一女名愛寶，年二十歲。三年前，愛寶因家貧隻身來滬，投奔其舅父馮寶林家。馮服務於中央旅社，並代愛寶介紹至王姓家為大姐。有蘇州婦人陳陸氏者，見愛寶姿色不惡，向愛寶甘言蜜語，於去年舊曆四月間，將愛寶誘往北平，實行賣娼，嗣父帶至天津賣與劉姓處為娼。直至十一月間，馮接到愛寶來信，始悉以上情形，當即急函赴鄉，囑女父萬金生來滬，據情報告警局，飭探將陳陸氏拘捕解送地檢署云云。

上面一則新聞，分析其五「何」要素如下：

△何事——此一則新聞性質為「使女被拐誘賣為娼」事件，但這新聞，僅知道了這一些，是不能單獨成立一則新聞的，需要訪問下面幾項要素。

△何人——這則新聞中，「萬愛寶」是主角，「蘇州婦人陳陸氏」是副角，「萬金生」和「馮寶林」則是配角。這些人物，是這件新聞中的主體人物。有了「事件的性質」和「事件的主體」尚不夠，還得追究其他的要素。

△何處——「嘉善人」「隻身來滬」「中央旅社」「誘往北平」幾點，則是說明了這則新聞的「地點要素」。

△何時——「三年前」；「去年舊曆四月間」「直至十一月間」等幾點，則是說明了這件新聞事實的「時間的要素」。

△何故——「愛寶因家貧來滬」；「見愛寶姿色不惡」等數點，則是相當說明了這件新聞事件發生的緣由。

像這一則新聞，在純粹新聞學立場的批判起來，當然不能算是一件記載很好的新聞記事，但其必須要具備的五項要素，則是具備了。所以，該新聞記者的訪問任務，可以說是相當盡了職責了。

（二）為意見的訪問

意見的訪問，係以某一個特定的人物為對象，徵詢其對某個特定問題的意見為主要目的

。此項「為意見的訪問」，前者以「事實」為訪問重心，後者則以「人」和「意見」為訪問重心。在新聞採訪工作中，雖不如「為事實而訪問」那樣運用得廣泛和普遍，但其重要性，則並不減於「為事實而訪問」。有時，且更超過之。同時，此項訪問工作，係以某特定問題和某特定人物為對象，受條件上的限制，訪問工作進行的艱難程度，尤超過於「為事實的訪問」。

解釋

為事實的訪問，係以搜集事件的內容真相為主要目的。現在所謂：「為意見的訪問」，則是以徵詢某特定人物對某特定問題的意見，而去從事訪問。以實例來說，如下例兩則新聞：

（第一則新聞）

最高國防會議舉行第卅六次會議，通過要案摘錄如下：（一）江西省長鄧祖禹辭職照准，並特任高冠吾為江西省長，兼駐九江綏靖主任。（二）特任羅君強為安徽省長。（三）特任張一鵬為司法行政部長。

（第二則新聞）

第三十六次最高國防會議通過特任張一鵬氏為司法行政部長。記者以張氏榮長司法，特趨張氏私邸，叩詢今後施政方針，暨接任日期，茲承張氏發表談話云：「本人於廿三年前，在滬執行律師事務後，即絕意仕途，今承當局一再電促始允勉為其難，唯就職日期，須俟當局對監獄囚糧有確定之辦法後，始能確定。蓋監所屬係地方治安極大，囚糧欠發，譁變堪虞，實與軍米同樣急切，故於接任前，不能不與有關當局接洽。對於人事問題，當以不動一人為原則。但按諸每一機關新舊交替時，對於補充人員之遴選，亦不能不於事前鄭重物色。」至今後施政方針，則謂：「政府方面，以事前秘密，事後公開為宗旨。法務方面，則以事前不管，事後嚴稽為方針。此為余向來辦事之座右銘云」。

這兩則新聞，前一則新聞中的：「特任張一鵬為司法政部長」，為後一則新聞的「新聞線索」。而第二則新聞，則是

根據了第一則新聞中的新聞線索，去繼續發掘出來的一則「爲意見而訪問」的「繼續性新聞」。因爲這一種訪問，並不以「事實」爲首要的對象，而以「張一鵬」這個人，及其對司法行政工作今後的「意見」爲主體對象。所以這是一則比較標準的「爲意見而訪問」的新聞。

在新聞探訪工作中，爲「事實的訪問」，在運用上，是比較爲「意見的新聞」來得普遍，而其重要性，則後者並不差於前者，有時，後者在新聞探訪部門的重要性，往往還超過了前者。因爲，爲事實的訪問，大致是爲求取「過去」事件而作的訪問，爲意見而作訪問，則是爲求取「將來性」事件而作訪問。所以這兩種訪問的方式，其所擔任的任務，是相當平衡的。求取「過去性」事件，是種具體的事實，求取「將來性」事件，則大致是種抽象的意見。由於這種的區別，在訪問工作的實踐過程中，後者是比較前者爲艱難。因爲具體的事實，有其範圍和蹤跡可尋，而抽象的意見，則其伸縮性就比較廣汎。其次，爲事實的訪問時，其訪問的對象很多，很有伸縮性，找不到這一個人，去另外找一個別的人，也還是可以找到事實的內容。而意見的訪問，要找的人物必須找到，找不到目的中特定的人物，這則新聞資料就無法完成。如上面引例的第二則新聞，張一鵬氏如果找不到，或者新聞記者找到了張氏，而張氏不肯發表意見的時候，那末這則新聞就無法產生了。故而，爲意見的訪問，其活動上的限制，常超過於爲事實的訪問。更因爲事實訪問的對象人物，其談話大部是報告別的事，爲意見的訪問，訪問對象人物的談話，主要的是發表其自身的意見和議論。一般人性中的常情，類多對別人的事，願意多談：自己的事情，就會特別的鄭重起來。這也是說明爲意見的訪問工作，類多須由有經驗的記者去負責進行。經驗較淺的記者，以事實的訪問工作，在新聞記者地位而論，對於爲意見的訪問，類多之一點。所以，入手寫適宜。

2. 探訪的步驟

新聞探訪任務有了新聞線索之後，在其實踐訪問的進程中，要經過如下的步驟：（一）目的底確定。（二）對象的確定。（三）問題的準備。（四）對方人物性格的了解。（五）

訪問對象蹤跡的調查。（六）談話的技巧。

解　釋

探訪一則新聞，有了新聞線索之後，直到一則一則新聞事件的探訪完畢，其間還是須要經過一種很複雜的步驟的。普通一般新聞紙的讀者每天早晨打開報紙來，報紙上總是鋪滿了大大小小形形色色的新聞記事，讀報的人，也許都不會注意到，其實，每一則新聞，由新聞記者在探訪的時候，大抵都要經過一番辛苦的。比喻我們引一個實例來說，不久前，報上會首先發現有關於電影女明星李綺年女士如下的一則新聞簡聞：

【本報訊】據悉，南國電影女明星李綺年，昨因某種原因，突吞服大量安眠藥片，企圖自殺，經被家屬發現，已送醫院救治中。

像上面一則社會新聞透露後，僅是這一點點資料，是不能寫一般讀者所滿足的。因之，在一個擔負社會新聞探訪責任的外勤記者，就會把這一則新聞作為一個「新聞線索」去繼續掘發。新聞線索是有了，因為「李綺年企圖服毒自殺」這一個抽象事件業已知道。現在，一個新聞記者，得首先把握住，繼續去探訪這則新聞的目的，便是「目的底確定」。以這一個例來講，此一件探訪活動的最重要目的該是是「李綺年服毒之後，到現在最近為止，是否死了？抑還是可以脫離生命的險境？」這是第一個目標。其次，是需要明白，「李綺年的企圖自殺，究竟是為了怎麽樣的內幕？」這是第二個目標。記者確定探訪一件新聞的目的及其重要性的何在，主要的，當然以讀者的需要為需要。像這一件新聞事件，讀者所最需要明白的，是這兩點。所以，記者當然以這兩點為其探訪努力的目標了。

探訪主要目的確定了之後，次之，便得確定訪問者的對象。像這件新聞事實，其主要對象，第一個當然要去找到主角人物李綺年，其次是，李女士的家醫和主治李女士的醫生們，因為，祗有從這幾個人物身上，能找到這兩個主要目的底實和具體的內容。這一個步驟，比喻像舉例這一事件，要找到主要人物李綺年，第一必先知道李綺年女士的家住在何處？如果新聞記者平素的調查準備工作做得好，這一步也許容易解決。找到了李綺年女士的家之後，因為她已經服了毒的緣故，她一定早被家人送到醫院裏去，但已被送到那一個醫院去了呢？如果，她家裏

的人願意告訴，當然是問題毫無，萬一她家裏的人都不在，即使在而不願告訴新聞記者的話，這時，做新聞記者的便得顯示他的神通，磨折他的神經了，萬一用盡方法和手段，仍無法從她家人那裏獲取她的去蹤的話，便得運用線索關係，目一直接向各個醫院去找。這時，一個新聞記者，一方面他是去求目的中人物，一方面，他的腦袋裏便要打算着各種問題和思究，除掉上面兩個最重要問題外，此外如「李綺年服毒前夜曾做過什麼？」，「她近來和那些人接近？」「她的安眠藥究竟吃了多少？眠藥是怎麼樣弄到的？」「這事件內是否還摻涉着別的什麼人？」這些有關的細小問題，必須先要有種系統的準備。等到目的對象找到了的時候，便可分別去捉住適當的談話了。

當然，像這樣一件新聞，新聞記者找到了醫院的時候，自然先得去看看李綺年女士的本人，萬一無法見到，再去找醫生和家屬談話。如果見到了她的本人，這時，得察看當時的情形，來進行適切的發問。如果那時李女士的神志很清醒，她自己也很願意多說話，就不妨扼要的略談幾句，即使看了她躺臥在病床上的面色和表情等已足夠。發問的問題也必須要度量當時的客觀情勢，如像一件女子企圖自殺的悲劇，新聞記者發問時，便得顧到對方主觀上的情意。你決不能不管三七廿一，劈頭就問：：「你什麼要尋死？」「你要自殺，是不是為了鬧戀愛？」像這樣的發問方式，不但在探訪技術的運用上，必然會失敗，且也大大有損做記者的道德。因為這樣的發問式，必然會行起當事人感情上直接的刺激的。如果用漸進的方式，從：：「你現在覺得怎樣，身體還難受嗎？」或是「適可而止」而結願意和我談談？」這樣從清談揣寫入手，如果對方乘着發問的勢向，很願意多告訴纔慢慢的轉入正題到「適可而止」而結連不足的資料，再從其他方面去求補充，經過這樣步驟，一則新聞的探訪程序，纔算告一段落。這是以一則普通的社會新聞事件為例，且進行上還是很順利的。如果中途遇到了「阻礙」和「不巧」，則困難要重了。

關於探訪工作實踐時，其間經過的步驟，視探訪事件性質如何，而有其大同與小異。上面引證的一則，是社會新聞的例子，其他政治性新聞事件的探訪，亦是一樣，大體上都需要有這樣幾個步驟：㈠目的底確定。㈡對象的確定。㈢問題的準備。㈣對方人物性格的了解。㈤訪問對象蹤跡的調查。㈥談話的技巧。這幾項步驟的運用，是否能獲得最高的成就，直接影響於探訪工作的成功或失敗。就上面所舉的六項探訪步驟的運用而論，有的，主要有賴於記者個人的臨機應變，如第一二項。有的有賴於平日的準備和研究，如第四五項。有的有賴於平日的訓練，如第三項第六項。

關於新聞記者「會談」及探訪的應注意事項，美國賽特蘭德氏，曾有如左的十條意見：

一、在會見以前，必需嚴守和對方約定的日期和時間。
二、研究對方的人格，閱歷，學識，思想，地位等等的一切準備知識。
三、會見的目的和質問事項，先要明確預備。
四、提出各項問題，目的在獲得議論的材料，不可提供情報。
五、適切的質問，須在會見以前預備好，所有問題，務要獲得眞正要領。
六、對於問題要項，務須達到目的。
七、談話在對方氣順時，可使談話繼續進展。假使對方面現不悅之色，須急轉話頭，擾雜別的問題，慢慢的再向原來目的回轉。
八、對於禮儀行動服裝等，都要注意。對於別的問題，不可爭論或反對對方的意見，而致有傷感情。爲了澈底明瞭對方的意思，不妨反覆的質問。
九、會談的時候，關於重要的言詞，統計數字等項目，都可記在手册上面。在新聞紙印刷之前，把原稿交給對方一看，是最妥當的辦法。
十、會見切忌閒坐，如時間過長，總以告辭爲妙。

暫述至此，其他關於探訪上技術運用各問題，在「怎樣做一個記者」一章中，尚有補充叙述上面所擧的十條意見，雖不能說是完備，但已相當提綱的說明了會見時應注意的各點。（關於「探訪的進行」一章，暫述至此）。

五　怎樣做一個記者

一件新聞活動的成功或失敗，新聞記者主觀上能力的高低，爲其重要因素。一個記者的養成，一部是由於天資，一部份則是由於訓練，某方面講起來，後者更重於前者。每一個

比較合于理想的新聞記者的條件，一般的需要有下面幾種：（一）新聞覺的敏感性。（二）健康和耐勞的體魄。（三）學術的修養。（四）堅忍的性格。（五）急智和勇氣。（六）公平和正義感。這些條件中，有的是由於先天的資材，有的則是由經驗的累積和自身的努力，再加上合理的訓練而可以養成的。

解　釋

新聞探訪工作的進行，是被客觀上許多困難限制着的，所以，執行探訪任務的「新聞記者」的能力高下，是決定一次接洽工作成敗的主要因素。同樣的一個新聞線索，如果同時由兩個外勤新聞記者，根據這個線索，去展開他們的探訪活動，往往結果會大相懸殊，一個可以獲取最高的成就，另一個也許會遭遇了最大的失敗，遭遇的客觀環境或許有不同，主要的，乃在於智能的差異。所以，探訪工作要做得好，必先要探訪人員的基本素質好，有了有智能的新聞記者纔能發揮好的新聞事件。這正和具有好素質的士兵，總能在戰場上掙取勝利一般，是不易的眞理。

怎樣纔是一個好記者？一個良好的記者是怎樣養成的呢？抽象一些的說，一個比較合于標準的記者，它的養成，一部份是由於先天的天資，而一部份則由於不斷的努力和訓練。而後天經驗的不斷累積，和不斷努力訓練，更要於先天付予的聽慧。因為單有天賦的聽慧，如果不加努力和訓練，智慧是沒有用的，反之，如果天賦上比較差些的人，如果肯加倍的努力和自我訓練，他同樣可以完成一個很好的新聞記者。

美國紐約世界報的創辦人彙哥倫比亞新聞學院的創辦人普利茲氏，對新聞記者的養成，曾有過這樣一段議論：「依我的觀察，世間天生會做的事情，祇有一項，就是做「呆子」。世間有人能不需要訓練，就能做事嗎？家庭裏有訓練，學校裏有訓練，從業的有師徒的訓練。未經特別準備而成功的天生記者或者是有，即使是這類天才人物，如果能再加以訓練，一定更可節省精力，而產生同樣的效果。」

新聞記者，必須受相當的訓練，這一點，已爲現代新聞事業者一致所承認。固然，報紙中的記者，不必期望每一個人

上篇

六七

都進新聞學院或大學新聞科，但祇少要對這一種專門性的知識，有相當概念的了解。因爲，新聞記者在現代人心目，已被公認是屬於「公職」的一種，他和醫師、律師們同樣和大衆發生了最密切的關係。有時，一個新聞記者所給予一般公共的影響，更超過了醫生和律師，因爲醫師和律師直接影響的僅少數人，而一個新聞記者一篇新聞發表出去之後，其後果影響所及，常常是一大羣，甚至是整個國家與社會。

關於怎樣纔能算是一個理想的記者的問題，新聞學者所提供的說明是異常紛繁的，如果加以歸納一下，可以有下列幾種：（一）「新聞覺」的敏感性；（二）健康和耐勞的體魄；（三）學術的修養；（四）堅忍的性格；（五）急智和勇氣；（六）公正兼有正義感。茲分別闡述如左。

1.「新聞覺」的敏感性

所謂「新聞覺」，乃是種人類的本能，不僅是種本能，它乃是一種智力和腦力的性質，這種性質雖然是天賦的，但需要與理解力聯合起來，並且要由經驗中去發展，如其他天然的才能一樣。藝術家的天才，他能在普通人看來毫無足取的地方，看出美來；音樂家的天才，他能發覺普通人所不能察出的聲音美；詩人的天才，他會在旁人看來祇是一些河邊的雜草上，發現上天的神祕。總之，這是一種高超的辨認與區別的天才，而這種天才，在新聞記者身上，便是「新聞覺」。

解釋

這裏所謂「新聞覺」，主要的是屬於人類一種天然的本能。做新聞記者的人，必需要有這種「新聞覺」的本能。而這種本能，越豐富越好，越敏感越好。一般知道，沒有顏色的感覺的人，不能成爲畫家；沒有和諧聲音的感覺的人，不能成爲音樂家；同樣的，缺乏「新聞覺」的人，也不能成爲一個新聞人。不過，祇具有了這種本能上的感覺，也不能就成爲畫

家，音樂家，或新聞記者。雖然，有人說，詩人是天生的，不是人爲的，不過這種說法，並不絕對的正確。詩人，是天生的，也是人爲的。一個新聞記者也是一樣，「新聞覺」是做新聞記者的必要條件；不過，這種天性，同時必須用訓練與經驗去培養；用研究，敎育，觀察的方法去發展。一個新聞記者必要的條件中，「新聞覺」應列入最重要的一條，新聞記者不一定是廣博學問家，但决不可沒有「新聞覺」，反過來說，有許多老練的新聞記者，他雖然不會寫很高明的學術論文，但他能把新聞處理得非常好。像這種實例是非常多的，以中國情形來說，有豐富學術修養的人，如果沒有「新聞覺」，一旦做新聞記者的時候，他便無從着手了。

素很有學識修養的學者，奉派探訪的事件，雖然渺小無味，却有發現重大新聞事件的可能性。所以，在新聞記者必要的條件中，「新聞覺」應列入最重要的一條，新聞記者不一定是廣博學問家⋯

一個有新聞覺的新聞記者，奉派探訪的事件，雖然渺小無味，却有發現重大新聞事件的可能性。所以，在新聞記者必要的條件中，「新聞覺」應列入最重要的一條⋯

兩個人探訪同一個新聞事件，會因他們各別的性格，和「新聞覺」的敏感性的差異，一個所報告的會乎淡無奇，另一個的報告則精采有趣。

「新聞覺」也可說是人性的一種敏感，如果再具體一點說，從一個記者的目光來論「新聞覺」應祇少包括以下各項

（一）有認識出某項消息能使讀者發生興趣的能力。

（二）有認識出各項重要新聞的線索的能力。

（三）有對於新聞事實有關之各項材料，判明其輕重性的能力。

（四）有認出由某項新聞中，可以發生其他新的消息的可能性的能力。

2. 健康和耐勞的體魄

新聞記者第二個主要條件是「健康和耐勞的體魄」。新聞記者的工作性質，主要的當然是種精神的勞動者，但有時也是個體力勞動者，爲了職務上的關係，生活和工作時間，多不易有合理的規定。由于精神勞働的關係很易犯神經衰弱症，由于生活的不規則化，亦易增加體力上的疲勞。所以，必須要培養健康的心理和耐勞的體魄，始能負擔起一個新聞記者的任

務。

解釋

要有豐富的「新聞覺」，是做新聞記者第一個條件；其次便要有健康的心理，和耐勞的體魄。新聞記者這項工作，主要是種精神勞働者，同時兼是種體力勞働者。所以，做一個新聞記者的，他要兼負着精神和體力兩方面的重大負擔，對於體魄良好的培養，是異常重要的。

以精神的勞働程度來講，一個負責任肯努力的新聞記者，他的思想活動，從早晨一直到深晚，是不斷進行着的，甚至會在進食和入夢之中，都會不停止為新聞而思想的活動。以前曾經敘述過，一個新聞記者，為了求得一件新聞探訪工作的完滿結果，從尋取「新聞線索」開始，中間經過種種曲折的活動，一直到新聞稿撰妥為止，其間要經過很複雜的手續，而其每一個動作過程，都得運用其最高的思維活動。常常一個新聞記者，為了想發掘一則新聞線索，而需要絞一兩天時間的腦汁，神經上擔負實在是很重的。因之，新聞記者患神經衰弱症，毛病是非常普遍，主要便是由於這個緣故。

一般做文化或精神工作的，大抵是偏向靜的工作，而新聞記者的工作則不同，他不但是需要用腦袋作最高的思維活動，同時他必從事廣汎的動的活動。一個新聞記者單是關起門來做靜的活動，這決不是一個新聞記者，因之，記者除掉是個高度的精神勞働者之外，同時，是個體力勞働者。他為了新聞的探集，不分春夏，不分晝夜，得四處奔跑。在夏天，烈陽之下，汗流夾背，在一日之中，襯衫被汗水濕了乾，乾了再濕，落雨天，亦得向外跑，落雪天也得向外跑，特別是中國的新聞記者，因為交通工具不發達，普通一個記者，不要說汽車坐不起，連坐得起一輛野雞包車的都是很少很少，出去探訪新聞，有電車公共汽車可坐，還算是好的，否則，祗好兩條腿跑，這樣的體力勞働，就是無異是黃包車夫了。

並且，誰都知道：新聞是不管什麼時候要發生的，一天廿四小時中；每時每分有發生新聞的可能性，新聞記者就得隨時伺候着，不論清早不論深夜，新聞線索一來，便得隨時出動，一個新聞探訪完了，如果發現了新的線索，就得不能放鬆地繼續活動下去。有時，到了應該休息的時候；因為任務未了而無法休息，到了應該進餐的時候常常不能半途裏停頓下再來繼續。於是，做記者的早飯和中飯一起吃，或者中飯和晚餐合併用，甚至從清早迄夜晚，始終空着肚子活動的事情，

是常有的事。爲了起居無定時，飲食無定時，所以，貧血症，胃腸病等，便變成了新聞記者的職業病。

引一個實例來說，在民國廿二三年間，那時上海各報社各通訊社外勤記者，對採訪活動都非常認眞。其時，正值西南局勢緊張，風變醞釀時期，汪先生適任行政院長，負擔着解決時局的重任。某晚，各報社通訊社接得南京電報，謂汪先生將於次晨由京搭夜快車抵滬。各記者得了這個線索，當然是個要求汪先生發表對解決西南事件意見的好機會，次晨六時左右，一般記者便空着肚子集中在北火車站，預備汪先生一下車，便可獲得訪談的機會。一刻鐘之後，突然從站長室裏探得消息，說汪先生爲了避免下車時羣衆起見，將在眞如下車。一部份比較機動性的記者，一得這消息，立刻設法集了數人，合僱了一輛破舊的汽車，從公路趕往眞如。急急忙忙趕到眞如車站，汪先生已被隨從們擁出站來了。大家祗好眼看着汪先生上汽車，絕塵而去。其時，南京夜車正好進站，大家慌急地進站去，汪先生已被隨從們擁出站來了。大家祗好眼看着汪先生上汽車，絕塵而去。其時，南京夜車正好進站，大家慌急地進站去，汪先生已上汽車，絕塵而去。一部份比較機動性的記者，一得這消息，立刻設法集了數人，合僱了一輛破舊的汽車，從公路趕往眞如。急急忙忙趕到眞如車站，汪先生已被隨從們擁出站來了。大家祗好眼看着汪先生上汽車，絕塵而去。其時，南京夜車正好進站，大家慌急地進站去，汪先生那時雖然在蒲石路有着私邸，但他到上海來，並不一定住在那裏，恐怕臨時找不着他，大家覺得祗有跟牢他的汽車跑，一個鐘頭最高速率達六十哩，而記者們的老爺汽車，拚足了「命」，開不足四十哩，「優勝劣敗」，自然之理，沒有轉了三個灣，汪先生的汽車，已不知去向。記者們的老爺汽車，祗落得氣喘喘地無所適從了。

但是，大家覺得這次重要的新聞，是絕對不能漏掉的。大家祗有先到汪先生的私邸去試一試，趕到蒲石路，什麼動靜也沒有，問管門的，說是他根本還不知道汪先生來滬。但怎麼辦呢？找還是非找不可。大家設法趕到法租界買西義路的會公館去，因爲，當時汪先生來上海，常常是住在曾仲鳴先生家裏的。到了會公館仍舊撲了一個空，連會先生都不在。大家在乾急之下，有的想到，也許汪先生會在腦爾醫院，汪先生當時患着糖尿症，這次來滬，主要也是爲了請腦爾氏治疾。腦爾醫院當時是在霞飛路汶林路附近，記者們趕到那裏，門口汽車是有停着的，但是不曾發見汪先生的汽車。去問醫院裏的執事，回答說汪先生來是來過了，可是剛走。到什麼地方去了，他們也不知道。於是，大家再回到蒲石路公館去，沒有，再到會公館去，還是沒有。這時，有幾個記者有些氣餒了，覺得是沒有希望可以找到的了，有幾個「其心不死」，還是各處打聽，最後得到一個消息，說汪先生從腦爾醫院出來之後，是到江西路南京路附近一家德國化驗所去驗血的，得了這消息的記者們，便坐了老爺汽車再趕過去。地方是找到了，又是回說：「剛剛離開」，離開到什麼地方去了呢？據醫生

方面的消息，好像是到什麼地方館去吃點心了。可是上海之大，茶館之多，到那一個茶館裏繞可以找到汪先生的蹤跡呢？幾個有勇氣的記者，便堅持着非找不可。分別到幾家大的點心館裏去找，終於從老爺汽車裏，遠遠地在新雅酒店門口發現了汪先生的車子，可是真不湊巧，恰在這時，汪先生正上車子，開着走了，我們的車子慢，三個灣一轉，又是連影子都不見了。大家空歡喜一場，乾着急亦沒有用。這時，時間已過十二時，他的車子快，大家從一清早到這時，都不曾吃什麼東西，這新聞又不能讓牠輕輕放過，於是大家餓着肚子再到蒲石路，蒲石路依然是冷清清，再到曾公館，門口雖然沒有汪先生的車子，但曾先生和別的汽車停在門口，看情形，大家覺得，這下子總找着了。汪先生一定在曾公館裏休息，記者的卡片遞進去時，仍囘說：「汪先生不在」，這一下子，給記者們一個最大的憂疑了。大家商議之下，肯定汪先生一定是在曾公館裏，也許是為了時局關係，這次不願接見記者們。但是，記者們的立場，覺得在這樣一個時局動態中，找到這樣一位要人談話，實在是最好的機會。由於記者的責任，這個機會決不能讓它落空。大家決定用「立等政策」，在曾公館大門口守着，假如汪先生是在裏邊，他一定得出來，出門的時候，當面攔住他，這樣，汪先生總不好意思拒絕發表談話了。

這政策一決定，大家在門口一等便等上兩個鐘頭，脚酸了，祇好坐在門口的階沿石上，或者門口汽車的踏脚板上，和汽車夫們聊聊天。到下午二時以後，當時的上海市長吳鐵城，警備司令楊虎等都來了，大家便更肯定汪先生一定是在裏面了。記者們要求曾公館的茶房再遞片子進去的時候，仍舊說是汪先生不在。大家除掉繼續「立等政策」之外，便無他法可施。一直到下午三時半，吳鐵城，楊虎等要人絡續的來，絡續的都去了之後，曾仲鳴先生繞從裏頭笑面的迎了出來，向記者們表示十分抱歉，他說汪先生這次來滬，主要是為了看病，本不預備問報上發表談話。現在既然各位記者這樣熱心，就請大家和汪先生見一見面吧。這樣地，記得那次汪先生的說話非常簡單，說完就上汽車到別處去了，雖然汪先生的談話是很簡單，但各記者的任務，總算是達到了。記得那次汪先生深深噓了一口氣，分別囘社去寫稿子，時巳下午六時了，綜計寫了這一個新聞的探訪，從清晨五時許起身，一直到下午六時告一段落，計費時十三點鐘，記者們餓着肚子，沒有片刻功夫的停息地工作着，晚飯之後，又得出動去打聽，汪先生當天是否返京，眞到晚間十一時，證實了汪先生是當晚搭夜快車返京的消息之後，記者對這一件新聞的探訪任務，才告完畢。

魄，是很不容易擔當起來的。

我們由這一件新聞探訪事實為例，可以說明新聞記者的工作，是一種十分辛勞艱苦的工作，如果沒有很好的精力和體魄，是很不容易擔當起來的。

3. 學術的修養

一個人，欲求對事業有所成就，學術的修養是必要的因素。做新聞記者，亦是如此。新聞記者所需要的學識修養。有兩方面，一方面是對新聞事業的本身，需要有專門的研究與學識，另一方面，對于與新聞事業和新聞工作有關的知識，亦需要有相當廣汎的了解。理想的新聞記者，除了先天底豐富的「新聞覺」之外，必定要有良好的學識上的修養。

解釋

有人說，新聞記者猶似「萬寶全書」缺隻角。拿這句俗語來形容新聞記者，雖然並不一定恰當，但祇少說明了，做一個新聞記者，需要多方面的知識，我們在前面曾提到，一個新聞記者所需要的知識學問，和普通的所謂「學者」，稍為有些不同。普通有學問的學者，他們需要的是「專」是「淵」，就是，他們研究某一項學問，必須要研究得「深入」。一個新聞記者所需的學識則不同，記者所需要的知識學問，不一定要「專」和「淵」，而是需要「廣」和「博」。

做新聞記者的，由於職業上的關係，他必須與多方面的人物接近，向各種各樣複雜事象中去探尋新聞。以人物來講，上至國家元首，達官貴人，大賈鉅商；下迄販夫走卒，癟三流氓，以及所謂「三百六十行」，各色人等，均須接觸，以事情來講，大至國家大事，小至街頭閒談，都得去從事活動。再以性質上來講，諸凡政治、經濟、文化、社會、科學等等，都得要懂一些。因為新聞記者進行工作時的對象，類多是沒有一定的，如果對象是政治要人，你便得懂一些政治理論，以及國際形勢等等；如果對象是銀行家，就得明瞭一套經濟上，金融上的術語，以及最近市場上的趨勢等等；如果對象是癟三流氓之類，你也得懂些內行的切口，流行的俗語等等。談天就談天，說地就說地。因為在新聞的探訪法則上，要了解對

方,和對方對你發生興趣和了解,才能得到好的探訪效果,因之做新聞記者的,必需有廣汎的知識和常識,才能在工作進程中順利發展。如果一個做軍事記者的,連「內線作戰」和「內線作戰」的意義都不明瞭,做經濟記者的,不明白什麼叫「通貨膨漲」什麼叫「黑市」,那末他的工作,一定會到處碰壁。「好的新聞記者,一定是產生於新聞記者底良好修養上面。」這是個顚撲不破的原則。

當然,以現代新聞事業趨勢來論,新聞記者很多是分工的,特別是新聞事業發達的日法美各國的新聞記者,他們的工作,大多是分工的。比喻政治新聞,專門有政治新聞記者去負責,經濟新聞,專門由經濟記者去負責,社會新聞,則專門由社會記者去負責。分工更精細的,單在政治這部門,更分做外交,內政,警政等部門,各由專門性的記者去擔任外勤的探訪活動。像這種實行分工的記者,他們所要的知識修養,當然要比較專門性一些了,如擔任經濟新聞的,對於經濟金融問題,就要有比較專門的研究。不過,其他的一般知識,仍得要相當有,因爲現代的新聞探訪活動,乃是種立體的活動,各項知識都有相互密切的關係,擔任政治新聞探訪的,他也一定要相當了解經濟方面的知識,而擔任經濟新聞探訪的記者,也不能不有相當的社會知識。

所以,在分工的情形之下記者的學術修養,需要以某科爲主,而再旁及其他。如擔任政治新聞的記者,對政治學有關學問必須專攻,而經濟學,社會學有關科門,再加一般的修養。其他也是一樣。不過,以中國新聞界來說,這種分工的情形,還是不很普遍的,因爲新聞事業的不發達,經濟,人才等各種條件的限制,一個新聞記者,常常被當作是個「萬能博士」,探訪政治新聞,同時也探訪文化新聞和社會新聞,金融新聞也得去。在新聞學的原理上,這當然是種不合理的現象,而中國的新聞記者,確是在這樣不合理的現狀下,擔任着「萬能」的工作。希望將來隨着新聞事業的進步而有所改進。因爲「三脚貓」的記者,卽使做成一個最高明的「三脚貓」,必竟還不是一個好記者,部份的分工制度,使一個記者,有一個部門的專攻,再相當注意及有關學識的修養,無論對新聞記者自身,和新聞工作的效果上,都是最合理的辦法。

4. 堅忍的性格

做一個有成就的新聞記者,除了有天生的新聞覺,和充份的學問修養之外,還得有「堅

忍的性格」，所謂「堅忍」者，直覺而狹義的解釋，便是一種「堅絕的意志力」，和「最高的忍耐力」之謂。新聞記者，在極複雜的環境裏去進行採訪的任務，其間隨時會發生工作上的阻礙和困難，有時，可以憑記者天賦的聰明，和廣博的學術的修養去求得解決，這些隨時發生的阻礙和困難，有些困難，却是即使有豐富的深淵智慧和養修，亦會感到技窮的。在此種場合，則記者必須有「堅强的性格」，配合着聰明和學問，始能突破一切工作上的阻礙和困難。新聞史中有許多記者，他們的成功，並非成功於他們的聰明，而是成功於他們有一種堅忍的性格。

解釋

普通人都知道有這麼一句格言：「祗要功夫到，鐵棍磨成針」，這句話，可以用來勉勵任何人對任何一種事業的努力。而我覺得，用來說明新聞記者對採訪新聞應有的一種特性，是更其適當的。在前面幾節裏，已說明着，做一個理想的新聞記者，需要有豐富的新聞覺，需要有健康耐勞的體魄，和良好的學術修養。這些是做一個新聞記者的先決條件。具備了這些條件，當然可以有資格做一個新聞記者了。不過單是有了這些條件，這個記者並不是就可「無往而不利」了。換句話說，僅有了這些條件，他還得配上一種「堅忍的性格」。

經驗告訴着過去會有過許多新聞記者，他們有很好的體格，也有很豐富的智慧和修養，但是，他們在工作實踐中，並不會有如何成功的表現。而有些新聞記者，他們的天資和學識根底都不如前者，而他們則獲取了工作上相當的成就。原因為了什麼呢？主要的便是因為前者缺少「堅忍力」。而後者有很好的「堅忍力」。因之，有天資和修養的記者，因缺乏了堅忍性格，他們的天資和學問，就無法充分運用到工作的實踐上去。而另一種天資和修養雖然稍差的，但他們有很好的堅忍的性格，於是他們的工作表現，常常反而超過了前者。

在新聞探訪工作進行時，困難和阻礙是隨時隨地會發生的，像以前曾經舉出的許多實例一樣，一個新聞記者，從一則新聞線索的獲得，到一則新聞的撰稿完成，其間不知要發生多少不可意料性的困難和阻礙，有的是可以憑一個記者的聰明智慧和學問修養去求得解決的途徑；有許多問題和困難，單有智慧和學識還是解決不了的，非得還要有一種堅忍的性格來補助，始得有濟。有了豐富智慧，再通過堅忍性格的發展和運用，那末探訪工作的進行，始能有更大的助益了。

如以前曾舉的訪問汪先生的消息來說，當用盡心機找不到汪先生蹤跡的時候，有一部份記者，在半途失望地放棄了目的底追求，結果，他們終於是失敗了。而另一部份記者，因為有了堅忍的性格，終於得到了工作上的滿足。當然，具有了堅忍的性格去從事工作，並不是說一定會成功，或是一定不會失敗，但至少，他們成功的機會和可能，是要比較缺乏堅忍性的記者多得多了。

我們再來敘一個實例：在民國廿四年間，正是當時的財政當局，進行實施「法幣政策」的時期，英國特派最高經濟顧問李滋羅斯爵士來華擔任中國財政部的經濟顧問，作為這次幣制改革政策的實際策劃者。當李滋羅斯抵滬後，新聞記者以李氏此來任務重大，記者們曾不知多少次的向其作訪問，但李氏總是設法躲避，即使給記者們碰到，也是故意答非所問，顧左右而言他，實在下不去的時候，稍為敷衍了幾句，但多屬不痛不癢之話。因之，許多記者覺得乏味了，對李氏的追求，無形中鬆弛下來，甚至於李滋羅斯這人物，在記者們印象中淡漠下去。

當時編者在一家私營的通訊社裏當記者，在某一次金融的小變動中，終於把李滋羅斯這人的印象，又衝進了我的新聞覺裏來，我覺得李氏在這時期裏，究竟在弄些什麼？他的葫蘆裏，到底賣的是什麼藥？他這次來華的任務。是為中國的幣制改革，擔負着這樣重大的使命，終不能不對中國新聞記者說一些稍涉邊際的話，這祇少是種職務上和道義上的責任。於是，我下了一個心願，非設法要他發表一些較有具體內容的談話不可，明知要達到這目的，是很困難，我覺得不妨「知其不可為而為之」。

先設法調查明白李氏住所是在南京路外灘的華懋飯店，那兒，他有着一個小規模的私人事務所，第二步，查明到他每天在事務所進出的時間，於是，我開始去訪問他，第一次遞上卡片去，秘書回說不在，第二天再去，仍舊回說不在，第三

天再去，還是回答沒有來。但是我明明知道李氏是在，他不願接見中國新聞記者則是實情。這情形之下，靈機一動，我決定了一條「苦肉計」，實行「長期進攻」，好在華懋飯店離開服務的通訊社並不遠，我每天待別的工作完畢，便抽空到華懋飯店去灣上一躺，照例遞進一張片子去，他的秘書亦照例回說是：「不在」。他祇管說他的「不在」，我還是去我的，每次去，我一定留一張我的卡片。這樣一個禮拜之後，我增加到每天去二次，上午一次，下午一次，當時，偶然晚間也去一次。因之，他的秘書當我是個神經記者，有幾次，我先回答我說：「這是不是不要緊，我的卡片務得請他收下」。在最後幾次，我先跑了兩個星期，我的片子總計留了十九張，末了，駐明：「這是第×次的訪問」。這樣地，先後跑了兩個星期，我的片子遞進去的時候，他的秘書終究不再回答說：「不在」了，而是說：「你的片子，李爵士看到了，他約定明天×點鐘接見你」。我的「苦肉計」，終究是開始發生效力了。

第二天，我準時前往，李滋羅斯氏熱忱地接見了我。他說：我的所有卡片，他都看見了，誠意很感動了他。他說他並不是不願意接見新聞記者，實在他担任的工作太重要，他的發言如過有所出入，影響市面實在很大，因之他不隨便發表談話實在是種不得已。現在由於記者這樣的誠意，使他不能不說一點，給我工作上一點滿足，所以他已經根據了我書面的問題，作了一份書面的答覆，交我發表，他叫秘書交給我一份談話稿。該稿內容答覆得異常詳細，關於實施法幣政策的基本精神，以及準備的經過，他個人對中國政府和中國民眾的希望等等，均有詳盡的說明，在新聞採訪任務上講，這是一種最高的滿足。我獲得了這份獨特的新聞稿回去，請譯員慎重地譯成中文，當天晚上發送到各報社去，第二天各報上，均以很重要的地位刊載了這則重要的新聞。大家認為不可能的事情，終於是「可能」了。

這一則例子，不過說明了探訪新聞需要「堅忍的性格」的一方面。「堅忍」的運用，是要視各種空間時間以及環境的不同而不同的，做記者常視情形如何加以活用。做記者的，祇要具有這種性實，他的工作，必定可以獲取最高的展開。

5. 急智和勇氣

做新聞記者的，需要有新聞覺，需要有良好的體魄，需要有良好的學術修養。有了這些

基本上的條件，再通過運用於工作時所表現的特性，使探訪工作獲致良好的效果。這裏所謂：「運用于工作時所表現的特性」者，上面一節中所述的「堅忍的性格」是其主要的一種，而「急智和勇氣」也為其主要的一種。

解釋

做新聞記者的人，在工作進行時，隨時要遭遇到各種光怪離奇的景象，遭遇到各種不可預測的阻礙，當記者遭遇到這些困難時，用堅忍的性格，以濟探訪技術之窮途，是重要的一種方法，而新聞記者如果能運用急智，具有充分的勇氣，也是匡助探訪技術窮途時所需要的一種特性。

新聞記者出發工作，為求得新聞探訪的成功，猶如赴戰場作戰一樣，他的行動，處處是在戰鬭的狀態中。兵家用兵，需要「靜如處女，動如脫兔」，始可無往而不利。我認為這句話，用於記者，也是同樣的切當。所謂要「靜如處女、動作脫兔」，就是說需要「機動性」，也即是所謂要有「急智」。新聞記者要隨時隨地應付急變中的現實，他非要有這種機動性的急智不可。這種急智，加上堅忍，智慧，與思想，彙合了這些特質，纔產生了「勇氣」。

有急智，有勇氣的新聞記者，某一方面看起來，好似近乎「厚臉」，但「勇氣」和「厚臉」之間，是有其差別的，「厚臉」的行動，近於是一種「不識相」或「不知趣」的行動，決不能認為是種「勇氣」。中日事變前，有一位通訊社的新聞記者，他探訪新聞，確可說是「勇氣百倍」，別人不去的地方，他去；別人所不敢發問的問題，他敢問；可是，毛病便在「太勇氣」了，於是有些近乎厚臉。比喻，發問的問題太幼稚，囉嚇得使對方不耐煩等等。所以，「勇氣」乃是種「果敢」，而不是「厚臉」，厚臉是失了分寸的勇氣，決不是果敢。

關於新聞記者以急智和勇氣獲取範圍的戰探在舒，是非常多的，這裏引幾則實例如次：

英國名記者吉伯爵士曾說．他由於勇氣，使他成為英國最著名的記者，他曾著撰述了許多探訪的逸事，其中有一件是關於西班牙王儲結婚的消息。西班牙巴本王儲將與一法國舊王朝女郡主結婚於格蘭花園，園為阿利安公爵所有，公爵因不

滿意新聞記者，所以下令不准新聞記者參加婚禮。吉伯氏乃雇美觀的馬車一輛，尾隨於西班牙王公貴卿之車後，混進花園，因之吉伯氏得從容觀察一切。

第一次歐洲大戰時，美國的一個航空隊長羅斯福受傷，有個美國新聞記者想把這消息報告他所屬的新聞檢查所的拒絕。那個記者知道，羅斯福隊長會在醫院裏領受政府所頒給的獎狀章，因之，他想到，美國的國務部，一定已把羅斯福隊長受傷情形，及領獎章經過，告知羅隊長的家屬。於是，他便向報館直接和羅隊長家屬通話，問問羅斯福隊長領受獎章時的特殊情形」，結果，該新聞社終於獲得了該項獨持的消息。

有一個從軍記者，他為求戰事新聞傳遞的迅速起計，設法先探得他們跟隨的軍隊的進攻路線和目的地，於出發前，把每一個目的地，用一個數字代表之，他把這個預擬的數字表交給一個電報生，然後隨軍隊出發前線，軍隊每佔一處，他便將一個簡單的數字拍給預約的電報生，電報生接得該數字，即知其所隨軍隊已佔領何處，即將該消息拍給其所屬的報館，結果，因迅速傳遞的結果，該報館消息靈通的程度，超過了任何一家的同業。

關於新聞記者運用急智和勇敢，使探訪工作者發揮其光彩的例子，無論中外都是非常多的，上面幾則，不過隨便略為引用的一部份而已。新聞記者，為了在新聞探訪競爭中，獲得勝利，常常甚至有不擇手段，祇求目的，不惜用偵探，偷竊，收買賄賂等等超乎尋常的方法，以圖達到一件新聞探訪任務的最高成就。關於探訪新聞的「祇求目的，不擇手段」的方式，是否合理，當為另一問題，但是新聞記者之需要有最靈敏的急智，和果敢的勇氣，以解除在探訪過程中的困難，則是十分必要的。

據我們所知道，中外新聞記者中，有不少記者，因為他們有超人的急智，爭得了新聞工作上最高的成就。有許多新聞記者，由於他們有可貴的勇氣，甚至不惜犧牲一己的生命。至於一個新聞記者急智和勇氣如何的養成，是很不易加以呆板的說明，而是需要各人在實踐的生活經驗中，和實踐的工作經驗中去鍛鍊去培養。不過，有一點，必須要有的，便是對新聞事業本身的信心，對事業和本身的職責有深切的認識和興趣，始能發生一種信心，有了對事業的信心，而後纔能發生勇氣。

上篇

七九

6. 公平與正義感

品性乃為人立身之本，誰都要有完全的人格，而新聞記者尤其重要，新聞記者必須具有公平正直的性格，和豐富的正義感。因為記者的職務，本身有着與廣大公衆生活發生密切關係的權威，由於其所接觸的環境的複雜性，所受環境的威脅和誘惑力均極大，新聞記者能做到不為物質所誘惑，不為威武所屈服，而保持其公平正直的態度，和尊嚴崇高的人格完全有賴於道德的涵養，有了道德的涵養，始能培養成公正的性格。西人曾有諺謂：「偉大人格者的一枝筆，勝過一把刀。」新聞記者手中握着一枝有權威的筆，如果沒有道德和正義感，則那枝筆決不能成為一柄「刀」。所以，一個新聞記者，即使他完全具備了其他優越的條件，而缺乏公平和正義感的條件，仍然不成，也就是說，一個缺乏道德性的新聞記者，必定是個不良的記者！

解釋

這裏，我們要說到，做一個新聞記者最重要的一個條件了，這條件，便是「公正的性格」和「豐富的正義感」，換句話說，便是要具有良好的「德性」，和良好的「品性」。良好的品德，是每個人立身的，他決不能在社會上存在和發展，而做新聞記者的，對於這點，關係尤為重大。新聞記者的生活和職務，和一般普通的人不同。以他的職務上特性來論，他的一舉一動，是影響着廣大的羣衆。新聞記者手裏握了一枝所謂輿論權威的筆，這一枝筆，可能成為一柄「正義的寶刀」，同樣也可能成為一根卑汚骯髒的「魔棍」。

在過去的事跡中，新聞記者的言行，大的可以鼓動一次大規模戰爭，傾覆一個政府的內閣，小的可以打擊一個巨奸的

氣燄，毀滅一個人的聲譽。良善的輿論，可以協助國家民族爭取一次戰爭的勝利和民族的復興，不良善的言論，可以誘致人心趨於可怕的墮落。這兩極之間的權衡者，便是基於公平和正義的道德觀。有良好品德的新聞記者，留下了許多污穢的事跡。

過去世間曾有過不少具有豐富正義感的新聞記者，但同時也有過不少毫無道德的新聞記者，他手中的筆，便成了卑污骯髒的「蠻棍」。

有許多新聞記者，他們在某一方面評衡起來，確是個能幹而且有相當成就的新聞記者，但是如果以道德觀念來批評起來則大大的發生了問題。這種例子，是非常多的。

有人形容新聞記者的生活是「神仙，老虎，狗。」所謂「神仙」者，是說，「飄飄然」的意思，借了新聞記者是無冤之王的牌子，到處討些小便宜，弄些小花樣。所謂「老虎」者，則指的記者藉職務上的便利，從事於「無事造謠，有事敲詐」的勾當。所謂「狗」者，是說，有些記者，他們的行徑生活得像搖尾乞食的哈叭狗，違背了做一個新聞記者公正道義的勾常，一天到晚從事於唯私利是圖，奔走於權貴之門，做物質權勢的走狗。這些形容詞，是對新聞記者加以侮辱的。但在事實上，以中國新聞記者而論，這些新聞記者人格上的黑暗面，確是普遍存在着的。中國新聞事業之不能如理想那樣發展，中國新聞記者地位之不能完善確立，這是主要原因之一。

所以，要完成一個良好的新聞記者，要確立新聞記者崇高的職業地位，提高新聞記者的品德氣節是最重要的，也是最根本的問題。關於新聞記者應具備的各項條件中，如「敏感的新聞覺」，如「健康的體魄」，如「學術的修養」，如「堅忍的性格」，如「急智和勇氣」等等，這些條件，一個新聞記者能完全具備當然最好，如果缺一項或兩項，即使不能做一個偉大成就的新聞記者，仍不失為一個普通夠資格的新聞記者。唯有缺乏「正義感」，缺乏「道義感」的人，決不能成為一個新聞記者，即使一時有所作為，表面有所成就，將來終究會失敗，被社會所拋棄，惟有始終能以「公平」「正直」的心，維持着職務上尊嚴的新聞記者，纔有着最廣闊的前程。

六　新聞記者的種類

新聞記者的種類，由于性質上的分工，有：「政治記者」，「軍事記者」，「社會記者

普通一般人，對從事新聞工作的人，統呼之謂：「新聞記者」，這是廣義的稱呼法。如果嚴格的說起來，是有問題的。因爲新聞工作部門很多，如印刷部份，營業部份等，祇可稱謂：「新聞從業員」，而不能稱謂：「新聞記者」的。報社裏的主筆總編輯等可稱謂「新聞記者」，而經理印刷部長等就不能稱謂「新聞記者」了。新聞記者之中，又有「內勤」與「外勤」之分。在編輯部門或撰述部門工作的，稱謂「內勤」記者，在探訪部門工作的，稱謂「外勤」記者，前者是在戶內從事新聞編撰工作的，後者則是在戶外從事新聞探訪工作的。

這裏所要談的便是「外勤記者」，亦卽是眞正名符其實的記者。外勤記者的種類，其分類情形，各國均有大同小異之分，大體上新聞事業愈發達的國家，其分類愈精細。如美國，日本，蘇聯，德國等，外勤記者的種類，根據性質上的分類，可以做十多種，以至於近二十種。如以日本爲例，除政治記者，軍事記者等重要部門之外如：「電影」「文藝」「兒童」「婦女」「宗敎」等等，都有專門性的外勤記者，專員其責。中國因新聞事業未臻發達之境，對新聞記者的分工，不大明顯，普通的分做：政治記者，軍事記者，社會記者，經濟記者，敎育記者，體育記者。不過，在目前中國新聞界中，除掉法院裏的特約訪員，和金融市場裏的金融訪員之外，專門性的記者，是很少的。

外勤記者從「橫」的一方面分類，可分做本埠訪員，外埠訪員，通訊員，特派員等數種。「本埠訪員」，卽是報社或通訊社所在地的各種記者，統稱之謂「本埠訪員」或「本埠記者」。「外埠訪員」「通訊員」則大體上係非專務性質，而是出於一種兼任所駐在地的重要新聞，用電報、電話或通訊等方式，傳遞於本社。「通訊員」係派駐於外埠的記者，其任務係按時將所駐在地的重要新聞，用電報、電話或通訊等方式，傳遞於本社。諸如一家在上海的報社，在南京北平等重要地區，當然需要派駐專務記者，以負責與本社保持新聞聯絡關係。至

解　釋

」，「經濟記者」，「敎育記者」，「體育記者」等數種。這是屬于「縱」一方面的分類；從「橫」一方面的分類，有「訪員」，「通訊員」，「特派員」等數種。統稱之謂「外勤記者」。

其他較次要的地區，如京滬線的崑山，鎮江等縣，滬杭線的嘉興，松江等縣，如果在那些地方都派一個專任的記者，似無必要，而且亦不經濟，於是可以在當地地方報社中，特約一個通訊員，以保持新聞的聯絡，其對報社所負的責任，不似專派記者那樣重，社方的經濟負擔也可減輕，消息聯絡的效果，還是可以相當收到。至於「特派員」，是報社為完成某一地區某一項特殊任務，所臨時派遣出去的記者，其所負的使命，大體上比較重要。譬如首都南京舉行某項會議時，上海的某報臨時派一個記者去進行探訪活動，這便是「特派員」。更遠一些的，如日本東京或德國柏林發生重要新聞，新聞社派員前去，便是「國際特派員」了。在這次大戰中，各國所派的「國際特派員」是非常多的。所派特派員而負有性專門任務的，則有「特派軍事記者」等名稱。總之，「特派員」的性質，是流動性的，和臨時性的，而「駐在記者」和「通訊員」，則是經常性的。

七　新聞稿的寫作

新聞採訪工作完畢之後，以後便是新聞稿的寫作問題。完成新聞事件的報導工作，一方面是有賴於新聞事實的採集，另一方面有賴於表現的方法。前者是新聞採訪工作，後者是新聞稿寫作的技術問題。新聞的敏速，和寫作方法，均屬充實新聞價值的重點，兩者相互為用，所以新聞稿寫作技術優良與否，直接會影響着新聞本身的價值。

解釋

新聞的採訪問題，敍述至前一節為止，告一段落，探訪工作完畢之後，繼之而起的問題，該輪到新聞稿的製作問題。一般從事新聞工作的人，都明瞭新聞採訪和新聞編輯工作的重要性，而忽視新聞稿件寫作的重要性。其實在新聞製作的過程中，新聞探訪和新聞稿件的寫作，是處於同樣重要的地位。探訪是事實的蒐集，但有了事實，而不注意其表現的方法，則事實就不容易表現得完美。反過來說，假使僅有了寫作的技巧，而缺乏事實的內容，則內容便淪於空虛，所以，互相有

上篇

八三

着密切關係的。

因之，做新聞記者的，他不但要有採訪新聞事實的能耐，而且，還得要有把採訪得到的新聞事實，用較好的寫作技巧表現出去的能耐。在實際上，有許多做新聞記者工作的，他有很好的外勤記者活動的天才，他能獲取很好的新聞資料，可是，當他把事實寫成新聞稿的時候，常常把很精采的事實變成很平淡了，使新聞價值大大的減低。反過來，如果有高明的寫作技巧，和豐富的寫作修養，可以把一段很平淡的新聞寫成一則很吸引讀者注目的新聞，這其間，便是有着新聞稿寫作技能方面的差異。

新聞稿寫作時，如何把握新聞內容的重點，如何佈局，何者應詳述，何者應簡述，什麼時候應用純客觀的態度來叙述新聞，什麼場合應參入主觀的成份等等，這些都是關係到新聞稿寫作問題的，新聞記者是必須加以研究和重視的。

1. 新聞稿的種類

新聞稿件的類別很多，在中國新聞紙方面習慣上約有：（一）本埠新聞稿，（二）電訊新聞稿，（三）通訊新聞稿，（四）特寫新聞稿等四類。第一二兩種類新聞稿，其寫作方法是比較客觀性的，以正面的方向，用明快簡潔，直截了當的手法，叙明新聞事實的本體爲主。第三四兩類，是比較主觀性的，以側面的或迂迴的方向，用比較精細的或感情的手法，強調或襯託出新聞事實某一部份的實象爲主。其表現時的體裁和方式，各有不同，其爲完成新聞報道的任務和目的則一。

解釋

在叙述新聞稿件寫作方法之前，得先說明新聞稿件的種類。以中國新聞紙爲對象，分析新聞稿件的形式大概可分做：

（一）本埠新聞稿，（二）電訊新聞稿，（三）通訊新聞稿，（四）特寫新聞稿等四類。所謂「本埠新聞稿」者，即一般登遞的新聞版的新聞稿件，亦即本埠所採訪來的新聞稿件，均屬於這一類。所謂「電訊新聞稿」，是用電報或電話遞送到外埠去的新聞稿，普通報紙在新聞稿頭上冠有「某月某日某地電」字樣的新聞稿件，都是屬於這一類。第三種所謂「通訊新聞稿」，則是指用郵遞的方式，傳達外埠新聞事實的稿件，其內容大體是綜合性和具體性的，在報紙上習常冠有「某地通訊」，「某地特約通訊」等字樣的新聞稿件，均屬這一類。第四所謂「特寫新聞稿」，是對某一項新聞，或對某一個事實的某一角度，加以特別強調的新聞稿件，這類新聞稿件，在新聞紙上類多冠以「本報特寫」、「本報專訪」等字樣。

第一、第二兩類新聞稿，其寫作的方法，大體以說明事實寫為主要目的，所以敘述時，多採取正面的方向，在客觀的立事，以明快簡潔的手法，表現了新聞事實的本身，即算完成其目的。第三、第四兩類新聞稿，則不一定是採取正面說明事實本實的方式，主要是採取綜合和歸納敘述的方式，有時則採取側面的或迂迴的方向以襯托出事實某一個角度的。特別是第四類的「特寫新聞稿」，寫作表現的方式，比較取自由寬放的姿態，同時，是採取一種比較主觀的立場。關於各項新聞稿件的寫作方法，茲再分述如后。

2. 新聞稿寫作方法

關於新聞稿的寫作，所有各種不同的方式，一般的有「詳寫」與「概寫」之分，在體裁格式方面，有「描寫體」，「直敘體」以及「問答體」之分，在技巧運用方面，又有「綜合寫法」，「隔離的寫法」，「追溯的寫法」，「發揚的寫法」，「收斂的寫法」，「推測的寫法」，「褒貶的寫法」，「暗示的寫法」，「純宣傳性的寫法」等。一個新聞記者把握住一個新聞事實，應該用怎樣寫作的方法表現出去，是憑着記者的個人主觀，基於所屬新聞社

關於新聞稿的寫作，原無一定的法則，也無一定的格律。不過，新聞文學確有其特殊的體裁，這種新聞格律和體裁，由於一般寫作的習慣上而來的，這裏所要說的寫作方法，是根據一般的習慣，加以分析，不過這幾種新方式，並不是巳包括了一切，新聞寫作者，必須隨時適應環境，善加運用，固不必拘泥于一定的方式，而致以辭害意，反影響了新聞事實本身的價值。

解釋

新聞事件的報道，第一是貴乎翔實，欲求翔實，除於探訪方面，以思實態度盡其職責外，而於寫作時，更應對於新聞構成的要點——如原因，人名，地點，時間等，切實紀述，使人讀後，能有一個系統的分明，即所謂：「一言中有物，語不虛發。」在一原則上，新聞稿的寫作，必須力求簡潔，明瞭爲主，不必要的，和無補於事實的空話，應盡量的刪減，新聞文體的所以異於一般文字者，就主要在乎此。

新聞稿的寫作，總的原則，需要簡潔，做到以有限的字數，盡量容納最精細的事實的最高理想。不過，有時候，在同一原則之下，由於新聞記者主觀的不同，或是報社的立場不同以及當時遭遇環境不同等諸種原因，同樣一件新聞，有時需要詳細的敘述，有的則提綱摘要的敘述一下就足夠，前者即稱謂「詳寫」，後者稱謂「概寫」。如以一則火警新聞而言，在本埠新聞紙上，要比較敘述得詳細些，拍到外埠去的電訊稿，便是盡量摘簡，這是因地域性的差異，來決定新聞稿的詳寫或概寫。再如男女通姦之類桃色新聞事件，前在上海發行，專以桃色新聞號召讀者的時報，便會把這類新聞特別詳細描寫，其他不重視社會新聞的報紙，則會反其趣，至多以簡單字句，報道了事實便算了事；這是因報紙的立場不同，以確定新聞事實詳寫或概寫的例子。其他有的報紙強調經濟新聞，有的報紙強調文化新聞，新聞記者落筆時，便以此種立場，以決定其撰稿的方向。此外，新聞記者的個人觀念，和個人好惡感，也是影響新聞稿的寫作的。

的立場，再配以客觀環境的情勢，來加以決定的。一個良好的新聞記者，他應該懂得選擇最好的寫作方法。

上面所說的，是指決定新聞稿內容和方式的主觀上的幾個因素，這是根據一般實際情形而論的，至於站在純粹新聞學的立場上，新聞稿製作時，詳寫或概寫，以及採取何種體裁或方式，最好盡量的客觀化，在客觀的大前題下，再去考慮到各個主觀的因素，這是比較合理的法則。

一・「概寫」和「詳寫」

普通新聞稿寫作方法，從「量」一方來講大體有「概寫」和「詳寫」之別。所謂「概寫」，就是提綱摘要的寫法，有的新聞，性質頗重要，而獲得的新聞事實很多，但如將全部新聞事實詳細報告，一方面報紙篇幅有限，無法容納，或者事實羅列太多，反而使讀者對事實的重點，不易發現，在這種情形下新聞稿寫作時，應依照報紙的篇幅大小，將問題所含的幾個重點，以明鍊之筆，加以叙述，給予讀者一個確切的報道，尤其是拍給外埠的電訊新聞稿，大部是採取提綱挈領的寫法。例如下面一則消息：

【里斯本六日中央社電】美國國內勞動爭執，雖經政府力加調解，仍未平息，本月五日，俄亥俄州三十八家重需工場金屬工兩萬餘人，因不滿聯邦勞動關係當局之干涉，實行罷工，戰時勞動局對此，曾要求勞工卽時復工，並決定工方拒絕要求時，將予以嚴懲。

上面這則新聞，根據事實的內容，如果詳寫，一定可以寫得很詳盡，因為是則國際電訊，所以提綱摘要，他盡量削短叙述。這是一個例，其他均可類推。其次，所謂「詳寫」，是由於主觀上的或客觀上的需要，把新聞事實盡量詳細地叙述，在這種詳寫的場合，普通則有兩種方式：一，直叙的方式，把一件新聞事實，從頭至尾，依次的寫成一則新聞稿，這是一種方式。另一種是分段寫法，遇着內容過於複雜的新聞事件，先將事實的大意，提綱於前，以後再分段詳叙，如新聞紙的篇幅上可能，為滿足讀者的新聞慾，這種寫法是較好的，因為一方面有提綱，一方面有分段詳寫，讀者時間從容，不妨將消息，從頭至尾看個明白，如時間不容許，看了前面的提綱也可知其消息的大意了。

二・綜合的寫法

所謂「綜合的寫法」，就是將一個以上的同一性質的新聞事實，歸納成寫一個有系統的，有層次的具體新聞稿，所以，也可以說是歸納的寫法。譬如煤毒熏人致死的新聞，在冬天是習見的事情，而且日必數起的，如果某家熏死一個人，即發一則新聞，某街熏死一個人，又另發一則新聞，一天同時發生了五六起，亦皆各別寫一則新聞，則不但不勝其項碎，而且足以分散讀者的注意力。新聞記者遇此項新聞時，應在促使市民注意煤毒問題的主見下，將各個個別的新聞，彙集為一則具體的新聞，前面加上綜合的說明，如各個被熏死者之姓名，性別，年齡，職業等等，則依次排列說明。這種新聞稿寫法，除掉解決項碎報道的麻煩，和節省篇幅之外，最重要的一點意義，是將各個比較不重要的新聞事實，經過歸納和綜合之後，便成為一個具體而重要的新聞事實。煤毒新聞是一個例，此外如普通的火警新聞，普通的盜警新聞，用歸納的寫法，可以暗示出消防秩治安的需要改善，銀行紛紛停業新聞的綜合寫法，可以說明經濟金融風潮之嚴重性，這種例子，是很普遍的。總之，報紙是代表多數人說話的，新聞記者應利用每一個機會，以啓示一般人對某一個問題注意，新聞稿綜合的寫法，是一個很好的手法。

三・隔離的寫法

新聞社每一天收到同一性質的新聞，有時日達數起，除普通的新聞，是引用前述的綜合寫法來處理，以強調其作用外，如果在同一性質的各種新聞中，遇有一件牽涉範圍較廣，給予社會影響較大的新聞事件，就應該把它特別提出來，另行單獨撰寫一則新聞，以引起讀者對這則新聞的重視，如其列入其他不重要新聞事件一塊兒寫，就減少了讀者的注意力，壓低了這則新聞的新聞價值。譬如自殺新聞，普通的自殺事件，是天天有的，不足寫奇，如果一般自殺事件中，發現一件不平凡的自殺事件，就不能像處理普通的自殺新聞來處理了，諸如自殺是個名人，或者自殺的方法異常別緻，以及自殺的情節異常離奇等等，這種新聞便應把它強調起來，和普通同性質的新聞隔離開來寫，引起讀者的注意，以增加該項新聞的新聞價值。

四・發揚的寫法

有若干新聞事件，在某一個角度表面看起來，似乎很小，可是，他所給予社會間的影響却是很大，譬如糖的配給，麵粉的配給等消息，以政治的觀點來看，自然是件小新聞，但是在民食困難，黑市價格飛漲的情形之下，在市民們的目光中，這是件有關生計的重要事件。此種情形之下，新聞記者撰稿時，應審度客觀的需要，不應把這新聞當寫一則普通的小新聞，而應予以相當發揚性的處理，如配給的辦法，配給日期及地點，以及配給價格，出售商號，購買手續等等，均應詳細寫明，以適合讀者的需要。所以，所謂「發揚」者，是將一則關係多方面的小新聞，設法加以擴大，以引起多數人的注意和重視的意思。

五・收斂的寫法

若干的新聞，應當加以發揚的叙述，有若干新聞，則應當加以收斂的寫法。具體一點的說，小的新聞，而關係多方的，應該加以發揚的寫法。大的新聞，而足以引起當事人，或某一部份關係人底誤會的新聞，應該用收斂的寫法。譬如政府有某一種變動，或者戰局的發展，新聞記者雖然明知道政府將有一種改革，或者軍事形勢已發展到某一種程度，但為避免當事者的誤會，或者恐怕影響到市面的人心，所以，站在新聞記者的立場，祇能在「不遺漏新聞」，「不使新聞失去時間性」的可能範圍內，將此事件極簡單的報告出去，而在用字上，更應力求避免刺激。所以，所謂「收斂的寫法」，就是在顧慮環境情勢下，避免舖張，避免擴大的一種寫稿方法。

六・推測的寫法

某一種新聞，在內幕完全揭露之後，新聞記者因可就其四週事件，探擇材料以發表新聞，但有的時候，此一事件尙未全部發表，而其關係則頗重大，在新聞記者的使命上，在國家社會利益的關係上，不能不設法透露其消息，在這種場合之下，在記者撰新聞稿時，可用「推測的寫法」來補救，就其所聞各點，以推測其將來的發展，諸如政府當局將取締奸商圍

積居奇的消息,當時發表者,僅寫有此種預定,而新聞記者所知道的,有較此進一步的事實,即可根據所聞,予以推測性的寫法,以指示該事件的趨勢,及政府當局可能實施的辦法。但這種推測,並非隨便臆造,而必須以所獲得的新聞事件為背景,來加以推測,決不是無中生有,如果是無中生有,那不能算是「推測」,而是跡近造謠了,這一點,是應加特別注意的。

七　追溯的寫法

新聞事件在原則上,當然以愈新愈佳,但有時候,亦正因為其「舊」,而同樣引起人的興趣和重視,這裏所謂「追溯的寫法」,主要是側重於舊聞的回憶,不過必須有一個條件,追溯的事件,務必與最新發生的新聞事件有連帶關係的事件。譬如意大利前外相齊亞諾氏,因政變事件遭槍決,這新聞如果由中國新聞記者加以複寫時,便可加上些齊氏前曾在滬擔任總領事時的史料,以引起讀者的回憶感。再如上海租界收回時,在正式接收那天的新聞中,可插入些百年前租界最初成立時的情形等,這些,都是屬於新聞稿的「追溯的寫法」。這種寫法,當然並不佔十分重要的地位,不過在增加新聞的價值上,則有很大的幫助的。

八　暗示的寫法

所謂「暗示的寫法」,是對某項新聞事實,不能以正面的方式披露,而用一種曲折的暗示的方法加以暗射和啓示,使讀者根據這種暗示的線索,去理解內面的新聞事實。以例來說,王克敏氏再度登台之前,曾蟄居青島多時,過着種花養魚的生涯,大家都不注意其生活起居。當其再度出山前一個月時期,他突然有滿洲之行,做新聞記者的早已獲得他將再出任華北政委長的消息,但是在當局未正式發表之前,這消息不能輕易發表,於是做新聞記者的,祗能在寫稿上用功夫,把王氏的行跡,加以強調,在稿中加上::「王氏閒居已久,此行頗爲突然━━」:「王氏此行,與華北政局或有密切關係━━」等字樣,以啓發讀者理解王氏之行動,與敵組華北政局有關,便這件新聞事實,雖不能作正面的報道,而仍能收取相當報道上的效果。這種新聞稿寫法,便是「暗示的寫法」。此項暗示寫中,與前述的「推測的寫法,有相似之處,但

有若干的分別，推測的寫法是用於問題一部份已發表，而尚未全面揭曉的場合，這是不同的地方。新聞記者為完成最迅速的報道使命起見，為某一個醞釀合的新聞事實提早報道起見，即應利用這一種寫法。不過這一種寫法，大體上是比較重要性事件纔應用的，所以在佈置和用字方面，必須要有相當的含蓄。

九 褒貶的寫法

新聞紙是一種代表輿論，新聞記者對於社會事物的善惡，自應加以適切的揄揚或針規，所謂褒貶的寫法，就是利用於這種場合。不過，這種「褒」與「貶」，是應該以公的立場為出發點，以國家社會的利益為準則，絕對不應攙雜絲毫私的作用，更不應以個人的好惡，而作鷙私的褒貶。在用字上，也應當有一定的限度，褒者止於揚其善，貶者止於規其惡，褒的方面，絕不應肆意恭維，以自忘其立場，在貶的方面，更不宜橫加詆毀，以自低其身價，這幾點，在寫作新聞稿的時光，應加特別注意的。

寫作新聞稿，本來應以報告事實為主，不應該在報告消息之外，而隨便參加論列，加入主觀論調的，這在新聞紙習慣上，向來是這樣的。不過，有的時候，也需要加入一點印象語之類，纔可顯出該項新聞本身的力量，譬如參觀某一設備後的特寫，或向外埠報紙報告本市市政狀況的通訊時，都應當加入一些適當的意見，這種寫法，同時也叫做「夾敘夾議」的寫法，這種寫法，以旅行特寫外埠通訊體裁的新聞稿運用最多。總之，這種褒貶的寫法，或夾敘夾議的寫法，總應該以多數人的意見為依據，或引用社會的批評為原則，不應以個人的意旨為意旨，以致發出了太主觀的論調來。

十 問答的寫法

有若干新聞稿，是採用一種一問一答的寫法，這種體裁的新聞稿寫法，類多用於「因人而訪問」的新聞，因為這種問答體的新聞稿，有其優點，也有其缺點，優點則能保持最高的正確性和真實性。所以，這種寫法，平常用得很少，逢到重要政治上的訪問，被訪問者的地位很重要，言語的出入，足以影響到大局，新聞記者為了要保持發言者談話的本態，便以一問一答的方式，把發言人的話，一句一句都記述出來。另外一種，逢到記者發問的問題，與回答的內

容，有密切的關係，必須同時發表出來，始能把這次訪問內容具體地表達出來的場合時，也可用這種方法來撰寫新聞稿。

新聞的取捨及其處理

一 什麼叫做新聞編輯？

新聞編輯，是把彙集來的各類新聞資料（包括新聞照片及插圖），加以適當的整理，裁剪，裝點，備配，以印刷於報面，這些技術工作，總稱之謂：「新聞編輯」。由新聞原稿，便之成為一則完善的新聞，其間要經過以下的幾個程序：（一）整理，（二）證實，（三）修飾，（四）標題，（五）版式。新聞編輯的主要目的，在使新聞清朗簡明地送入讀者的視覺。所以，一個健全的報紙，必須要有健全的編輯部，和健全的編輯工作員，始能把新聞紙的報面，完成其完善的理想。

解釋

製作一張報紙的基本工作有三點：第一：找取新聞中的事實；第二：根據事實的內容，合理地報道出去；第三：根據當天新聞紙的篇幅限度，將各種新聞，以卓越的眼光加以選擇審察，依各種新聞的重要性與否，以決定取捨。第一，第二兩項，便是前章已講述過的，新聞探訪及其寫作，第三點，便是關於新聞的編輯工作。

探訪新聞是新聞紙製作工作的第一步，編輯工作是探訪工作的更進一步。探訪工作和編輯工作的關係及其不同的地方，除以前曾說過，探訪工作是「動」的，編輯工作則是比較傾向於「靜」的，如果更具體的說，新聞探訪和新聞編輯的關係，可以「買菜的」和「煮菜的」來做比喻，我們如果要辦一桌上好美味的菜餚，首先當然要大司務上街去探辦各項原料，這種探辦的工作，和新聞的探訪工作一樣，如果探辦了很好的原料，沒有一個很好的廚手，把它加上適切的作料，以

最好的技術煮燒，那末，那些很好的原料，也許會都弄糟。新聞的編輯也如此，探訪部的人員，訪來了很好的新聞資料，必須要有很好的編輯人員，把這些資料表現出去。所以理想的編輯工作，不但需要將好的新聞資料，經過編輯的工作而更增加其完美，而且，即使是較差的新聞資料，亦必須經過編輯的工作以補掩其缺點。

編輯工作，從新聞原稿，編輯成爲完善的新聞，大致要經過五個步驟：一、整理和審查；二、證實和補充；三、原稿的修飾；四、標題的裝製；五、版式的設計。茲再分述于后：

1. 整理和審查

普通一家較具規模的報紙的編輯部，待選用的新聞稿，除開自家報館探訪部工作人員所探訪來的各種新聞稿之外，同時還包括有其他各方面的稿件，如國際通訊社所供給的國際電訊稿，國內各電訊社供給的國內要聞電訊稿，本埠各公私通訊社所供給的通訊稿，各方面個人訪員所供給的新聞稿，以及外埠特派員，通訊員等寄來的稿件等等，來源很複雜，各項新聞稿的內容，需待審愼修飾之點必多，所以，着手編輯工作，第一步必先從整理和審查入手的工作，將已彙集的原稿，審查其新聞價值，決定取捨，重複的，加以剔除，同類性質加以歸類。做編輯人員的，對新聞稿整理審查一遍之後，對於當天的新聞事實，有了一個概略的印象，以決定其當天報紙的編輯方針，及取材的標準。

關於新聞的整理和審查，中國新聞報紙編輯部的通常習慣，有兩種制度，一種是總編輯總審查制，當天的所有稿件，先全部集中總編輯處，由總編輯加以審查後，再按其性質分發各版編輯員整理。另外一種制度則直接由各版編輯先事整理後，總編輯則僅於小樣或大樣完成後，再加最後的審核。這兩種制度中，當然以前一種比較合理，而爲一般所應用。但如規模較大的報館，各方來稿過多的時候，如先由總編輯一一審閱後再分發各部編輯員，時間上或來不及，則不能不採取後一種辦法了。

2. 證實和補充

新聞稿審查整理完畢後進一步的工作是補充和證實工作，這也是編輯任務中很重要的一個步驟。因爲各方面來的許多

稿新聞件中，經詳細審查後，必定會發現許多需要補充的或者需要證實的，需要證實的，便應派本社的記者設法去調查證實，比喻南京拍來一個新聞電，謂政府已決定聘請某某人出任某要職，但內容很簡單，編輯人估計這則新聞不能使讀者滿足，於是便得找材料補充之，諸如某要人的過去履歷，特殊性格等等，都可補充上去，使一則不完備的新聞，成爲一則比較完備的新聞。

再如審查之中，發現了一則很重要，然而又不能盡信的新聞的時候，便得立刻通知探訪部的工作人員，根據原稿去加以證實，如果該項新聞是正確的，便可大胆強調地刊載出去，如果是不正確的，便可放棄，不致因刊載不正確的新聞，而致影響到報紙的對外信譽。

3. 原稿的修飾

新聞原稿，經過審查和證實手續之後，繼之，便是原稿的修飾工作，因爲，習慣上，編輯部所集中的稿件很龐雜，除掉內容方面精詳與否，正確與否之外，其修辭，語氣，風格，標點等，在付排付印之先，必須先要加上一番修飾的工作，因爲，常常因一字的出入，或是一句的出入，小則會影響到社會人心，雖屬小技，關係却非常大。有若干報館，因鑒于修飾新聞稿這一工作的重要性，在編輯部中，專門負責作新聞文稿的修正工作。尤其是特別重視的新聞，爲了保持該館新聞紙的一貫立場，和一貫的風格，對于新聞稿的修正工作，便更爲重要。凡文稿中的一切漏句，錯字，語氣有問題，詞句不安當，行文不流暢，矛盾與重複，字句模糊不清，主觀成份太重，新聞濫調等等毛病，均須加以精細的修飾，以使達到理想合用的程度。

4. 標題的裝製

原稿整理完畢之後，便是新聞標題的裝製工作。新聞標題對於新聞稿的關係重要，猶面顏之於人體，招牌之於任何商店，新聞標題亦就等於該新聞稿的結晶，所以，新聞標題術，在編輯工作上所佔地位的重要，和新聞線索在探訪工作上所佔地位的重要一樣，所以，也有人認爲新聞標題工作，就等於是新聞編輯工作的全部。這一種說法當然並不盡對，但也可

說明標題裝製工作，在編輯上的重要性。

正如寫新聞稿的技術一樣，新聞標題裝製得好或壞，可以決定性地影響到一則新聞的價值高下。一則平淡的新聞，可以因裝上一個新穎的標題，而引起人們的注目，同樣的，一則很精采的新聞事實，會受平庸的標題術的影響，而大大地減低了它的價值。在決定新聞的影響作用方面，可以因「主觀性的標題」和「客觀性標題」運用上的差異，而發揮其完全不同的作用和效果。所謂「畫龍點睛」，新聞標題對新聞稿，無異是這種「點睛」的工作。有了好的新聞，必須有好的新聞標題，總能把這則新聞的新聞價值和新聞意義，發揮無遺。所以新聞標題術，在新聞編輯的過程中，是佔了最重要的地位。（關於新聞標題方法，另有專章叙述）

5. 版面的設計

在編輯程序上，一則新聞，經過審查，證實，修飾，裝製標題各項步驟完畢後，最後，要輪到新聞紙版面的設計問題了。本來，一張新聞紙版面的設計，不應該在新聞編輯完了之後纔來設計。而應該在新聞稿件初步審查閱完畢之後，每版編輯人員的腦海裏，便應當有了該日報本版面設計的輪廓。因為版式的決定，對於容納稿件的多少，採用稿件的長短，以及每則新聞標題的大小，和欄數長短的決定等，都有密切的關係，所以編輯者必須在審閱稿件的同時，對版面設計，應予以相當的考慮，如果在新聞稿件修飾完畢，新聞標題完全裝製妥當之後再來考慮版面問題，那末，一定會發生許多困難，而版面的表現，一定會零亂而散漫。

所謂新聞紙的「版面」者，是指許多新聞單位集合的處理問題，這不單是新聞稿，而且包括了「特稿」，「評論」，「通訊」，「廣告」，「插圖」，「畫片」等的綜合體，不但如此，而且還關係到鉛線的運用，鉛字字體的運用，鉛條的運用等美藝的技術的問題，就是，要把新聞紙所包括的各種重要項目，把它合理地，美化地，有效果地配合在一起，使各個不同的項目，因彼此適當的配合和發揚，而更增高其效能，這便是新聞紙版面設計工作的最簡單的原理。

新聞紙版面的設計問題：中國過去新聞工作者是向來不大重視的，直到最近來，受英美和日本新聞界的影響，經若干新聞事業先覺者的提倡，纔開始加以重大的注意。以世界各國新聞事業而論，對於版面的設計和研究工作，均應置於最重

要的地位，因為新聞紙發展到現階段為止，已是一種綜合體，怎樣使新聞紙的綜合體非常有利地使讀者接受和感受，版面的設計便是最重要的決定者。比喻一張新聞紙，它有新好的新聞內容，標題術也很高明，廣告亦多，但如果版面的配備設計是一團糟的話，那末其他的一切優點必然會因之而被大打折扣。正如所謂「見其面如見其心」的俗諺一般，一張報紙的版面，等於是一個人的面孔，版面一團糟，即使有很好的內容，也不容易引起讀者的注意和興趣了，這是很明顯的事，因之，足徵新版面設計，關係新聞編輯工作的重要了。（關於版面設計具體的研究，另有專章叙述。）

二　編輯部的運用和其組織

新聞紙編輯工作的負責者是編輯部，所以，編輯部實際上是一張新聞紙的心臟部分，編輯部的健全與否，可以決定一張新聞紙成敗的命運。編輯部包括的工作，主要的有：評論的撰述，新聞的編輯，新聞的採訪，資料的搜集等各方面，重要的構成份子，包含有主筆，總編輯，編輯（內勤記者），採訪員（外勤記者），資料管理員，校對員等等，一個組織嚴密的編輯部，各部重要人員，必須定期舉行會議，如「編輯會議」，「採訪會議」，「時事座談會」等，對於編輯方針，採訪工作等，作嚴密的研究與檢討，對於工作人員的學術修養，尤須隨時注意其增進，以利推進日常工作。

解　釋

一張新聞紙的出版，主要的工作是編輯部，編輯工作的進行，是由「編輯部」的組織來操縱主持的，所以，報紙版面的表現，主要的也就是編輯部的工作表現。因是編輯部的報紙構成的最重要部份，猶似心臟對於人體組織上的重要性一樣。所以，這裏在未叙述到實際編輯工作之前，先來說一說編輯部的組織及其運用。

新聞報社編輯部的組織，以各國的新聞紙論，而情形各有繁簡的不同，因國情和方針的不同而不同，大別之可歸納為

英國式，美國式，和日本式三種，英國式在主筆之下，分為內報與外報兩部。美國式則於總編輯之下，分為新聞和評論二部，而比較側重於新聞一方面。日本式的，於主筆之下，設編輯部長，以下再分論說、政治、經濟、社會、學藝、及通信各部，而注意於論說。茲將日、英、美式編輯部組織情形，摘要約例如下：

（一）日本式編輯部

日本式的編輯部組織，從前分為硬軟兩派，硬派是屬於政治、經濟、外交等新聞，軟派則是社會新聞，即美國的所謂「黃色新聞」，日本稱之謂：「三面記事」。現在改用混合制度，情形已稍變更，其代表性的組織系統為：

```
社長─┬─編輯局長─┬─主筆
              ├─內國通訊部
              ├─外國通訊部
              ├─社會部
              ├─聯絡部
              ├─經濟部
              ├─學藝部
              └─整理部
```

（二）英國式編輯部

英國式的編輯部，主要分「外報部」與「內報部」兩方面，由主筆領袖之，其代表性組織系統為：

```
主筆─┬─外報部─┬─編輯─┬─副部長
                      ├─部長
                      ├─編輯長
                      ├─編輯員
                      ├─駐外通訊員
                      ├─常任通訊員
                      └─特約通訊員
              └─訪員─┬─特派訪員
                      └─其他訪員
```

（三）美國式編輯部

美國式的編輯部組織，主要分為評論和新聞兩部份，評論人員由總主筆總其成，新聞部則以編輯主任指揮之，而由副主任為之輔，下列為美國哈斯脫式的編輯部的組織系統如次：

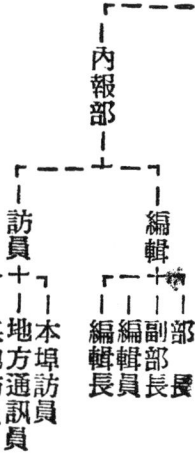

```
         ┌─ 評論部 ─┬─ 評論員
         │         └─ 諷刺畫記者
總主筆 ──┤
         │         ┌─ 夜間編輯
         │         ├─ 本埠編輯
         └─ 新聞部 ─ 編輯主任 ─┼─ 國內電訊編輯
                              ├─ 國外電訊編輯
                              └─ 特種記者
```

這三種編輯部的組織，在中國都有相當的影響，現在在流行着的，是一種混合制的中國式，把它歸納起來，可成為兩大類；一種是總主筆式總編輯制；一為編輯部長制，大凡編輯部採用總主筆制者，以大都市為多，內地則多採用編輯部長制。總之，編輯部機構的組織，在一般的習慣，因地因事因報紙的環境等不同的原因，而有其大同和小異。以目前中國一般新聞紙情況而言，一個報社編輯部的組成，可以下列組織方式寫標準來作參考：

編輯部組織的主要基幹如上，至於人數的配備，名稱的確定，則每一個報社的規模大小，因事制宜情形下，有其相當的伸縮性，如以名稱來說，有的報社編輯部，其最高負責幹部，有主筆和總編輯並行制，主筆負責評論，總編輯負責編輯，有的則採主筆集權制，在主筆下分設編輯部長和採訪部長等名稱，也有以總編輯集權制者，總編輯設編輯主任及探訪主任等名稱，主要的視各報紙的編輯方針及人事配備來決定的。至於以人數來論，中國新聞界中，仍還有着祇有一個編輯員的編輯部，如果社中經濟充分，可多容納人才，不妨把機構擴大，人數也增多，即以上海目前各新聞社而論，其編輯部人數多的，有數十人之多，而也僅有十多個人所組織的編輯部。當然，編輯部人員的多少，並不決定了編輯部工作效果的好壞，決定其效果的，主要的條件在是否能機構調整得好，組織得是否合理。再其體一些說，便是決定於編輯部人員的健全與否，以及能否運用自如，這是非常重要的，這正如和軍隊打仗一樣，決定一支軍隊的優劣，第一是軍士的素質，其次是組織的機構，人數僅佔了最次要的地位，新聞紙編輯部的組織也是如此。

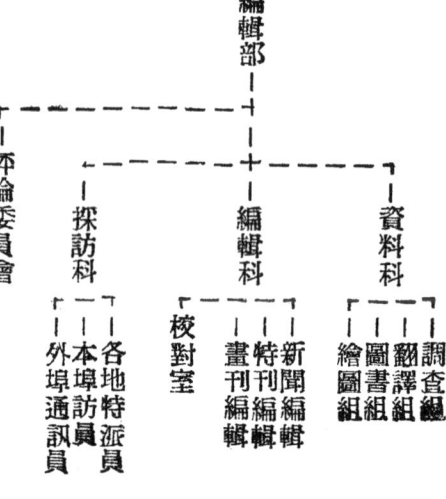

編輯部 ─┬─ 資料科 ─┬─ 調查組
　　　　│　　　　　├─ 翻譯組
　　　　│　　　　　├─ 圖書組
　　　　│　　　　　└─ 繪圖組
　　　　├─ 編輯科 ─┬─ 校對室
　　　　│　　　　　├─ 新聞編輯
　　　　│　　　　　├─ 特刊編輯
　　　　│　　　　　└─ 畫刊編輯
　　　　├─ 探訪科 ─┬─ 各地特派員
　　　　│　　　　　├─ 本埠訪員
　　　　│　　　　　└─ 外埠通訊員
　　　　└─ 評論委員會

三 編輯的方式

新聞紙的編輯方式，各國均有不同，大體分別起來，主要的可分為英國式的和美國式的兩類。英國式是採取嚴格的分版編輯制度，美國式則採用綜合編輯制度，這兩種方式，各有優點，也各有其缺點。中國新聞紙近年來的編輯方法，是趨向於介乎美國式的和英國式之間的混合編輯法。

解　釋

新聞紙具備了現代的形式，其編輯方法隨著新聞紙的發展而不斷的在演進和改良。早期的新聞紙的編輯方法，主要的可以英國式的編輯方法來做代表。所謂「英國式」者，它對於新聞材料和分版的處理，是採取比較呆板的方式，很嚴格地把各種性質不同的新聞，依其類別，刊於固定的地位，和固定的各版，各從其類，不相混淆。譬如國內要聞有「國內要聞版」，所有關於國內新聞，都歸入這一版，國際新聞另有「國際新聞版」，社會新聞則有「社會新聞版」，即使某一件國際新聞是與國內新聞有密切關係的，也仍舊各登各版，而不加以併合刊載。在每一版中，同一類性的各種新聞，其排置的地位亦有嚴格的定型，比喻社會新聞版中，關於盜案的新聞，經常是排在下角的，凡遇有這種新聞，其刊登的地位，決不輕易的更動，此外如評論，專文的放置，也均有相當限定的部位。

至於美國式的編輯方法，則恰恰與英國式的相反，美國式編輯方法，是採取所謂「新聞價值第一主義」，即它對新聞的處理，不限於固定的版位。新聞的編輯，以新聞價值的大小，和其吸引讀者注意力的大小，來確定其刊登的地位和標題的大小。如社會新聞中發生了重大的新聞事件的時候，即選刊到第一版的重要地位去刊登，有若干美國式的黃色新聞紙，甚至有經常把社會新聞做第一版第一條新聞的，其他的新聞也如此，無論是屬於國際，國內，經濟，敎育，文化等各類新聞，祗要新聞的重要性增加時，即擴大其標題，移刊於第一二版的重要地位，以期引起讀者的注目。其他如新聞性質相類

似的，或者其內容可彼此引證或呼應的，亦把它併編在一塊兒。

英國式和美國式編輯方法各有其利和弊，英國的特點是在「固定性」，這便是它的優點，也便是它的缺點。因為各種新聞永遠在固定不變的地位，可以便利讀者各從所好，可以集中讀者的讀報的精神，這是英國式編輯方法的優點。然而，因為與其編輯方式太固定化，報面和形式不免失之呆板。反之，以新聞價值為第一的美國式編輯方法，把各種重要的新聞，集中於最重要的地位，不以版面來限制新聞編輯上的發展。

英國式和美國式編輯方法的演展，是各有其歷史上的背景的，英國式的存在，比較早，當時新聞紙在社會上的存在價值，尚還沒有像現在那麼重要的，而美國式編輯方法的發現，在時間上比較遲，正值美國資本主義最發展的時期，由於社會機構的日趨複雜紛繁，為了節約讀者閱讀新聞紙的時間起見，美國式的編輯方法便適合了這種需要。因為綜合的編輯方式，可以使讀者在很少的時間內，對當天的各種重要事件，獲得了概況，而不必把全份的報紙細細讀完。

這兩種方式，在現代世界新聞紙的趨勢中，自以美國式比較普遍被應用。中國的新聞紙，早期的報紙，如老申報和新聞報等，初期編輯方式，採取英國式的編制，近二十年來，受美國式編輯法的影響，首先由時事新報大公報等比較新進報紙的改良，慢慢採取了綜合編輯的方式，歸納近一二十年來中國新聞紙的編輯方法，不過，差不多仍採取英國式的刻板方法。新辦後起的報紙，其編輯手法，始終是介乎英國式的和美國式之間的，如資格比較老一些的報紙，除掉第一版，是採取了比較混合的編輯制外，其他如社會新聞和體育新聞等，仍有專版之設。不過，自戰事延長之後，中國新聞紙由於紙張的減縮和節約，其編輯方法必然的將更趨於「綜合編輯」的一途，分版編輯法，自然而然將被淘汰了。

四　新聞標題術

新聞標題術，是新聞編輯中的骨幹工作。新聞標題之於新聞，猶衣之有領，綱之有目，「領挈而衣整，綱舉而目張」，等於新聞有了標題，纔能條理清晰一樣。標題是新聞的縮影，事實的骨髓。一件新聞的優劣，是決定於其新聞價值的大小，而新聞標題的運用，便是表

現新聞價值大小的最重要方法。新聞標題術也是表現編輯者主觀意識最具體的工具。一個新聞標題的存在，對外表示了新聞的性質，和吸引讀者的注意，對內則代表和傳達了編輯者的指示意識，所以，標題術發展到現在，已變成了一種藝術。

解釋

新聞紙發展的初期，新聞標題是不被人所注意的，以後，新聞紙製作的技術日趨發展進步，新聞標題術的問題，亦隨着成為新聞編輯中最重要的一個工作，到最近為止，新聞標題的製作，被公認為是一種深高的藝術。做編輯工作的，非有豐富的經驗，和銳利的識別力，難期把標題藝術，臻至登峯造極的地步。以實際情形而論，一般報館裏的編輯人員，當深夜從事編輯工作之際，差不多大部的時間，是消磨於新聞標題製作中，常常為了求一個新聞標題的盡善盡美，不惜絞腦漿，竭思縈鈎心鬥角，以求其良善精富。所以，有人謂新聞記者的做標題，猶詩人的做詩，決非貿然輕易可得，而須加以仔細的推敲，每遇困難的標題，編者輒遲遲無從下筆，甚至為設想一個新聞標題，可以把編者的腦子思索得頭昏目眩，那種蹩首蹙額的窘狀，是非言詞所可形容的。反之，如果遇着靈感活潑之間，想得了一個得意的標題，編者在下意識中，會眉飛色舞，精神亦感覺無限的愉快。

一個新聞標題，關係一則新聞的表現力方面，是非常重要的，一則好的新聞，加上好的新聞標題，會把這則新聞的價值，更形增加，相反的，如果一則好的新聞而被裝壞了標題，新聞價值便會大大的減削。同時，一則很客觀性的新聞記事，如果，按上了主觀性的標題，那則新聞便會隨着發生主觀的作用。相反的，如果一件主觀性的新聞記事，而加上了一個客觀性的新聞標題，那末在表現方面，便會變成客觀的了，因之，新聞標題影響於新聞是異常重要的，編輯者在從事新聞標題製作的時候自不能不加以最大的審慎了。

新聞標題的重要性及困難，已經大概說明了，但是新聞標題製作上的特點在什麼地方呢？第一，新聞標題和普通詩文的題目不同，普通的文章，都是先有了題目，然後根據了題目再去做文章的內容。新聞標題則先有了新聞內容，根據了內

容事實，然後再去裝製題目。這是新聞標題特點之一。第二，新聞標題的製作，有時間上的限制，因為一個編輯人員每夜裏要裝製相當數量以上的新聞標題，而整個的編輯時間，是有限制的，每一個新聞標題，必須在相當的時間內完成，否則便會影響到報紙出版的時間，不像普通文章的題目，可以有充分的時間去設想。第三，新聞標題是有嚴格字數上的限制，比喻一皮高的標題祇能做幾個字，祇能做幾個字，二皮高的標題，祇能在限定的字數內去動腦筋，同時還得顧到格式上的美觀，版面大小的配稱等等，往往多一個字不行，少了一個字又不好看，編輯者祇能在限定的字數內去動腦筋，這又是新聞標題的特點。諺謂：「製作良好的標題，無異於做精湛的詩句，這句形容詞是並不過份。所以，做新聞編輯工作時，對於新聞標題的，製作技能，非要特別加以研究和鍛鍊不可。能夠做良好的標題，是完成做一個良善的編輯人員主要條件之一。

關於新聞標題的種類及作法等，分別詳叙於次。

1. 標題的種類

新聞標題的種類，可分為兩大類：（一）內容性質上的分類。（二）形式上的分類。第一類性質上新聞標題的分類，主要的又可分為：1、成語的運用，2、摘句標題，3、諷刺性標題，4、刺激性標題，5、問題性標題，6、驚嘆性標題。第二類形式上的分類，主要的亦可分為：1、直式標題，2、橫式標題；3、不規則式標題等三類。

新聞標題因新聞技術不斷進展的結果，其運用範圍很為廣汎，歸納起來，大體上可以分作兩大類。一種是以標題的內容性質來分類，在這種分類之下，在一般普通運用的標題，又可細分爲「成語」，「摘句」，「諷刺」，「刺激」，「問題」，「驚嘆」等多種，這種種不同性質的標題，各有其適當運用的場合，而發生各種不同的效果。還有一種是根據標題製的外形來分類，這種分類主要的可分的「直式」，「橫式」，「不規則式」三類，這種外形上的分別不同的運用，是與本標題本身的美觀上，和整個新聞版面的美觀上，有密切的關係。茲分別詳述如次：

甲　性質上的分類

一　成語的運用

裝置新聞標題，可以運用各種不同的方法，「成語」的運用，是其一種。凡遇事實複雜，普通標題不足以透切表現事實內容，或雖表現而尚覺太呆板的時候，則可以引用適當的成語。俾讀者由於對此種成語的直覺，領悟到新聞的蘊藏。不過，成語標題的運用，必須要用得恰到好處，否則，還是不用為妙，因為成語標題如果配得不安當，反而會弄巧成拙。其次，成語標題亦很容易淪於太浮泛，所以，編輯者須注意到所運用的成語，是否切合新聞事實，茲列成語標題實例數則如次：

（一）前線「風雲緊急」
　　　蘇芬戰機一觸卽發

（二）美工潮「波濤洶湧」
　　　芬大軍紛紛增防中

（三）美工潮「波濤洶湧」
　　　軍需生產受阻礙

（四）內閣二度宣告傾覆
　　　法政局「惝恍迷離」

上篇

二 諷刺性標題

編輯者在處理新聞稿件時，遇着了若干新聞事實，認為有加以相當諷刺必要者，則可以加上適當的諷刺性的標題，使該則新聞，經過諷刺標題的運用，以達到所欲期望的目的。但諷刺性標題運用時，切宜適可而止，太過火，便易入於謾罵狀態。所以，諷刺性標題，非於必要時，還是以少用為宜，諷刺而不得其當，反易發生不良的效果。同時，以諷刺性新聞標題，所表現的編輯者的見解過於露骨，為若干新聞學者所不取。不過，諷刺性的標題，由於編輯者的才能，如果能運用得適當的話，在讀者意識中最能發生力量。茲列諷刺性的標題實例如次：

（一）

老婦拒盜被擊
性命「危在旦夕」
正送醫院施行急救中

（二）

桂林的物價跳舞
奢靡風氣不斷伸張中
生活勵進會力圖挽救

（三）

羅斯福提出咨文
無異紙上談兵

三 摘句標題

凡是新聞人物的演講詞，談話，宣言，公告，會議紀錄等一切公開文件中的詞句，加以適當的摘錄，即用作為新聞標題，這種摘句式的標題法，是最普遍運用着的一種標題法，目前中國新聞紙編輯習慣上；這種標題方法亦用得最多，因為

這種標題法,能以最客觀性的方式,而達到相當主觀性的目的,為求編輯上時間的迅速和節省精力起見,這種標題法,也是最合乎理想的。茲列其實例如次:

(1)

冷靜應付危機
勝利必屬吾人
　郭爾培對日記者團談話

(2)

谷大使發表談話
基於平等互惠原則
樹立中日永久親善

(3)

清楚認識歷史任務
擺脫英美陰謀圈套
　林部長對重慶發表廣擴演說

四　疑問的標題

遇到有一則新聞,其事實的本身,尚未暴露牠的全部真相,另一方面,又未能獲得確切的反證,但該消息又有即予發表的必要,然而在發表後,又恐怕遭受了別人的利用,因之又不可能在標題中遽下肯定的詞句,在這種場合下,祗可以疑問式的新聞標題出之。不過在原則上論,疑問式的標題,基本上是不大合理的,以前英國的北巖爵士,曾說過:「如有疑

實,請即棄之」的話,意思即是,凡是一件新聞,如果不能加以具體的證實的時候:應該棄而不用。但在事實上,有少數新聞事件,似乎採用了疑問式的標題,反而可以增加其表現力量的。茲列疑問式的標題實例如次:‥

（一）

歐洲第二戰線
將在何處開闢?

（二）

南市賭窟施行封閉
將於春節後實行?
市民盼當局嚴厲執行

五　刺激性標題

一般而論,普通的新聞標題,必須要有刺激性的,如果新聞標題而沒有一點點刺激性,可以說新聞標題的基本作用就沒有了。不過,這裏所謂的「刺激性標題」,是指特別富有刺激意味的新聞標題而言。凡需運用這類新聞標題的,其新聞事實本身必定是特別含有刺激性的內容的,蓋如發生了一件足以聳人聽聞的新聞事實,而沒有一個特別富有刺激性的新聞標題加以襯托,則新聞價值和作用,便得大為減落。刺激性標題的實例如次‥

（一）

戰機如雲・砲火似龍
德機襲暴風雨地帶
吉爾巴特羣島海空戰詳紀

六 驚嘆式標題

凡是一件新聞事實，該事實內容之反常或悽慘，足以使社會人士興起一種感情上的共鳴共歎者，在標題中可表現一種**驚歎**的詞語，以配合新聞紙一般讀者感情上的反應。不過，這種驚歎式的標題，亦切需要用得妥當，如果「不應驚而驚之，不應歎而歎之」，則編輯人員無異是在「無病呻吟」了。其例如次：

(一)

昨晨南京路上
發生撞車慘劇
死傷共達十餘人

(二)

昨共舞台大門前
發生軍警大衝突

(一)

十六歲女學生
竟為婚姻犧牲！
阿父貪財強女匹配蠢夫
潛服鴉片頓時香消玉殞

上篇

亂世人心趨惡化
探員變作強盜！
搶劫銀樓失風遭捕

七 數字的標題

遇有驚人鉅大的數字，不論是屬於人的或物的，凡足以吸引讀者的注意，可適當地加以摘出，作為新聞標題。這種新聞標題，亦是普遍被應用的一種，茲列實例如次：

（一）
又一青年
嗜賭傷生！

（二）
英國自開戰以來
失業者已達百萬

（三）
華泰輪慘遭傾覆
溺斃搭客三百餘
載重逾量為肇事主因

乙　形式上的分類

一　直式標題

直式排列的各種新聞標題，均包括在這一類。直式的新聞標題，是中國新聞紙編輯上，最早最普遍被應用的一種形式。直式標題最早被應用時，大多是單行標題，這是起緣於一般普通的文章題目。我們翻閱二三十年以前的申報和新聞報，幾乎都是用單行的新聞標題，以後慢慢的增加到兩行標題和三行標題，最多時，好像在十年以前，上海一般新聞紙的標題，曾多至六行七行。標題行數的多少，和標題字數的多少一樣，是要看版面及新聞本身的需要情形而定，大體上講，太少固不妥，太多也不妥。因為少了不足充分表達新聞的大意，太多了反而覺得囉嗦，會失掉了標題的本意。

直式新聞標題發展至多行標題之後，其排列方法，也有了不同的方式，主要的有下列幾種：（一）梯形式標題，（二）平行式標題，（三）不等形式標題等三類，茲分別舉例如次：

1. 梯形標題

德轟炸機千餘架
猛炸東線蘇聯軍
德後備軍增援南路

（二）

七旬老翁
厭死自殺

（三）

市保安處偵查隊

破獲剝田鷄黨

專拐騙學童手段毒辣

兒童家長須特別注意

2. 平行標題

(一)

后大椿胡政處死

京經濟界頗振奮

盼當局更進一步斷然措置

俾一輩貪官污吏知所儆戒

(二)

取締黑市嚴禁囤積

當局切實執行限價制度

私抬物價者決嚴行處罰

3. 不等形標題

緬印邊境日印聯軍
圍殲英第十七師
琴丘嶺高地雙方砲火激烈

(二)

檢查金融處督飭
各行莊愼重放款
主要商品不得爲抵押品
並得拒絕承做信用放款

二 橫式標題

新聞標題的形式，除開上述的直式標題之外，其次爲橫式標題。中國新聞紙上橫式新聞標題的應用，大約係自西文新聞紙標題蛻化而來。新聞標題普通都是以直式爲主體，因爲中國文字在習慣上是直行排的，所以新聞標題當然也以直式爲主，而橫式標題的被應用，是由於引起讀者視覺上的異樣感。因爲在整個新聞紙版面上，偶然用一兩個橫式的新聞標題，插在許多直式的新聞標題中間，可以收到「鶴立雞羣」的效果。所以，逢到特別有興味或有刺激性的新聞，做編輯的偶然做兩個橫式標題，確是能收到使讀者「另眼相看」的實效。不過，橫標題在同一版面上，決不可多用，多用了不但無補於版面的美觀，而且反有礙於新聞的表現效果，也許反而有損於新聞的表現效果的。現在酌列橫式新聞標題實例如次：

(一)

(二)

市立隔離醫院
收容腦膜炎病人
衛生處長發表聲明

封閉市南賭窟
當局正式宣佈
決定如期實行
害人魔窟從此休矣！

三　不規則式標題

關於標題格式的發展,最早是直式的,以後除直式標題運用之外,更發展到橫式的新聞標題,最後再發展到各種不規則式的新聞標題。不過,這種不規則式的標題,除新奇誇張之外,對新聞學原理上,並不盡合,本身缺點甚多,所以無論以前或是現在,應用得很少,偶然用之則可,用得不得當,其有損於新聞價值及有損於新聞版面的美觀大方之處,尤甚於橫式標題。以前上海發行的時報,有一個時期,以強調社會新聞為號召,同時復把新聞標題做得光怪離奇,橫題目中夾直題目,直題目中夾橫題目,甚至一句題目彎來彎去繞成七曲八灣。像這種不規則式的新聞標題,標新立異,

刺激讀者耳目，以吸引注意力，固是其優點，可是太離奇了，畢竟有背新聞學原理，為一般新聞學者所不取。因之，還一種不規則式的新聞標題，一直到現在，各家新聞紙編輯人員，除掉偶而用之外，是不大加以重視的。關於不規則式標題的實例，因為不勝其引用，所以這裏也不特別舉例說明了。反正，凡是超越一般所運用的直式和橫式標題範圍之外的標題形式，都可歸入於這一類。

2. 標題的作法

新聞標題的擬製，可說是千變萬化，是否能做得曲盡其妙，恰到好處，一方面固然是看新聞內容如何，另一方面便得看編輯者底編輯技術的高下。製作新聞標題時，應注意的事項，概括的有下述數項：

一，新聞標題，係產生於新聞，所以，應以不背新聞中的事實為主要原則。

二，新聞標題為新聞事實的縮影，故標題中的詞句，必須是新聞中的主要事實，和最有新聞價值各點，使在新聞標題中盡量活潑地表現出來。

三，新聞標題，必須包括新聞事實主體的起因和結果等，以最經濟，最適當，最有力的字句表達之。凡標題內容空泛，不切實際，表現事實性質不簡明者，決不是好標題。

四，新聞標題不論大小，最好一行標題敍一事實。凡同樣性質的事實，已經見諸於大標題者，就不應再見之於小標題或分標題。換句話說，標題中的字句和內容，切忌重複。

五，新聞標題，貴在以少數有限的字數，表現多量的事實，所以用字必須精當，氣勢必求貫通。

六，新聞標題中的時間，必須表示出「現在」。

七，新聞標題字體大小之運用，直式或橫式之運用，當以新聞內容的繁簡，和新聞價值重輕而定。凡遇到新聞事實複雜，用一行標題不足以表明其內容的時候，可於主標題外，增加支標題或分標題，於必要時，尚得用分段標題。

八，新聞標題的外形，在不妨礙內容的原則內，應求其整齊美觀。

解釋

新聞標題性質上的分類，和格式上的分類，在上面兩節中，已加說明。現在再談到新聞標題的作法問題。以一般情形而論，新聞標題的擬製，乃屬變化無窮，很難加以具體的和完善說明。最重要的，還是決定於編輯者的修養和技術的高下。這裏，僅能對新聞標題的作法，在原則上加以抽象的說明。

一、把握事實的重心

「要抓住事實的重心」，是擬製新聞標題時第一個重要問題。如果一個做編輯人員的，不能做到這一點，那末新聞標題工作中其他方面的努力，都是落了空。因為一篇新聞中，常常有包括有幾個以上的重心，應該把那一個重心提出來，做到標題裏去，這是在擬製標題之前，做編輯的最先要考慮到的問題。且看下面一則新聞事實及其新聞標題：

山崎旅館謀殺案
地方法院昨宣判

前中央警官學校敎務官吳文，於去年十月初，將在京市衛生局服務之女職員楝浣桐，設計誘騙來滬，日商山崎旅館內謀斃命案，事發後，經本市虹口警署司法科派員赴京，設法將吳拘逮，移解毛滬，由地方檢察署偵查屬實，以預謀殺人竊盜等三罪，向地方法院提起公訴，由傅澗推事一度審理終結，諭知定期宣判在案。昨鬱正式

宣告判決之期，當由承審推事宣讀判決主文：「被告吳文，殺人罪處死刑，竊盜罪處有期徒刑二月，合併執行死刑，褫奪公權終身」云。

上列一則新聞前面所列的一個新聞標題，粗粗的看，也許並無毛病，但仔細的研究一下，便犯了重要主題沒有標出來的毛病。上列一則新聞事實中，「地方法院昨宣判」，固為重要事實的一個，但更其重要，更其引起人們注意的，是在：「吳文宣判死刑」這一個事實，但新聞標題中並未把它標出來，便是沒有把握住主要的事實。如果這則新聞標題改正為下列形式，便算適當了：

山崎旅館謀殺案
吳文昨被判死刑

再者，新聞標題主題的把握，有時不是以一般常情所能確定的，而常常因時間性的關係，客觀環境轉換等的原因，而處理新聞事實的主題上，亦隨着有所不同的。如以下列一則新聞為實例：

路政署路警處長
委畢克翔氏繼任

【南京廿一日電】建設部路政署路警管理處長，由建部呈准行政院，委任畢克翔繼任。前任處長李重鐸，以有虧職守，業已命令免職云。

上面這則新聞標題，在一般情形而論，是很妥當的，因為在這則短短的新聞裏面，包括有兩個主要事實：一、畢克翔新任路警處處長之職。二、前路警處長李重鐸有虧職守被免職。這兩個事實，在平常情形衡量起來，其份量可說是相等。而一般人習慣上，對官員的進退，似乎對新登台的人物，比較更能引起興味。因之，以「委畢克翔氏繼任」為標題，是很合理的。不過，這則新聞發生時間，正當政府當局實行革新政治，清除貪官污吏的時期。李重鐸的官職雖小，其因「有虧職守」而被免職的事實，亦是配合了激查貪官污吏的推行。如果把這一點，從新聞標題中反映了出來，其所給予讀者的啟

示力量，當然是勝過了一個普通小官員的上任了。所以，在這種場合，似乎應該把這則新聞的標題，做成如下列的形式：

路警處長李軍鐸
有虧職守遭免職

二、用最經濟的字數表達最具體的意思

其次，做新聞標題時，需要把握的第二個原則是：「用最經濟的字數，表達最具體的意思」。我們在前面已經提到過，新聞標題的字數，是受相當嚴格的空間上的約束的。比喻說，編者決定了某一則新聞（關於皮的問題，以後另有叙述）那末標顯的字數，祇能在兩皮高的範圍內去作伸縮，太多了固然不允許，太少了，也不好看，祇能在一定限度裏去用心思。在這樣被限制着的字數裏，要把一則新聞事實裏盡可能多的重要事實，被容納到新聞標題中去。用最少最簡的字句，表達了最具體的事實，這便是新聞標題技術上最高度的成就。卽以前擧的路警處長被免職的新聞標題來說，依照這一個原則批評起來，都不是好標題了。因為這兩個標題，用了兩行七個字的標題，卻祇吸收了一個主要事實到標題裏去，現在如果把這則新聞標題做成如下形式：

李軍鐸有虧職守
畢克翔繼長路警

把新聞標題改成這樣式，還是同樣兩行十四個字數的標題，但把路警管理處長的新舊人名字，以及此項人事更動的原因，都容納到新聞標題中去了。所以，在新聞標題編製的技術觀點上看，這個新聞標題，便比較以前的兩個標題來得高明了。

做新聞標題時，不但是在「字數」方面，要把握住「經濟」的原則，而且在「行數」方面，也是一樣重要。當然，關於新聞標題行數的運用「多行式」的好，抑是「少行式」的好，這是要看編輯者主觀見解來決定的。從新聞學基本原理上來說，祇要能把主題充分表達了出來。標題的行數，應該是越少越好。比喻說，某一則新聞標題，祇要用一行式或兩行式的新聞標題，卽足以表明了該新聞的主題，而編輯者在某種場合下，為了湊合新聞紙的版面美觀或是為了當天新聞稿量太少，為補足新聞紙編幅起見，把它做成了三行式或四行式的標題。某一點說來，也不能說是不妥當，但在編輯的原理

，則是有批評的餘地的。

三、避免字句重複和詞意衝突

新聞標題的擬製，無論是單行式的新聞標題，或是多行式的新聞標題，其內容和用句，務忌重複或衝突，這是非常重要的，新聞標題中所表達的意思和詞句，如果有前後矛盾或是重複的時候，不但浪費了新聞紙的篇幅，而且會把新聞標題的價值，完全減消了。以下列一則新聞標題爲例：

英罷工風潮擴大
英國將武力鎭壓
動員蘇格蘭場警察

（瑞典京城三日電）倫敦「每日郵報」稱，英國政府調解礦工罷工風潮之計劃失敗後，當局現企圖誘告英國之罷工運動，含有政治上之動機，因之勞工大臣貝文，將動員蘇格蘭場之警察，以謀壓平罷工運動，此訊已由路透社加以證實。據稱，蘇格蘭場之代表，已派赴紐喀斯爾與格拉斯哥，逮捕煽動該城船塢工人二五，〇〇〇名罷工之主動人員。路透社又稱，戰時工人聯合會供給組織罷工之人員，該聯合會似與托洛斯基派有關云。

上面這則新聞標題從嚴格的批判起來，缺點便很多了。第一主題的把握有問題，根據這則新聞的事實，最重要的主題，應該是：「逮捕煽動龍工主要人員」，而原標題以抽象的：「英罷工風潮擴大」為主題，便有不妥之處，這且不談。第二，這則新聞還犯了內容事實重複的毛病，和詞句重複的毛病。因為：「英國將武力鎭壓」和「動員蘇格蘭場警察」兩個事實，嚴格的說來，似可不必分做兩個標題。其次，這標題第一行標題裏的「英」字，和第二行標題裏的「英國」，犯了「字」的重複的毛病。

所以，新聞標題不論大小，最好是一行標題，叙述一個事實。凡同樣性質的事實和字句，已經見諸于這一行標題者，便不要再見諸于另一行標題，已見之于大標題者，就不應再見之于小標題或分標題，這是非常切要的。

四、用字務須精當氣勢必求貫通

新聞標題主要精神的寄託，在乎字句的運用，用字不當，卽無力量，效力全失，新聞價值自亦將隨之而大減。新聞標題，不特須揭示出主要事實，或新聞中最有價值之點，且須將新聞事實裏的「主體」「起因」「後果」等，構成爲一股貫通的氣勢，使讀者的印象更形深刻化。如下列一個新聞標題：

孕婦戀財
葬身火窟

上面的一個新聞標題，「孕婦」爲主體，「戀財」的起因，「葬身火窟」爲結果。而這兩行標題，氣勢很貫通。如果易爲「焚斃婦人」的標題，用句用字方面便不妥當。蓋以新聞價值而論，焚斃婦人乃是一件很平常的新聞，但如果死的是一個「孕婦」，而且又是因「戀財」而死，那末新聞價值便會增加了。所以，以這個新聞標題而論，如果將「孕」這一字和「戀財」這一句輕輕的放過，無異抹煞了新聞價值。

新聞標題，最忌「主體」不明，及濫用泛語和冗蕪的字句，如下面一個新聞標題：

東線大戰展開
兩軍發生激鬥

上面這則標題，不知主體何在，使人看了有莫明其妙之感。再如下面這標題：

「泰西」各國元首薈集
英國倫敦「氣象萬千」

像這個標題，「氣象萬千」，「泰西」等字句：便犯了濫用泛語，和用字冗蕪的毛病。編輯者爲了求新聞標題的氣勢有力和貫暢起見，習慣上常用兩關於「氣勢」的問題，在新聞標題術中，是很重要的。編輯者爲了求新聞標題的氣勢有力和貫暢起見，習慣上常用兩行平行對句的辦法。因爲字數相等，讀起來的氣勢便易於貫通，氣勢貫通，新聞標題的力量亦便增高了。玆以下列兩個新聞標題爲例：

(一) 英國議員紛起責難邱吉爾

(二) 英議員責難紛起
邱吉爾四面楚歌

像上面兩個新聞標題所表達的事實內容雖是一樣的,但在氣勢上判別起來,顯然後者比前者要活潑得多了。因之它在讀者印象裏所發生的效果,自然也比前一個標題要強得多了。

3. 大標題和小標題

一個總的新聞標題裏,普通包含着下面幾種標題:一、主題,二、引題,|或副題,三、支題|或分題,四、分段標題。「主題」即是一個新聞標題中的骨幹,所以亦稱作「幹題」,是新聞標題精華部份的所在。「引題」是補助「主題」說明新聞事實的,所以也稱副題。「支題」或「分題」,也是補助主題的不足的,不過比較「副題」次要一些。至於「分段標題」,則是遇到過份冗長複雜的新聞記事時,纔加應用,它與「主題」是分離的。

解釋

新聞標題的製作,發展爲多行式之後,在普通一個新聞標題中,恆常包括着兩行以上的大小不同的標題,每一行大小標題,各負擔着各別的任務,綜合起來,纔完成了一個整個新聞標題的任務。

在這些多行的標題中，最重要的一行標題，稱之謂「主題」或「幹題」，恆常編輯者用最大的字體標出的便是。其次是「引題」或「副題」，是補助「主題」來完成說明新聞事實的任務的，有時「主題」因限于字數，還不足以表達出新聞記事的重要點，而必須再加上其他小標題的時候，這種小標題通稱之謂：「支題」或「分題」。現以下列一個新聞標題寫例：

東線中路德軍反攻——（副題）
蘇軍十七師被殲——（主題）
南路德軍繼續進行閃避——（支題）

像上面這個三行式的新聞標題，「蘇軍十七師被殲」是該新聞紀事中最重要的一個事實，所以被作爲「主題」表現出來。但這個新聞標題僅有主題是不夠的，因爲限於字數，主要的意義還不能表達盡善，所以必須要在前面加上一個「東線中路德軍反攻」的副題，這樣，使讀者看了，對這則新聞始能獲得一個重要的概念。此外，再加上一個「南路德軍繼續進行閃避」支標題，才完成了這一個三行式的新聞標題。

在一般習慣上，任何一個新聞標題，「主題」的新聞標題，決不能成爲新聞標題。「副題」或「引題」，除依附於主題的存在外，決不能單獨存在，而且，副題大體上祗能用一行，一行以上的副題，在習慣上是絕無僅有的。主題普通也是一行的多數，有時於必要時，亦有用兩行並行的主題，如下例：

首都各煙窟
已一律停閉
滬煙窟限六月底前停閉

上面這個新聞標題中，沒有副題，祗有主題和支題，而主題便採用了兩行的方式。但同時也可說第一行的主題，是第

二行主題的副題，第二行主題，是第一行主題的副題，這種情形，在編輯上常可以發現的。

主標題和副標題之間，或主標題與支標題之間的意義，有時是個別可以比較獨立性的，有的則必須連續起來，始能有一個意義上的段落的，這在標題的技術標準來批評，前者當比後者爲妥當，後者是救濟前者的一種權宜的方法而已。如以下列兩個標題爲實例：

（1）

禁烟總局在滬成立

各土膏行商明起辦理登記

章局長發表就職談話

（2）

六十六期戶口米

發售日期將延長

因提貨手續趕辦不及

前兩個新聞標題，第一個標題中的主題和支題，都有相當的獨立性，各個單題獨立了，都仍保持相當的意義。第二個標題則不同了，必須把兩行主題連續起來之後，始能表達一個事實的動向，如果把它分開了，便成問題。

支標題的數量，不像兩行主題和副題那樣有限制，通常多有用兩個支題以上的，像七八年以前的上海若干報紙，它的新聞標題中的支題，有多至四個五個以上的，現在一般報紙上的新聞標題，支題大概以兩個爲最普通，三個以上已經絕少。

「分段標題」是遇着新聞事實太冗長的時候，纔應用的，冗長的新聞裏，做上些分段標題，可以幫助讀者解決對冗長新聞事實閱讀和理解上的困難。分段標題普通都是一行，兩行的也有，兩行以上的便很少用，字數也以四個字和六個字的爲最普遍，下列一則新聞中的「檢查任務」和「組織人事」兩標題，便是屬於「分段標題」。

米統會將在各地設置檢查組防止米糧私運囤積

米糧統制委員會爲防止米糧密輸及囤積，特向物統會提出「米穀密輸及囤積取締條例」全文十一條。同時又據記者探悉：米統會爲積極防止不良行爲發生，即將成立各地區檢查組，使米糧探員，更臻便利。並擬定「米糧統制委員會各地區檢查組設立要綱」全文八項，及「工作要綱」七項，正向當局申請中，一俟批准，即可付諸實施云。

檢查任務

查米統會設置檢查組，其最重要之工作，據記者探悉，有如下三種：㈠派遣人員赴各地區主要檢問所及要路大道，協助軍警檢查探辦證之有效時期及搬運數量。㈡隨時對各登記米店、米行、米棧檢查米糧，如發現密輸或囤積，即用急電向米統會報告，俾依照三省米穀管理運銷暫行條例之規定處理，檢查組並須每週作工作報告書呈辦事處主任，以便轉彙交呈米統會重要區鎭設置告發箱，

組織人事

組織方面，設正副組長各一名（日方一名），檢查員五至八名及若干職員，檢查員由各辦事處之辦事員擔任之，俾民衆得隨時密告密輸或囤積事件。

五 新聞紙版面技術

完成一張良善的報紙，關于內容方面，是屬於編輯的技術問題，在形式方面，則關係到新聞紙的版面技術問題。換句話說，新聞編輯及取材，是新聞紙的靈魂，而版面技術，則是新聞紙的軀殼。構成新聞紙版面的基礎質素，包含了單體的「鉛字」「綫條」「銅圖」「鋅

關於新聞的編輯技術，主要的有兩部門，一部分是關於內容方面的，另一種是關於形式方面的。關於內容方面的，便是編輯方法，標題術等諸問題，在前一章裏已加相當的說明，另一部門關於形式方面的，便是現在所要討論的新聞版面技術問題了。

解釋

編輯技術上的內容和形式，我們可以用靈魂和軀殼來做比喻，新聞內容是屬于靈魂，版面形式是屬于軀殼，如果有很好的新聞內容，而整個新聞版面技術處理得不好，那末等于一個有美好的靈魂，而生了醜惡的外貌的人一樣。

在中國新聞史方面來講，新聞版面問題的引起一般從事新聞工作者的重視，還是最近的事。過去，中國新聞紙的編輯者，對于版面問題，幾乎是完全加以漠視的。好像新聞版面的技術工作，不是列入編輯工作範圍以內似的，編輯者裝上了新聞標題之後，便把所有新聞，完全推給排字工人去自由處理，因之，所謂版面美問題，版面技術問題，自然是談不到了。甚至直到現在，也還有絕少數的報紙編輯者，對於版面處理，仍然不加以重視，這實在是要不得的。

新聞事業先進的日德英美各國的新聞紙，對於新聞版面的研究改進，可以說是突飛猛進，尤其是日本的新聞紙，對於新聞紙版面的處置，均有專家加以設計，所以，他們的新聞紙，不但在內容方面做到盡善盡美，其版面形式，也時刻在研究力求精進，中國的新聞工作者，是應該謀急起直追的。當然，新聞版面的求取精湛，主要的得視物質方面的設備如何來決定的，中國新聞事業物質設備都很簡陋，除絕少數報社外，大部份的報紙，設備都極簡單，要想做到理想的完善，當然比較困難。不過，以中國目前新聞紙的版面處理的情形來論，在可能範圍內應該謀改進的地方，還是很多的。

談版面技術之前，先得分析一下構成一張新聞紙版面的素質。構成版面的主要單實，大致有兩方面，一方面是單體的「鉛字」「線條」「銅圖」「鋅版」，另一方面是所謂「皮」「欄」「框」等，現在分別詳述如次：

鉛　字

新聞紙版面構成的最基本質素是「鉛字」，普通報紙上用的鉛字分兩種，一種是排新聞用的，另一種是排標題用的。排新聞的鉛字，過去通常是用「老五號」字體，有的如大公報等，遇重要新聞的時候，偶然也插排四號字，以目前上海的報紙來論，因節省報紙節省編幅起見，由「老五號」改為「新五號」復由「新五號」，改用「六號字」，這是戰時特殊的現象。不過字體太小，對讀者視覺究竟不大方便，所以在理論上講，新聞用「新五號」字來排是比較妥當的。

至於標題字，鉛字大小和字體的運用，則比較複雜，尤其自近年來印刷事業的進展，鉛字字體花樣的增多，標題字的運用，變化增多，不像十幾年前，新聞標題的用字，完全是以老宋體為主，現在通常用作新聞標題的鉛字體有：一、老宋、二、仿宋，三、方體，四、正楷等四種，茲列四種不同字體式樣如下：

（老宋）　　（仿宋）　　（方體）　　（正楷）

國　國　國　國

上列每一種字體，都有不同大小的字號，其主要的變化，都是依據老宋體而來，目前中國新聞紙普通用的鉛字，其字體號數最完備的，亦是老宋體，如正楷，仿宋，最大的字體僅及大號，方體字普通最大的亦祇大號，大號以上的行頭字則須臨時刻起來，老宋體最大的到七行和九行，所以新聞紙對老宋字體的運用，佔最多數。茲將老宋體各號字列下

（六號）　　（新五）　　（老五）　　（四號）　　（三號）　　（二號）

中　　　中　　　中　　　中　　　中　　　中

（大號） 中

（四行） 中

（五行） 中

（七行） 中

在過去鉛字字體不多，祇限於老宋體一種鉛字的時代，新聞紙面上的用字，除了在字號的大小上來轉念頭外，是談不到其他的變化運用。現在鉛字字體花樣一增多，在技術上便有運用的餘地了。比喻說，一張新聞紙版面，標題和新聞，全部都用老宋字來排，終覺得單調一些。如果其中揀若干則的新聞標題，用方體字或活體字來排列，或者一則標題中，用不同的鉛字來構成，如果搭配運用得妥善，不但能增加整個的版面美，而且對讀者能起醒目作用，這是已被一般新聞工作者所承認的事實了。

至於鉛字字體的如何搭配運用，這雖屬小技，但關係則頗重要，因為編輯者如果不善運用鉛字，反而會比不運用弄得更糟糕的。不過，要具體說明對鉛字運用的訣竅，是比較困難的事，這主要得視編輯者的熟練程度，和心靈的機巧來定的。大體的說，老宋體和方體，適宜於做大標題，正楷和仿宋，則比較適宜於做小標題。

線　條

在新聞紙版面上，除掉鉛字之外，第二個重要的實素是「線條」。本來，在排字技術上，所謂「線條」者有兩種：一種是暗的鉛條，這種鉛條，是隔離鉛字與鉛字之間的距離用的，在印在紙面上的時候，是看不見的，祇是有白空檔，即所謂「暗鉛線」。另一種則是明線，便是通常我們在新聞紙面上所習見的各種線條。

鉛線條在中國新聞紙上廣汎的被應用，亦是屬於近十年來的事，過去也是用得非常少的。鉛綫的色樣種類，比較鉛字

的色樣種類來得多，因爲鉛線色樣變化和製造，比較容易的緣故。

鉛線中最基本的線條有三種：：一、直線條（──），二、曲線條（～～～），三、點線條（……）。這三種之外，各式各樣的，不知可以化作多少種類，即以現在中國新聞紙所用的，亦就不下數十種之多。不過，以上列三種線條採用的最普遍，因爲這三種線條，比較通俗，大方，簡單，而又有一種樸素美，如果一個能運用編輯技術的新聞編輯者，有了這三種線條，也已足夠運用得了。如果線條用得太花色，有時反而會顯得俗氣，並不一定會增加版面美。線條除了色樣之外，也有粗號細號之分，如短行的線條，應用細號鉛條，長行線條，便應用粗號鉛條，是成一正比例的。

銅鋅版

自從新聞事業發展到現階段，照片攝影，和漫畫繪畫，成爲傳達新聞的技術之後，銅版和鋅版自是成爲構成新聞紙版面主要實素的一種了。

所謂印刷術中的銅版和鋅版，是科學技術的一種。新聞照片，要翻印到紙面上去，必須先製成一種銅版，然後用這銅版把照片印刷出來。同樣的，一張圖畫或漫畫，要印到紙面上去的時候，也必須先製成鋅版，始可達到翻印到紙面上去的目的。所謂銅版，是以銅爲底質的，它的效果比較精細，所以可以翻印照片等精密的畫面。鋅版是鋅爲底質，筆劃清明的筆畫，漫畫，字體等等，以運用鋅版爲妥善。

銅版和鋅版的運用，對新聞紙的關係，一方面是足以增加新聞紙的內容，使與新聞互寫配合，以增強讀者的印象，其次，對於增加新聞紙的版面美方面，則也佔了很重要的地位。一張很平淡的新聞版面，如果適當地配上若干新聞銅版或是漫畫鋅版，立刻會使版面活潑起來，美化起來，這種經驗，是每一個新聞紙的讀者都能體會得出的。

皮

通常新聞紙上排的鉛字，直的稱謂「行」，橫的稱謂「皮」，也稱「批」。在昔日中國新聞紙以老五號字體，作爲基礎的時候，一整面的新聞版面，普通大概劃分爲十二皮，即十二批，每皮約十二個老五號字高，每皮的闊度約佔九十六行

至一百零六行左右。以後，改用新五號字作為基礎鉛字的時候，因字的號體縮小，版面中字數的容量增加，皮數亦隨之為十二皮，到現在，上海一般主要的新聞紙，基礎鉛字又改用了六號字體，版面對鉛字的容量又增加，所以，皮數亦增加至十五皮，闊度的行數，也增加至一百十行左右。

新聞版面的皮數多少，對版面的活潑與否，有很大的關係，因為皮數如果分得太多，標題的運用方面，固然可以靈巧活潑容易發生困難，整個版面，也很易入於呆板狀態。反過來說，如果皮數分得太少，標題的運用方面，及新聞的拼排，很可是太細碎，是其缺點。版面的皮數分配，主要的當視版面的大小來決定，普通一張大報紙的版面，以新五號字為基礎鉛字，大約以十二皮為標準，六號字為基礎鉛字，於必要時，當有其自由的伸縮性。如果新聞紙的開型縮小，其分皮情形，亦須隨之改換，如四開報紙（普通一張大報俗稱對開報紙，即一整張白報紙的對半，四開報紙，是一整張白報紙的四分之一大小。）的版面，則應以十皮為比較合理的標準了。

欄

在新聞版面上，橫的稱之謂「皮」，用直的線條，把一部份新聞或文章，特別的欄開來，便稱謂「欄」，也通稱謂「特欄」。特欄的地位，大致都是處於版面靠邊落角的地位為多數，因為這是便於拼版的關係。

普通的編輯方法，凡遇到專論，評論，特稿，長篇通訊，特長的新聞資料時，一方面為了使讀者注意力集中，同時也為避免拼版技術上發生困難以及使版面不靈活起見，便把這些字數較長的稿件，用長鉛線欄在版面的邊上或角上，使它無形中自居一方，以引起讀者們的另眼相看。

在「欄」的運用發生着關係，也附帶與整個「皮」的運用，可以加以適當的變化，使欄內的「皮」的高低，與欄外的「皮」的高低，使之不一致，因欄內的「皮」的高低的不一致，欄的地位，在整個版面上便顯現了出來。

欄內皮的變化，普通是分「二長」，「三分二」，「五分三」，「七分五」等數種。所謂「二長」，便是兩皮中間不用鉛線隔，而使它連續起來，成為二皮高的高度；「三分二」是把三皮高的地位，分為兩皮，便是每皮變成為一皮半的高

度；「五分三」是將五皮高的地位，分作三皮；「七分五」是將七皮高的地位，分作五皮的高度。此外的變化，也可以此類推。總之，這種皮數上的變化，普通新聞稿方面也可偶然應用，但決不能常用，因為變化一多，拚版起來就會發生困難。在特欄內，因為它是與其他新聞稿比較隔開的，所以皮數的變化多一些，不致會影響到拚排上的困難了。

框

在新聞版面上除「皮」和「欄」之外，還有「框」的運用。所謂「框」，也俗稱「花邊」，遇到一則新聞，編輯者為使這則新聞特別引起讀者的注意起見，便用花線在新聞的四週加上一個邊框，使它在版面中，呈鶴立鷄羣的狀態。這種用邊框的手法，在版面技術的運用上，也是佔很重要地位。

普通的花邊新聞，大體以一皮高的為多，二皮三皮高的邊框也有，三皮以上的「框」，就用得很少了，因為「框」太大了的時候，實無異是一個特欄，框的作用便失去了，而且，太大的邊框其所增加於拚版技術方面的困難，尤較之於特欄為大。

「長行」與「短行」

在編輯的手法上，「長行」與「短行」的運用，關係版面的處理亦頗為重要。所謂「短行」，在前一節中會說明，假定一頁新聞紙劃分為十五皮，即十五皮之二皮，即俗稱謂「短行」，兩個短行高度的稱謂「長行」，所稱作「兩長」，即指兩皮高的長行而言，三皮高的稱謂「三長」，四皮高的稱謂「四長」，其他類推。以目前上海各大報，每版十五皮為標準，分別舉實例如次：

（一）短行式（題短文短）

六七期戶口米粉
各米號開始提貨

第六十六期戶口粉米，其出售期業已先後截止。六十七期戶口粉，且已由各立約米號繳款提貨，戶口米賣單亦已發出，故下期口糧，即可由當局公告出售，數量售價，聞並無變更。

（二）題文兩長式（兩皮長行）

各區十一期口糖
今起開始發售

今（八）日起，本市各區（第一區除外），可憑市糧食局第十一期購糖證，向指定零售店購領黃糖或白糖五市兩，價八元一角，至十七日截止發售。至於第一區同期戶口糖，則早於本月一日起出售，數量價格，均同其他各區，即將於十日截止云。

郵政管理局
提高匯兌限額

上海郵政管理局，對儲金匯業事務之各郵局間之匯兌限額，自本年四月一日起，均分別提高，即「匯一」類各匯兌局改增爲一千元，「匯二」類各匯兌局增爲二千五百元，「匯三」類各匯兌局增爲五千元，至於管理局及一等局間互匯限額，則增爲兩萬元，一切詳情，可向各郵局詢問云。

艾登辭職決定
即將正式公布

【斯德哥爾摩五日中央社電】海通社訊：據倫敦消息可靠方面宣稱，外相艾登辭職業已決定，但尚須數日始能正式公布。其繼任人選，預料爲自治大臣克蘭明勳爵，艾登仍任戰爭內閣閣員及下院發言人，同時或將兼任國際部副大臣云。

英國將以武力
對付罷工礦工

【瑞典京城六日中央社電】據海通社訊，倫敦消息靈通人士稱，英國將以武力對付罷工礦工，但在探取行動之前，將向工人作最後之呼籲，倘工人作工無結果，則政府將宣佈之禁止礦工罷工之措施，聞先將施諸巨魁，加以逮捕，倘所取措施不能產生結果，則將立即要求下院授予探取必要步驟之權云。

（三）題文三長式（三皮長行）

外尼斯特里亞區
德蘇間仍有激戰

【柏林五日中央社電】據海通社軍事訪員奧爾培今日報告東線局勢稱，東線南路氣候轉變，風雪交作，故戰事業已鬆弛，惟外尼斯特里亞仍有激戰，蘇軍自布格河下游，向蒂里古爾推進，戰事現正在進行中，敵軍企圖在諾伐亞與敘得薩附近渡越蒂里古爾河未逞。德軍反攻，擊潰抵達該河西岸之敵車部隊，蘇軍自貝勒索夫加繼續向聶斯特河下游施用壓力，其目的在切斷在敘得薩一帶作戰之德軍。

上面三則新聞排式，第一則「六七期戶口米粉開始提貨」等新聞，係屬「短行」新聞，第二則「艾登辭職將正式公佈」新聞，係屬「兩長行」新聞，第三則「德蘇仍有激戰」，係屬「三長行」新聞，至「四長」「五長」排式，照「三長」放長一皮或二皮即是，故不另行舉例。

新聞排式的長行與短行，和新聞標題應發生相互密切的關係，在編輯術語上，由標題與文字的配合，有以下幾種方式：（一）短題短行，（二）長題短行，（三）題文均排一皮短行，（四）文題三長，（五）題三長文短，（六）題文四長，（七）題四長文短等。所謂「短題短行」，即是題文均排一皮短行，「長題短行」則是題兩長，文短行，「文題三長」是標題和文字均排兩皮長行、「題三長文短」是標題排三皮長行，「題文四長」是標題和文字均排四皮長行，「題四長文短」是標題排四皮長行，文字排短行。其他均可以此類推。各項排式，除「短題短行」，「兩長」，「題文三長」「題文短」三式，前已舉例外，茲再將其他各式，舉實例如下：

（一）長題短行式

美機飛越瑞士
瑞機升空截擊

【沮利克十四日中央社電】據海通社訊，美國轟炸機十二架，昨在沮利克附近緊急降落以前，瑞士戰鬥機與美國轟炸機曾在愛因西特恩上空發生真實之空戰。據「新沮利克日報」稱，愛因西特恩居民於星期四下午二時許聞機聲與槍聲雜然而作，並見雙方飛機發生空戰。

（二）題三長文短式

羅總理視察前線
克里米亞半島激戰中

【蒲加勒斯十三日中央社電】據海通社訊：羅馬尼亞軍隊，渠發現每一部隊與每一指揮部皆能熱心從公，軍官與士兵互相信賴，士氣之奮發與局勢之良好出人意料，軍民當局深知責任之重大，勤苦之人民具有必勝與正義信念，皆各盡厥責，故全國信賴吾忠勇之軍隊，並無二志，此項軍隊在瑪爾達維亞作戰勇敢，屹然不動，安托納斯古上將向國人保證死守該地云。

瑪爾達維亞北部，訪問羅馬尼亞軍隊，此間今日發表，羅馬尼亞總理安托納斯古視察前線之官方公報稱，安托納斯古上將於四月十日，十一日與十二日在

上篇

版面的「顯」「活」「善」

整個新聞版面裏所包含的素質，已如上述，如何使這些個別的質素，將它合理地拼排起來，成為一個良好而合乎標準的新聞版面，這便是版面藝術的主要問題。版面藝術的處理，綜合的可以「顯」「活」「善」三個字來做標準。所謂「顯」，是顯明，清潔，明朗的意思。新聞版面要顯明，是版面技術第一個要點。如前面幾節裏講到過的。新聞標題不同字體的運用，大小標題交互排列的運用，特欄，方框的運用長短行的運用等等，主要任務，便是使版面能表現得清朗明顯，使讀者看了有新鮮之感。中國新聞紙的初期，編輯方法尚還很幼稚的時代，新聞紙，標題和線條的運用，都是一色不變的，顯出混雜模糊，使人讀新聞紙無異是在讀康熙字典一樣單調，新聞版面技術，可以說是完全沒有顧到。其實，新聞版面，是比較新聞紙內容先接觸讀者的目光，等於一個人的外形，比內心更先暗示於外一樣，版面如果不能完成「顯」的條件，便是編輯技術的失敗最先的暴露，是不可不注意的。

其次，所謂「活」，是活潑的意思，普通我們批評一個女子的美，身段的靈活，是一個很重要點。新聞版面也是如此，在明顯之外，必須靈活，要使讀者看了無單調呆之感纔好。比喻說，編輯者把長短行的配備，大標題小標題的排列，特欄的關劃，方框的按置，都按排得各得其所，所謂「顯」的條件是做到了，可是「顯得呆笨」，仍是不妥當。記得從前有一編輯先生，他為求得版面的清朗，把所有新聞標題，除第一條新聞之外，一律排成二皮長行，這對拼版上是毫無困難，可是當大樣出來之後，版面便好像客堂牆壁上掛滿着一條條的對聯，「顯」，可以說顯得不能再顯，可是笨也就笨得不能再笨了。所以，新聞版面，除掉「顯」之外，還得要做到「活」，那才合乎理想。

最後一個條件是「善」，所謂「善」者，具體的說便是「合理」。版面處理得盡「顯」盡「活」還不夠，必須同時要顧到「善」，這是非常重要的。因為「顯」和「活」，是比較機械的，如標題與標題不要碰頭，線與線的運用要調和，必要的場合，或放上一塊銅板或鋅板，使版面的空氣調和，使版面上下的輕重合度，這種機械的手法，是比較容易運用的，唯有在顧到「善」的條件下，這些手法的應用，纔是比較困難的。

比喻說，一個大標題和一個小標題的配搭，彼此之間必須要有相當內容方面的連繫，否則如果祇顧到版面的顯活和美

觀，而隨意把兩則有翼的新聞，硬生生地分開來排，這便是「不善」，衹顧到整個版面輕重平衡而將不必要關欄關了欄，或是爲了增加版面美觀隨便加上一幅與當天新聞毫不相關的漫畫或圖片，這便是不善。爲了顧到排列上的顯明起見而把一則不應該用大標題的新聞，裝上一個大標題，不應當加花邊勉強裝上了一個方框框，這些都是違背了善的條件的。

所以，一個理想的新聞版面，是在合理的，「善」的大前題下，盡量的做到「明顯」和「活潑」，這是處理版面技術上最重要的一個原則。

六　編輯與資料工作

現代新聞紙的編輯，不但對于新發生的一切新聞事件的處理，同時須注意到與新聞事件有關的資料的搜集，歸納與保藏，隨時補助新聞的不足，以充實新聞紙的內容。所以，規模較完備的新聞機關，都有「資料部」的設置，負責處理資料搜集與供應的職務，其主要工作範圍，包括：（一）文字資料的編集，（二）圖片資料的編集，（三）參考書籍的編集。

解釋

在新聞紙編輯工作中，如果把新聞採訪工作，比作榮蔬的採辦，編輯工作比作廚師的烹飪，那末資料工作，可以說是油鹽葱薑之類的作料了。有好的菜料，有好的燒手，如果缺少好的作料，一碗適味的菜，還是燒不成，這便可以說明了資料和編輯工作的密切關係。

做編輯工作的，當處理新聞原稿的時候，常會發生許多疑碎而却是很關重要的困難，諸如地名，人名的錯誤等等，必須要仰仗資料工作的協助的，這是消極方面的。如果新聞紙的資料工作做得完善，不但消極的可以解除編輯上許多困難，而且積極的有助整個報紙內容的充實。

普通一張新聞紙，其新聞來源主要的是依靠於通訊社，通訊社所發的新聞稿，係以一般報紙爲對象，同時以時間限制

的關係，所發新聞稿，除重要事實外，次要和補助性的敘述，必得盡量刪簡，以節省電力和時間。但各家報社收得新聞稿後，為保持各個報紙自身的特色，及使讀者滿足起見，有若干新聞事件，當不能以通訊社所供給者的稿件為滿足，而必須由本社加以適當的補充。關於有時間性的新聞事實的補充，可由本社探訪部的人員去擔任，關於靜的材料的補充，則必須由資料部來擔任了。比喻，某日發生了一件某政治要員被暗殺的新聞事件，電文的原詞很簡，於是，編輯者必須要求資料部供給關於這位政治要員生前的經歷生平等等材料，撰成一段簡史，附錄在新聞事實的後面，使讀者對這則新聞內容獲得較高的滿足。又比喻當大東亞戰爭爆發之初：日海軍航空隊突擊珍珠港，予美遠東艦隊以重大損失。當這消息傳來的時候，編輯者除抓到這則重要新聞事實批露於報端外，應同時將珍珠港的形勢，加以補充說明，使讀者對珍珠港的各方面，有一概念上的了解。其他如新的人物，新的地名等等，在戰略上之重要性，在新聞紙上初次出現的時候，亦應視情形的需要，隨時加以註釋，由於這種資料的補充，使整個新聞原稿的內容更臻完備，使新聞紙面的致育意義，更增濃厚。

所以，一個現代化的新聞社，必須要具備內容充實的資料部，以專其責。資料部的工作，廣義的講，也可以說就是等於一個圖書館，不過嚴格的講，新聞社的資料部，和圖書館有大同小異之處。習通圖書館是以畫冊的借閱和收藏為主要對象，而新聞社的資料部，則應以與新聞可能發生連繫的一切資料的編集，保藏為主要對象，並且，這些資料，必須可以隨時活用到新聞紙上面去的。當然，如果一個新聞社的資料部，它除掉本身所需用的資料工作之外，能及於更廣大的圖書收集，以供本社工作人員隨時進修參考之用，那自然是更理想的。

新聞社資料部本身範圍內的工作，主要的有三部份：一、文字資料的編集，二、圖片資料的編集，三、參考書籍的編集。茲分別敘述如下：

1. 文字資料的編集

新聞社的文字資料編集工作，以各種報紙的剪貼儲存，最為重要。因為報紙上的材料，過一個相當時期之後，便成了歷史資料，而實際上對於新聞探訪和新聞編輯工作，應用之處亦最廣，所以世界各國著名大新聞社，對於報紙的剪貼編集工作，均以最大的努力從事。如日本的朝日新聞社，是世界新聞事業中收藏報紙和編貼報紙最完備的一家新聞社，自該

社成立以來，除其本社和本國出版的報紙，凡屬世界各國重要的新聞紙，均有精密的保存和搜集，對於新聞紙上資料的剪貼工作，也數十年來如一日，均分門別類，加以儲藏，指定大批專門工作人員，繼續不斷的工作。朝日新聞社之得有今日之發展，資料工作部份的充實，實爲主要的原因。中國新聞社近年來對報紙剪貼工作，亦已多加注意，不過活用尚不多，編制保存的方法，不很完善，是需要改進的。

文字資料方面，除經常的報紙剪貼編制之外，其次得隨時做一種調查工作，爲新聞紙對象的一切社會現象，非常廣汎而多變，爲求新聞編輯工作上充分的需要，單靠報紙上的材料剪貼是不夠的，同時必須隨時進行其他方面的調查和收集工作，諸如當代的各種重要的法規，近代重要案件的始末，當代重要人物的經過，各種歷史性事件的經過等等。總之，用凡是有參考價值的資料，須擬定計劃，分頭的去進行搜集工作，將搜集得的各項資料，經過一番編輯手續之後，有條不紊地收藏起來，以備隨時應用。其搜集的方法：除依賴新聞紙的剪貼可以得到一部份外，此外可隨時根據需要情形，擬定調查表格，向各團體，機關，個人各方面去直接徵求，其他如遇到書本，期刊上載著有用的資料，應隨時抄錄下來，分別編入各項資料內，日積月累，資料的內容，實與量便隨之而日形豐富。

比喻像日本朝日新聞的資料部，以人物的經歷資料搜集而論，凡確定了某一個人物，認爲有被作爲資材搜藏的對象之日，則凡是有關該人物的一切片斷文字，均在搜集之列，從這個人的出身，就學，事業，以及到死亡，都無不廣爲搜羅。遇必要的時候，不惜任何重大的代價，予以收購，以謀資料編輯工作，達到最完備的境地。

2. 圖畫資料的編集

現代的新聞紙，對於新聞照片和漫畫的運用普遍化之後，圖片的收藏，也成了新聞社資料部重要工作的一種。圖片漫畫與新聞紙的關係，已在版面技術一節中叙及，新聞紙一般通常運用的圖片，主要的有兩種：一種是絕對有時間性的，動態的新聞照片，這種新聞照片，和突發新聞一般，事前是無法準備的，這部份工作，和採訪工作一樣，應該屬於攝影記者或攝影部去負責的，資料部是無從擔任這種工作的。另外一種是比較靜態的圖片資料，諸如重要人物的照相，重要地方的畫面攝影，歷史文件的照相，歷史性事件的照相紀錄等等，這些圖片，是在事前可以準備和搜集的，所以，是屬於資料部

的主要工作了。新聞社的資料部，對這方面圖片，應該不厭求詳地去搜集，以供編輯部隨時的需要，比喻總理誕辰的前夜，報社的資料部除向編輯部供給有關總理誕辰節的照相，以及有關生前事跡的圖片等。當第二次世界大戰展開，法國敗績與德國統帥在有名的貢比臬森林簽訂停戰協定的那天，新聞紙發表這則新聞的時候，如果搜集有二十年前第一次世界大戰結束時，德國在法國盛勢之下，在貢比臬森林簽訂城下之盟的歷史性照片，同時批露在報端，就會增色不少了。所以，圖片資料搜集與編藏，關於新聞紙編輯技術，是異常重要的。資料部對於靜的圖片資料，應加有計劃的搜集歸類後保存下來，因為相當時期之後，這些照片，也許都會變成有價值的歷史性照片或是未發表的，也得盡量分別搜集歸類後保存下來，因為相當時期之後，這些照片，也許都會變成有價值的歷史性照片了。

3. 參考書籍的搜藏

文字資料和圖片資料之外，第三是參考書籍的收藏，也是新聞紙資料重要任務之一。新聞社資料部收藏書籍，以人力不多，經濟力有限，可不必像普通圖書館那樣廣汎，應以適合於新聞社實際用者為範圍。主要的書籍為：（一）世界人物誌之類，（二）世界地理誌之類，（三）風土人情誌之類，（四）法規之類，（五）年鑑之類，（六）字源字典之類，（七）各種調查報告錄之類，（八）紀念冊手冊之類，（九）各項公報之類，（十）各種特刊，期刊之類，（十一）各種史料性的書籍等。

總之，一個新聞社的資料部，等於軍隊作戰時的後方供應機構，編輯部工作等於前線作戰，作戰部隊雖精強能戰，如無後方充分的重需供養，作戰仍將陷於不利地位。一個新聞社，如果沒有完善組織的資料部，內容一定不容易精采，這是必然的。世界上好的新聞紙，差不多都得力於良善的資料的搜集，這已是公認的事實。目前中國的新聞工作，對於資料工作的重要，在原則上大體均已有了深切的認識，但在實踐上，與各新聞紙先進國家比較起來，還是表現出大大的落後。新聞資料編輯的進行，除了方法，人力，財力諸條件之外，最重要的條件還有「時間」。新聞社一個比較完備的資料部的成功，必須要經過長時期的累積與不斷的努力，始克有成，決不能在很短期間有所成就的。

七 編輯和校對工作

校對工作和新聞紙編輯上的關係，猶如織布的整清，鋼器的磨光，在整個新聞紙製作過程，雖屬小節，而其要性則決不可以忽視。一張完善的報紙，如錯字纍纍，誤點百出，則雖有精采的內容，特出的資料，其給予讀者的印象，也必大受影響。校對人員，在編輯部地位的重要，也不次於編輯人員。合格的校對人員，須要有超人的耐心，精細的性格，熟練的經驗，和相當的學識修養。

解釋

編輯部的工作，自整理原稿，補充材料，裝製標題，到完成全部的編輯手續，其間，除排字工作是屬於印刷部份之外，編輯部最後一步工作，便是「校對」。校對雖然是一種機械性的工作，但其工作的性質卻是重要的。在一般新聞社的組織系統上，校對人員之不屬於印刷部，而直接隸屬於編輯部，就是因為校對與編輯工作，有着非常密切連繫關係的緣故。

關於新聞社校對部的職權範圍，據各國新聞社的傳統，有兩種制度：一種是校對權威制，校對人員有較高的權力，於必要時，有權變更新聞內容，或標題的措詞等。另一種僅是機械地校正錯誤。前一種制度採用者較少，英國有少數新聞紙是採用這種辦法。事實上，權威制的校對制度，實際上的職能，已超過了一般編輯人員的普通職權，而近乎是編輯最高監察人的地位了。所以，一般的新聞社，以採取機械式的校對制為多，而以最高監察權屬之編輯部的負責人——總編輯或主筆。中國新聞社的校對制度，亦卻採用後一種方式。

新聞社寫負責校對工作，專設有校對部或校對室，設主任一人，負領導及分配工作之職。編輯部將新聞稿發交印刷部排成鉛字後，由印刷部以一則新聞寫單位，打「小樣」一張，送交校對部，校對部人員，於收到印刷部的小樣後，工作即行開始，校對人員，根據原稿，於「小樣」上校正錯誤後，通稱之謂：「初校」。初校完畢，仍送排字房，由排字房根據

校出的錯誤，加以改正，再打一份「清樣」，送交校對部再行校對一次，通稱之謂：「二校」。二校完畢，再送排字房改清，最後，由排字房拼版後，再打「大樣」一份，如時間允許，由校對部分別作最後一次校對，同時將另一份大樣，送交各版編輯或總編輯參閱，俾新聞內容或標題有不妥當時，予以最後勘正。校對部及總編輯將大樣校閱完畢後，在大樣上簽字證明後，發交印刷部打紙型付印。

照校對的工作程序看來，這工作確是再簡單和機械沒有了。可是，如過有實際體驗經驗的人，便知道做校對人員的，並不如一般人想像那樣的容易。因為與其這工作是單調而機械的，所以，校對人員就非要有相當的堅忍耐心不可。並且捉錯字，尋誤處，必須要有超人的細心，和豐富的經驗纔可勝任。因為新聞原稿很多是筆跡潦草，編輯人員的字跡，亦以鳳飛龍舞式的佔多數，排字工人的一般知識水準較低，校樣上的錯處必多，而且錯處大多是發生在很細微不易注意的地位，如「已」字排成「巳」字，「夫」字排成「天」字。或者接頭錯誤，張冠李戴之類，而且編輯人員逢到稿件擁擠之時，標題字的筆誤，題文而意思矛盾等之情形，是常易發生的，編輯者自身，因限於時間，不可能再複看一遍，這些毛病，便得由校對人員負責協助編輯來謀補救。所以，一個校對人員的工作雖輕，責任却是很重的。

錯字誤點百出，是報紙外表上最犯忌的事，一張好的報紙，如果錯字太多，等於一個漂亮的女子，面上長滿了雀子斑一樣的使人看了不愉快。且以實際的情形來說，普通每日發行三萬份的一張報紙，如果校對的錯校了一個字，第二天經過了機器的印刷，無異添了三萬個字的錯字，如果一天之中校錯了十個字，其影響所及，就很可驚人了。而且有時，一點很細微的錯誤，可能引起讀者或者外界社會很大的誤會。比喻，某報某天登刊了一張某大機關成立會前的大門門景，圖片的說明文字，誤把大門的「大」字，排成了「犬」字，校對的沒有校出來，第二天報紙印了出來，「大門」竟變成了「犬門」，引起了對某大機關的「不敬」事件。還有一次，某報登載了一則火警新聞，大標題「昨日某路發生大火警」的「昨」字，誤成「明」字，以致該新聞標題造成了「明日某路發生大火警」的大笑話。另外有一次，記得是事變前，財政部命令實行法幣政策的時候，某大報把很重要的一段告白漏掉了。因之把意義完全弄成相反，以致幾乎引起金融界的極大風波。由此可知，財政部的佈告，校對的不良，影響新聞紙的信譽和價值的重大。所以，校對人員，在整個編輯部的地位，其重要性該不次于編輯人員，他不但要有超人的耐心，精細的性格，熟練的經驗，而且也必須要更有相當的學識修養，纔能擔任校對的工作，而勝任愉快。

言論的態度與寫作

新聞紙上的內容,除以營業為目的底廣告告白等之外,主要的有記事和言論兩大部份。前者是比較客觀性的,後者則是主觀性的成份極濃厚。一般人通稱新聞紙具有輿論的權威,這所謂「輿論的權威」,狹義的是單純指的新聞紙上的「社論」或「社評」而言。比較廣義一些的說明,則是指報紙上所有言論性的文字而言的。所以一般報紙上的言論,大概主要是包括以下幾項文字:(一)社論,(二)專論,(三)特稿,(四)副刊,(五)特刊等數種,茲分別詳述如次。

一 社論的撰述

一張新聞紙,必須有其獨立的報格,思想,和靈魂,它的最具體表現者便是報紙上的「社論」。社論是報紙的靈魂,也是報紙的中樞神經,報紙上的社論,是一個報紙政策最直接的執行者,通過它對於廣大讀者羣意識上的影響作用,以發生所謂「偉大的輿論力量」。社論的本身,它擔負着兩重主要的任務:一方面作為報紙自身的喉舌,為報紙自身的立場和利害而奮鬪;另一方面作為公共的喉舌,為整個社會公眾的利害而奮鬪。報紙的社論,在這兩重利益調和統一的目標之下,發揮其作用,執行其使命。

解釋

形成一張新聞紙的輿論力量,及發揮其主觀上政策的,主要的有兩部份東西:一種是新聞,另一種便是評論──社論。前一種新聞,因為其技術上的運用,如內容的選擇,標題的配置等等,必須要相當客觀性的,因之,一般的講起來,其所發揮的主觀力量和主觀政策的作用,是比較淡薄的。而後者的「社評」,它在一張新聞紙面上,是唯一可以絕對主觀性

地發表意見的東西，因之，它可以隨時以極顯明的姿態，代表報紙本身的立場，爲公共利益而說話，通過報紙廣大的發行數量關係，在廣大讀者們的意識中，發生很大的影響作用，因之，新聞紙上的社評，一方面是代表了報紙本身的報格靈魂而出現，另一方面是爲公共利益仗義執言的姿態而出現。

一般人通稱新聞紙是輿論的權威，而「社評」則是報紙本身一切輿論的權威。所謂輿論者，是屬於一種「公共情緒」的廣泛性解釋。在人類的境界裏，這種「公共情緒」是最有力量的一種勢力，美國大總統林肯會說過這樣的話：「公共的情緒是萬能的，有之，則無事不能成功，無之，則無事不歸於失敗。所以能夠操縱公共情緒的人，比較制定法典的人們底權力都大。」現代新聞紙上的社評，便有著可能運用和把握這種權力的機能。

報紙利用每日社論中所表示的思想和意見，對於無數讀者的思想意義，給予一種不斷的影響；這種影響，有時是在一種不知不覺狀態中在活動的。新聞學者丹納氏曾說：「報紙的社論是一個強烈的力量，她會當人們還沒有完全得到消息的時候，還未能自作推論的時候，意見還未有確定的時候，把人們的意識抓住，而自然而然地會把報紙的意見，作爲自己的定論。它確是影響人民思想的一個力量與勢力，受它影響的人，能在不知不覺中，把人的思想塑成了一種定型。」所謂輿論，便是有著這樣的一種潛伏的力量。

報紙的社論，把握有這樣的重大使命，因之，它決不能隨便運用這一種特權，如果這種權力運用得不好，或者運用得失敗，影響於社會人羣之外，報紙本身的生存基礎的信譽，便會宣告破產，那末所謂「輿論力量」這東西，自然也隨之消滅了。

所以，一張報紙，要發生輿論的力量，必先要建設一個正確的社論的立場，以建起一個完善的報格，以完善的報格，去樹立廣大讀者羣間的信仰，再用這信譽去號召，始克發生輿論的力量來。

社論的立場是應建築在怎樣一種論理觀上面的呢？第一，便是像前面已說到的，一張報紙，必須通過社論上的態度，創造一種足以受讀者愛護，崇敬和可信仰的報格。第二，報紙社論應該絕對以公衆的利益爲主要對象。換句話說，報紙的社論，應盡所能爲公共而服務，爲公衆利益而說話。從具體實際方面來說，這所謂公衆的利益，是與報紙本身的利益一致的。因爲自身本體的存在，是一切服務的基本條件，同樣的一張合法的新聞紙，其本身是負有一種對公共服務的任務

，當然有權利去享受用其功能所得來的正當權益。但報紙自身的利慾必須以不犧牲和違背公共利益為前題的。在這一個說明下，所以一個健全的新聞紙的社評，必須要有一貫的「社論政策」，俾發表意見的時候，將相當固定性的意見原則，隨時應用到多變的各方面去，以達到固定的政策與目的。

「社論」在一張新聞紙中的地位，狹義的講，它為報紙本體的喉舌；從廣義的講，它亦是整個報紙的神經總樞，整個報紙上其他構成要素，都應該以「社論」為主宰的。具體的說，採訪部方面新聞的採訪和寫作，編輯部方面新聞的編纂選擇和標題的裝製，在技術上有個別獨立發展的餘地，在意志思想上，則必須與社論態度保持密切的連繫，換句話說，編輯方針，是必須要隨時隨着報紙的社論態度來進行的。關於這一個理論上的原則，已是被大多數新聞學者所認可的。所以，社論在新聞紙上的地位，不僅是靈魂，而且是主宰整個新聞紙的神經總樞紐。

至於某一種內容的社論，應該用那一種形式來發表，則須由撰論者參酌當時實際需要的情形來決定之。一般社論的形式，有下面幾種：

一 解釋性的社論

普通撰著社論，在決定內容主題之後，其次是社論形式的決定。社論的形式，對於社論的功用，有互相影響的作用。

1. 社論的形式

社會上發生了一種新的動向，政府當局發表了一種新的設施或政策，以及政局和戰局的新發展等等，這些新的動向，新的政策，新的政局等等，當新聞紙面上有消息披露的時候，而一般讀者，常對新發生的事象，不能很透徹的明瞭其來去跡，新聞紙的社論作者，對這些新事實新現象，加以解釋與說明，並具體地闡明其含義，這便是屬於所謂解釋性的社論。這種格式的社論，一般新聞紙採用很多，比喻一個國家元首或者重要政治人物發表了一篇重要演講或談話之後，第二天報紙社論中便加以反應，對重要的語句詞意，加以闡明和強調。像這種解釋性的社論，本身是比較消極性的，其主要作用，僅在幫助讀者，對某項事實加以註解而已。所以社論主觀見解表現得非常薄弱，有時可以把報紙本身的立場，完全不表

上篇

一四三

現出來。這類社論的撰述，在技巧上也比較簡單，其所能發生的力量和反應，也比較薄弱。

二 分析性的社論

較「解釋性的社論」進一層的，是「分析性的社論」。上面所講的解釋性的社論，其手法僅止於平面的注解，而「分析性社論」，其手法則是立體的。在深度方面，也要比較的深入。比喻，報紙上發表了某一項重要的新聞，這則新聞，除新聞記事中所記載的一些表面事實之外，一定是有着各種「起因」和「背境」，和其他週圍環境的連帶關係，以及這事件今後的趨勢和動向等，撰社論的人員，根據客觀上許多材料，加以分析和歸納，再憑主觀的意見和經驗，加以縱橫的分析和敍述，俾讀者不但能平面的了解事象，而且使讀者更深入地了解這一事實發展的內幕及趨向。

這種分析性社論，是社論形式中得最普遍採用，而且也是最重要的一種。

三 建議性的社論

新聞紙是屬於公共事業的一種，其本體是具有「公」的性質的，站在這一種立場上，新聞紙的社論，常常代表人民，向一般社會或政府當局，提供建議性的意見，這種形式的社論，便是所謂「建議性的社論」。所謂「報紙是人民的喉舌」，「報紙是具體而微的民意機關」，其主要作用便是通過了這種建議性形式的社論，而達到其目的。所以這種社論的形式，也是被運用得很廣汎，其所表現的報紙立場和態度，常常是很明顯的。

四 褒貶性的社論

對黑暗現象，墮落行為的抨擊，對優良事功，善良行為的鼓勵，是新聞紙的社論最重要的職責。因之，新聞紙的社論，必要時可以公正嚴明的立場，對社會的醜惡，加以無情的攻擊與批判；對政府的墮落行為，不良施政，加以苛刻的指摘。而另一方面，對善良的風俗，與公衆有益的行動，可加以褒獎與鼓勵。為了達到這一種使命，代表新聞紙態度的社論，可以絕對的立場，撰述褒獎式的社論，或者針貶式的社論。這種形式的社論，報紙主觀的立場暴露得最為明顯，直覺上給予讀者

的影響也最為深刻。所以，其發生的力量也最大。不過這種格式的社論，等於醫生用重藥，於必要時纔應用，不宜用得太濫，用得不安，弊端甚大。

2. 社論的特性

報紙上的社論，和一般文人做普通的文章是不同的，正如一個新聞記者的性格，與普通文化人不同一樣，它是有若干特殊性格的存在。普通的文章，題材範圍比較廣闊而自由，可以隨作者個人的興趣和好感，以確定其文章的題目與內容。可是，撰述社評便無如此優越條件，它的題材，是受相當限制的，便是它必須與最近發展中的時事密切配合，具體的說，必須與當天本報所刊出的重要新聞紀事，保持密切的連繫，也就是必須要把握住「時間性」這一個原則。如果一張報紙的社論，它不能遵守這個原則，那末這社論一定不是好社論，甚至不能稱謂是社論，而僅是一篇普通的文章而巳。比喩最近日本新任國民政府最高經濟顧問小倉氏抵華，重要的新聞紙，大都以小倉氏來華爲對象，分別撰著社論，這便是把握了社論題材的時間性，因爲小倉氏新任經濟顧問之職，對於中國今後金融經濟政策，必有重大影響。所以，報紙的社論，理應對這一個新動向發表意見，及提供期望，這是合理的。其次，社論的內容，立論必須切合實際。當然，在理論上講，撰述社論，即是必須「言之有物」，切忌「空談無骨」，普通報紙撰述社評，最易犯的毛病，就是不切實際。有若干報紙的社論，往往內容空虛，詞意稜模，一般的說，社論固然是社論，但社論的精義卻是非常薄弱，結果，僅有社論的形式，而缺乏實際的內容，祗能算是一種「節論八股」，離開社論眞正的作用，實有相當的距離了。

再其次是社論的文字技巧問題。社論的文字，必須要求樸素，簡明，有力，無論用文言來寫也好，用白話來寫也好，詰屈鱉牙的八股詞句要不得，新文藝的濫調，也是同樣要不得。社論的文字技巧，祗要把意思明白地表現出來，而且表現得有力量，所以，能做到樸素，簡明，有力三個原則，便算合乎理想了。至於詞藻的美麗等等，社論撰述方面，是並不重要的。

二 專論與特稿

新聞紙的「專論」，與「特稿」，其存在的作用，是補助社論的不足，以構成整個言論的態度，發揮輿論的使命。專論的性格，字數的伸縮性較爲自由，內容比較系統化和專門化，這是不同于普通社論之點。「特稿」的內容，以參考性及解釋性的資料爲主體，議論的成份較爲淡薄。社論，專論，特稿三種文字，是報紙發表言論的三個主要形式，在統一的報紙底言論政策下，密切配合起來，加以適宜的運用。

解 釋

報紙上的言論部份，除上述的社論之外，還有所謂：「專論」與「特稿」。專論是一種比較有系統性的專門文字，大體上說，它與社論沒有十分顯著的區別，也差不多與社論文字具有相同的性格，諸如內容必須把握時間性，反應現實時事等。但嚴格的講來，在中國新聞紙一般的習慣方面「社論」和「專論」之間，稍有若干不同之點，也許可以說僅是程度深淺之別而已。比喻，從形式來講，社論的字數，一般以一千字到兩千字爲習慣上的合理標準，超出兩千字以上的就很少。而「專論」在字數方面則可自由得多，一篇「專論」，遇字數較多，一天刊載不完的時候，不妨第二天再續下去。可是社論就不行，不論在理論上是不是合理，則，報紙的社論，一天登不完而第二天再續的論述，習慣上是很少見的。至於內容方面，社論因跟於字數，立論祇能偏重於原則方面摘要的論述，而專論則可以比較具體精詳地叙述，換句話說，社論的內容比較偏重於一般性，專論則比較偏向於專門性和系統性。比喻逢到金融界發生了一種重要危機的場合下，新聞紙的社論，祇能把這一危機的存在和趨向，領的方法，把它指出來，以引起一般社會人仕注意，如果要把這一個金融危機，從它形成的緣因，發展的過程，今後的趨勢，補救的辦法等，具體地加以論述和闡明，那就非用一篇「專論」的形式的文字來發表不可了。

一張具有社會指導性很濃厚的報紙，對「專論」的重視，並不下於社論。當然，專論固不必像社論一樣，必須天天有，但遇有重要現象發生的時候，應隨時發表有系統的「專論」，對這新發生的現象，加以精細的分析論述，以補助社論的不足。所以，中國的新聞紙，如大公報及申報等，除每天刊載社論之外，平均每星期有一篇「星期評論」發表，這所謂「星期評論」，便是屬於專論性質。報紙上的專論，除定期發表者之外，遇客觀環境的需要，可以隨時撰述發表，俾與經常性的社論，保持密切的呼應與連繫。

至於「特稿」，特稿這名稱，在新聞紙上有廣義的和狹義的兩種解釋。廣義的解釋，凡是一張新聞紙上刊載的特殊文稿，而為其他各報所沒有的，通可稱之謂「特稿」，便是表示係本報特有之稿件的意思。這裏所指的「特稿」，則是指另一種狹義的特稿，除社論，專論之外對新聞含有補助性作用的一種文稿。比喻說，最近日本經濟顧問小倉氏來華，報紙以「歡迎小倉顧問」為題，說明小倉氏來華的任務，及簡扼地說明中國民衆對小倉氏之期望等等，這是屬於社論：如果另以「通貨緊縮與物價問題」為題，說明目前中國經濟危機之前因後果，並提出具體意見，以貢獻於小倉氏作為處理今後工作之參考，則這篇文字，便是屬於「專論」的範圍；如果另以小倉氏個人寫對象對其個性學識、嗜好、經歷等等，加以引述和描寫，俾讀者對小倉氏有相當印象，則這篇文稿，既非屬於社論，亦非屬於「專論」，而是屬於「特稿」的範圍了。特稿性格之有別於專論和社論者在此。「特稿」一般大概以解釋性的文稿為多，所以，「特稿」內容所含的議論性格較少，而提供參考資料的性格則頗濃厚。

三 副刊與特刊

「副刊」與「特刊」對於新聞紙的關係，消極的是調劑讀者的興味和情緒，積極的負有教育性的和啓發性的作用。在新聞紙上所負的任務，與社論，專論，雖各不同，而其重要性則是一樣的。

解釋

報紙的「副刊」，顧名思義，是新聞紙記事與言論的附屬，所以，一般人俗稱「副刊」為「報屁股」，意思是說報紙上面的副刊，等於是報紙的一條尾巴，其存在是並無十分重要性的。其實，這種看法是並不正確的，我們知道，副刊對於報紙的功用，除掉消極地盡其調劑讀者的興趣之外，同時還存在着若干積極性的作用的。在某一種情形下，其意義與重要性，並不遜於新聞記事與社論。

第一，副刊對於新聞紙，負有調劑興味與調和報紙情調的任務，這是大家都知道的。因為新聞記事，社論，專論等，內容都難免淪於嚴肅和單調，因為這些記事，大都屬於硬性的記事，如果配上一個副刊，刊登些軟性的文字，使讀者讀了記事，社論，專論等比較枯燥的大塊文章之餘，可以調劑一下情緒，舒散一下思覺，好比大魚大肉之餘，搭配一些青菜蘿蔔之類，調調口味一樣，其作用是很大的，所以凡是一張報紙，祇要稍具一點規模，必定要闢出一部份地位來配上一個副刊。

不過，報紙上一個合於理想的副刊，除擔負了調劑讀者興味的任務之外，必須更積極具有教育性和啓發性的作用才好。在這一種積極性的意義下，副刊的地位，纔能突破了「屁股」的地位。而事實說明着，過去歷史上有許多新聞紙的副刊，如清末及民國初年期的黨報副刊，曾為革命運動，在側面盡了很大的力量。五四時代新文學運動的發軔，新聞紙副刊都曾盡過最大的努力。即以近代而論，若干重要的文化運動和思想運動，報紙副刊都曾擔當了論戰和啓發工作方面的重要地盤。因為報紙是每天發行的，所以副刊文字較之普通刊物和書籍，在對讀者影響上，更具有着有利的條件和作用的。所以，對報紙副刊的作用，不僅祇是為了消極地調劑讀者的情緒和興趣而已。

副刊的形式和性質，種類是很多的，一般的歸納起來，主要的祇有下面幾類：（一）學術性的，如過去民國日報的「覺悟」，時事新報的「學燈」之類。（二）純文藝性的，如大公報的「文藝」，新中國報的「學藝」等。（三）綜合性的，如過去文匯報的「世紀風」，和申報的「自由談」，新聞報的「小茶館」等。（四）娛樂性的，如過去香港星島日報的「娛樂」，現在新中國報的「趣味」等。

至於一個報紙，應該配上一個怎樣性質的副刊總好。這一個問題，是不能以機械的理論加以說明的，主要的要看整個報紙的政策而定。副刊的編得好，或者編得壞，與副刊的性質形式也無多大關係，而是主要的決定於主編者能力與手法上面的。所以，一張報紙的副刊要求精采出衆，主持的人的聘請最爲重要，在某一點上論，也許重要於一個普通的新聞編輯人員。因爲新聞編輯工作，尚有相當規例可循，而一個副刊的編輯，和文稿的拉集，就非完全仗力於主編者的修養能力來策劃不可了。

在報紙上，與「副刊」性質幾乎相同的，還有所謂各種「特刊」。特刊與副刊的關係，猶之於專論與社論一樣。副刊是比較經常性的，特刊則是相當定期性的（如周刊等）或是完全不定期性的（如紀念特刊等）。在習慣上，假使說副刊的內容是比較綜合性和通常性的話，則特刊內容是偏向於專門性和特殊性的。諸如通常在新聞紙上可以發見的：「婦女週刊」，「經濟旬刊」，「體育週刊」等，是屬於相當定期性的特刊；此外如「××紀念特刊」「××問題專輯」之類，則是屬臨時的特刊。特刊的主要作用，是爲強調某一問題，或爲補助報紙上其他言論文字方面的不足而存在的。

總之，報紙上的副刊和特刊，它和新聞和社論等內容一樣，是構成報紙內容主要的一環，假如說新聞是報紙的衣服，社論專論是衣服的領袖，那末副刊之類，等於是一件衣服的鑲邊和夾裏，任務雖各有不同，其地位的重要則是一樣的。

下篇

新聞紙的印刷

新聞紙的發生與存在，雖早於印刷術的發明，而現代化新聞紙的完成，則是新式印刷術高度進步後的成果。現代印刷術運用的範圍，已發展到很廣汎的階段，新聞紙的印刷，僅屬其一部份而已。不過，由於新聞紙本身具有的特性，因之，新聞紙的印刷，與普通印刷術，亦相當具有了不同的特性。新聞紙在印刷術方面最顯明最主要的一個特性，是「求取高速度的時效」，新聞紙印刷過程中，自鑄字，排字，拼版，以迄報紙印刷完成，一切都為「求取時速」底目的，而反映出新聞紙印刷術的各種特性。

解　釋

現代新聞紙與印刷的關係密切，是誰都知道的了。我們在上篇中已提及過，在現代印刷術尚未發明之前，雖然新聞紙早已存在和發生，可是，報紙完成了現代化的各種條件，則是印刷術發明後的事情。就是說，因印刷術的發明和發展，使新聞事業也展開了新的遠大的前途，而印刷術和新聞紙亦更發生了密切的關係，相互影響着而進步和發展。直到現在為止，誰都知道，一張現代的報紙，決不能沒有印刷的設備，而且，印刷技術的優劣和印刷工具的好壞，可以嚴重地影響到一張新聞紙的聲價和地位。尤其因新聞紙發展到最現代的形式之後，爭取出版時間的提早，銷路大量的擴展，成了現代報紙競爭上最重要的目標。而這些問題，都是和印刷問題最有着密切連繫關係的。

一般印刷術的運用範圍，已發展得很廣汎，新聞紙印刷，不過是其一部份。不過，新聞紙的印刷術，和一般印刷術，

在原理上固無不同之處，在技術運用上，則有其若干的特性，這特性便是所謂「求取高速度的時效」。本來，現代的印刷術原是具有高速度時效的特性的，可是在新聞紙印刷術上，這一種特性，更超過了一切的印刷術。所以，在新聞紙印刷各種過程中，處處都反映了這一種特殊的性格。

新聞學與印刷術，本來是兩種獨立性的知識，在新聞事業中，則成了混合的應用。新聞印刷術，變成了印刷術的主要一部份，而印刷新術也同時成了新聞學的一部份。因之，凡是經營報業的，或是從事新聞工作的，雖然不是直接參加印刷部門工作的，亦需要對印刷術有相當了解，特別對於新聞紙印刷有關的各項技術，要有具體的了解，這對於完成一張理想報紙的工作，是很有關係的。

想辦好一張報紙，必須要有一個良好的印刷機構，這正和需要一個組織完善的編輯機構一樣。現代報紙主要特色是大量生產和形式美觀，這都要與印刷術發生最密切關係。至於一個新聞社，應該具有怎樣的印刷設備，和怎樣的管理方法，纔能獲取新聞紙印刷上的最高效率？關於這一點，是要根據實際情形的不同而不同，不能一概而論。比喻每日發行百萬份的和每日發行一萬份的報紙，印刷工作的技術和配備就完全不同，對開型報紙和四開八開型報紙的印刷設備，和設備的配置，情形是完全不一樣的。不過在新聞紙印刷的理論原則上，我們可以這樣說．一個新聞社，根據需要的情形，配以切當的設備，以最合理的人事管理，使印刷工具，由於印刷工作者的最高明的技術運用，在不浪費任何物力人力的條件下，以發揮其最高度的工作效果。這是一個新聞社印刷工作部門最理想的工作目標。

關於新聞紙的印刷工作，茲再各方面細述如下：

一　鉛字的鑄造

鉛字的鑄造，是印刷部工作的基礎。現代印刷上應用的鉛字，都以機器製造，較之過去的以人工鑄字時代，速度大為增加。報社印刷部為求鉛字鑄造的便利計，需要自備各項鉛字

銅模，但小規模的新聞社，為財力物力所限，則可仰求于鑄字公司的協力。目前在中國所最通用的鑄字機，為日本式的「萬能鑄字機」和美國式的「湯姆遜生字機」，最高速率，每小時可鑄造鉛字四十磅左右，較人工鑄字約增速六倍至十倍。

解釋

印刷部最初一步工作，是應用鉛字的鑄造。普通一張新聞紙，最初創辦的時候，印刷部必須要先把足夠應用的各號各體的鉛字澆好，足夠應用的數量作為應用上的基本鉛字。鉛字在應用的過程中，消耗性很大，所以除整批鑄就的鉛字外，同時必需隨時添鑄缺門的鉛字，或者鉛字次數用得過多，字面模糊的時候，隨時要加以更換。因之，報紙的印刷部，須準備有相當效率的鉛字鑄造機器，俾得隨時將鉛字補充，不致臨時有缺乏之虞。

1. 鉛字製造機

鉛字的鑄造機，中國新聞社在過去十年前，多是應用一種手搖的鑄字機，速率較低，且製造的鉛字，很不平勻精確，而且鉛字從機器中鑄造出來之後，屁股上還帶有一段廢鉛，必須另由人工加以磨平，始克應用。但到目前，稍有規模的報社，大都已採用一種自動鑄字機，速率快，鑄造的鉛字也均勻美觀。在中國普遍採用的，一種是美國「湯姆生」式鑄字機，另一種是日本「萬能」式鑄字機，普通一架自動鑄字機，其速率每小時約可鑄造四十磅左右之鉛字，不必再加琢磨，即可使用。其生產速率，約較普通人工鑄字快速六倍至十倍。

2. 鉛字的銅模

在印刷部門，與鑄字有密切關係的，是鉛字銅模的製備。鉛字的鑄造，除機器之外，便是銅模，即鉛字模型。銅模是根據普通鉛字的號體，每一號鉛字，有一付銅模，所以，一個設備完善的印刷部，最理想的是所有需要應用的各項鉛字，都置備好一付或一付以上的銅模，以備充分供給需要。不過，銅模的價很貴，全部購置，在一般新聞社的經濟能力上是不

可能的，而實際上，有許多冷門鉛字，不一定要自備銅模，普通新聞社印刷部對於銅模的配備，一方面是根據本社的經濟情形，一方面主要根據所應用的鉛字冷熱門情形來決定的。比喻說，十年以前的中國新聞紙，排新聞用得最多的是老五號鉛字，排新聞標題用得最廣的是大號和四號鉛字，目前中國新聞紙鉛字用得最廣的是新五號和六號，以及標題的四行字，新二號，新四號等字體，因之，這幾種鉛字模型，便有經常配備的必要。這些鉛字便是所謂「熱門鉛字」，用得最多的鉛字，如果本報不準備一付銅模隨時鑄造，排字間便會常常發生缺字的困難，足以影響報紙印刷上的速率。至於其他較冷門的鉛字，可事前向鑄字所去委託代鑄，不必自備銅模。如現在上海的「華豐鑄字公司」，便是專門替各印刷公司及報社印刷部代理鑄字事務的。鑄字公司所備的銅模，大體各色均備，可以充分供給印刷部門的需要。所以，有許多印刷設備簡單的報社，也有根本不自備鑄字機，而把鉛字的供應，完全仰求於鑄字公司。

3. 刻字與鉛條

在鑄字部門，還有一種「刻字」的工作，這刻字工作，除應付報社廣告部特殊字體的木刻等等之外，如遇到特別冷門的字彙，而為普通銅模所沒有的，諸如筆劃太多的字，構造太古怪的字，或者簡筆字，新體字等等，於是就非用人工來刻鉛字不可了。所以普通報社印刷部，都僱有技巧熟練刻字的工人，以應付此項需要。

附屬在鑄字工作部門的，還有鉛條的鑄造。現代鉛印方面應用的各項鉛線條，最進步的都是用機器來鑄造，故成品精細美觀。不過，鉛線的花色繁多，澆鉛條的銅模價值極貴，故中國一般新聞社印刷部，除少數大規模的報社外，用機器及銅模鑄鉛條的很少，多是人工鑄造，尚可免強應付。所以在習慣上，印刷部鑄字間的工人，都得附帶擔任鑄造鉛條的工作。

二 排字與拼版

鉛字的撮排和拼版，是印刷部的主力工作。現代印刷術和機械工業發展的結果，西洋新聞紙鉛字的撮排，均已利用機械來執行，準確而迅速。中國新聞紙的撮排，由於字彙的複雜

性，泛尚未能運用機器，而仍逗留在全部依恃人工的階段。從鉛字的攝取，到一個新聞版面的拼合完成，其間需經過不少的手續。印刷部鉛字拼排工作的完善進行，主要的有特於工場設備的合理精密的設計與配置，以及工作人員的熟練技巧。尤其是後者，因為中國排字的工作，全部依賴于人工的執行，故欲求工作的完善，對工人的技巧訓練和組織生活，自有加以特別注意的必要。

解釋

報社印刷部的基礎工作是撮字和排字，這一種工作，在印刷部門中，是種很龐大複雜的工作。由於現代科學的昌明，西洋各國對於印刷鉛字的排撮，均已利用機器來執行，減去了人力上許多麻煩，使工作的效率大大的增加。如著名的「資諾式」單行排字機，把排字和鑄字手續，可以同時完成，迅速而經濟，祇要一人司機，可抵六個人排字的效果。中國字因字彙太多，太複雜，不像西洋英文阿拉伯字那麼簡單，所以華文排字機的完善創造，直到現在還未成功，雖然仍有人在繼續不斷研究中，但中國字彙，由於上述種種困難點的存在，要創造一架像西文排字機一樣靈活的華文排字機，恐怕還不是最短期間可以實現的事。因之，中國印刷排字工作，依然須全部恃人工來擔任。

1. 鉛字的按置

在印刷部排字房內，最重要的一部門工作，是鉛字的按置和排列。普通一個印刷部裏，所佔地位最大的便是鉛字的架子。印刷部的鉛字，由鑄字間鑄成後，用架子分門別類的陳列起來，以便利撮字工作的進行。關於鉛字排列的方法，以中國字彙太多太複雜的關係，在習慣上，歷來都是根據康熙字典的部位字來分類，以後進步為「念四盤」和「部位盤」兩種，在工作進行上便迅速了不少。「念四盤」和「部位盤」混合運用的辦法，過去商務印書館印刷部所設計的鉛字架排列法，可以作為一種代表性的標準。

所謂「念四盤」者，便是從全部部位字中，揀其通常應用最廣汎的字彙，集合在一起，陳設在一個架子上面，與其他部位字間隔開來，這樣便節約了排字工人許多精力。至於「念四盤」字彙標準，歷來視應用情況的變遷而變遷，沒有絕對的標準，各個印刷部可視本身實際需要情形，酌量加以修正或增減。茲將目前一般新聞社排字房所應用的新式排字架廿四盤字彙（共計約九百廿三個字）抄錄如下：

但	作	何	仍	亦	亡	云	予	平	也	久	乃	並	世	下
凡	再	其	免	僅	傷	個	做	倆	個	俱	倂	例	使	位
又	即	區	勿	品	勞	包	募	到	包	古	初	初	依	函
單	啓	吾	否	吉	場	台	另	古	執	均	可	取	列	及
奉	太	君	商	堂		坐				址		圓	友	喜
土													嗣	

寸	寶	寄	容	害	室	客	宜	安	子	始	安	好	奪
常	帝	布	已	已	川	山	居	屬	尺	就	尤	尚	獎
必	心	復	得	彼	式	廠	幾	幹	干	幸	幣	專	將
拜	打	手	戶	戒	或	店	惟	恆	悉	恩	急	幫	帶
普	易	昌	施	料	效	故	擬	擔	授	愛	忍	忽	志
						數				據	振	按	投

表	代	派	推	議	會	會	委	府	治	政	央	華	中	中
補	候	長	市	省	縣	訓	員	交	涉	黨	民	國	國
力	努	舉	選	組	練	訂	機	對	主	副	正
由	自	放	解	織	立	獨	關	反	擁	歡	席	壹	駿
紀	念	備	召	籌	集	信	共	建	設	任	眾	合	革
							仰					平	和	命

從	服	督	監	揮	指	領	導	兵	官	令	司	統	總	閣	內
艦	隊	軍	彈	砲	揮	袖		抵	突	衝	戰	空	航
嚴	戒	駐	榮	光	槍		侵	抗		線	爭		防
宋	汪	朱	王	條	制	敗	略	攻		轟	守	陣	犧
顧	陳	陸	楊	孫	蔣	退	進	絕		斷	破	壞	牲
					劉	馮		徐		周	胡	李	沈		吳

新聞紙的印刷

表一（自右至左）：

馬口	羅漢	林港	柏香	黎重	巴浦	約部	紐首	敦海	倫上	俄亞	義洲	德歐	法科	美斯	英莫
魯訊	皖通	贛電	慶鄂	湘鐵	桂路	粵消	閩,江	黔鎮	演新	京渝	廣州	洲杭	嘉蘇	島海	青滬
題	問	訪	訪	消	探	息	宣	傳	聞	載	浙	記	社	登	報

表二：

一廿	一百	一千	二萬	二元	三元	三角	四分	四分	五兩	六之	七之	八之	九人	十人	十人
大至前	大至後	小於左	小於右	而有東	而有南	不寫西	不爲北	所各甲	所各乙	不是丙	以是丁	以同春	如同夏	此時秋	此時冬

表三：

學校	敎育	育論	先言	生語	男談	婦話	女成	智識	識續	演覽	說提	護倡	態運	度動
研究	討書	論畫	言考	語試	談調	話希	思想	想參	宗旨	戲劇	劇的	倡吾	運樂	動怎
圖規	則這	資只	格吧	驗呀	介呢	紹嗎	參什	我	你	了他	了們	的那	吾着	些裏

表四：

國體	租界	職工	部局	巡捕	房案	屋訴	公綏	私緝	捐刑	稅罰
警署	佈告	檢核	呈准	察救	審濟	判強	控盜	訟劫	緝竊	刑匪	罰徒
律師	父母	夫妻	兄弟	聲求	明眞	脫假	離家	家秘	借善	債惡	糾紛	變化
父犯	母性	夫實	妻遺	兄失	弟徵	聲求	明眞	假秘				

新聞學

商	務	往	來	去	種	類	名	稱	金	銀	錢	股	票	價	目
收	付	款	項	預	保	營	狀	洋	行	買	賣	貨	費	物
旅	館	汽	車	輪	船	保	險	董	事	員	經	章	程	存	根
多	少	出	入	製	造	器	具	確	實	鐘	點	發	第	號
敗	良	供	給	特	別	招	待	接	洽	便	利	達	範	圍

日	日	月	年	星	期	今	昨	晚	夜	午	早	晨	陰	陽	歷
本	本	天	天	地	現	在	注	意	精	神	影	響	情	形
完	全	決	定	承	認	增	加	禁	止	緊	要	繼	續	維	持
計	劃	協	助	秩	序	困	難	積	極	辦	理	詳	細	比	較
迅	速	堅	固	原	因	方	面	結	果	文	武	水	火	遠	近

日	更	最	曾	木	未	某	棄	概	橋	檻	欠	次	欲	歸	死
殊	毋	每	氏	永	河	泰	流	深	清	滿	無	烟	照	然
爾	片	獲	玉	班	甚	用	田	申	留	異	畢	白	皆	盆
盡	直	看	相	知	石	礙	礙	示	祥	祗	福	禮	稟	移	稽
竟	答	等	管	節	米	紅	紙	終	紳	置	習	老	聽	能	臣

臨	致	與	興	舊	色	花	苦	若	文	著	落	茲	蓋	衆	處
血	衣	被	術	街	衙	見	視	親	託	許	誠	該	諸	謂	誰
轉	謀	諭	謹	證	譽	財	赴	起	足	身	追	送	週	連	道
遑	逐	遇	過	遣	還	邊	非	錄	醫	門	開	問	閱	阿
附	限	除	隨	雖	非	須	顏	願	頭	風	食	飭	餘	高	黃

廿四盤字彙次序排列法，和部位字的應用範圍，一般印刷所和新聞社排字房的情形稍有不同。一般印刷所的字架字彙的排列，廿四盤自部位字中選出來之後，其排列次序，大體仍是依據一般部位的次序排列，而新聞社排字房的廿四盤字格排列次序，則並不根據部位的次序，而是以工作上方便寫標準，加以重新的改編。比喻「國民」，「政府」，「委員會」，「組織」，「甲乙丙丁」，「強盜」，「搶劫」，「火燒」，「紀念」，「機關」，以及「南京」，「上海」，「東京」，「柏林」等地名，凡互相有密切關係的字彙，放在一塊，這樣，排字工人在撮取這一個字的時候，別一個有關的字彙也可隨手而得，不必再根據部位去尋找，可省了不少時間和手續。這種鉛字編排上的改良，確增加排字工作效果不少。此外，部位字字彙應用數量，新聞社排字房所運用的，也不如一般印刷所排字房那麼廣繁。因爲一般印刷所，許多冷門的字彙，都要應用，比喻規模大的印刷機關，要排印字典字源，以及其他醫學科學等專門性書籍，各種特別古怪的字彙，都要用到，因之，這些字彙的字彙，也必須放到字架上去。新聞紙上普通應用的字彙，比較通俗而大衆化，冷門的字彙，便用不着，因之，鉛字架上的鉛字，就不必像一般印刷所排字房那樣排得多，鉛字架子的面積可以縮小，字彙的數量也可減少，排字工作效力，可以增進，這又是新聞社排字工作方面的一個特點。

2. 字架的設計

由於新聞社排字上這些特點的存在，所以一般有所謂新式改良字架和字盤的設計。該項字架，計身高約四尺三寸半，脚高一尺五寸，闊度三尺六寸半，上下共分十八個大欄，中置橫棧房盤一層（即所謂「棧房」），廿四盤字彙中特別熱門的字彙，諸如「之」「的」「了」「中」等，一個盤中所容納的鉛字數量往往何不敷周轉，故另關一棧房，專放置此項特別熱門字彙，俾廿四盤中放置的鉛字用完時，即向棧房撮取，可不致臨時就誤時間）。下部利用脚高部份，製成短柵，以供儲藏排字房其他材料之用。新式改良字架繪圖樣如第一圖。

一個改良字架，可容納廿四盤字盤十二隻，部位字盤卅四隻，另可附預備盤兩隻，全部計約可容納字盤四十八隻。新式改良字盤的設計，念四盤每個約高七寸七分，闊一尺二寸二分，每盤格子共計八十格。部位盤尺寸與念四盤同，每盤格子共分一百五十格，棧房盤高五寸二分，闊一尺二寸二分，每盤格子計卅二格。

新聞社印刷部排字房的鉛字,除基礎鉛字如四號字新五號字六號字等外,大號以上的大鉛字特別多,所佔地位亦極大,對於字盤分格,也有所變更。至於標題鉛字的按置,規模大的印刷部,房屋寬大,祗要多放置若干字架,即無多大問題。如果賜地狹小,不可能多放字架的時候,普通是採取「行頭字箱」的補救辦法。即不用字架,而把行頭字按置在一種特置的箱櫃裏,這樣可以節省不少地位,工作上亦無不方便。現在一般新聞社排字房,對於行頭鉛字的按置,都採用了這一種方法。行頭字箱的抽屜亦分廿四盤和部位盤兩種,每一隻字箱的上部為廿四盤,下部為部位盤,每個抽屜長約一尺六寸二分半,闊一尺二寸二分半,高連底一寸二分,格子木條七分,抽屜端檔長寸許。念四盤每個抽屜豎橫各分九格,部位盤豎九格,橫十六格。茲繪行頭字箱的形樣如第二圖。

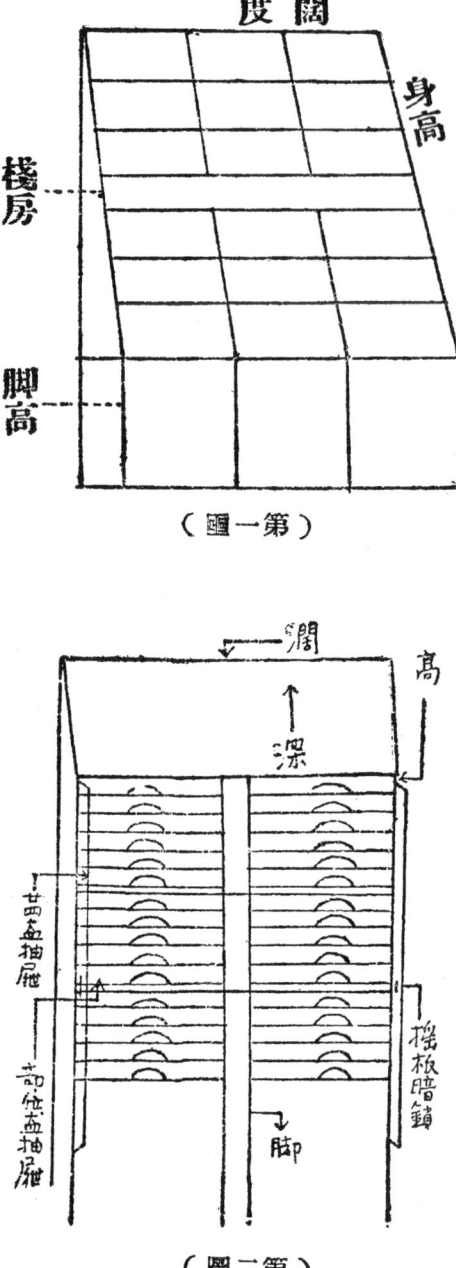

(第一圖)

(第二圖)

每一個印刷部所應該配備多少字架，和鉛字多少，則視報紙的篇幅情形而定。以每日出版一大張的新聞紙爲標準，約需廿四盤五六副，部位字二三盤，即可應付。廿四盤和部位盤的配搭，普通大概兩副廿四盤，配上一副部位字即可應付，也有三副廿四盤，配用一副部位盤的，廿四盤鉛字，在排字房裏處於主力的地位，排字工人應用字架，如地方寬大，以一個工人用一副鉛字，自屬最爲理想，但普通都以二人合用一副爲多，印刷部地位太侷促的，也有三四個人合用一副鉛字架。

印刷部的排字房，鉛字按置問題之後，接着便是撮取鉛字的問題了。排字工作在撮取鉛字過程中的工具是「手盤」，「手盤」普通都是銅質的，取其光滑而耐久。在排字間通常應用的銅手盤，計分大號，中號，小號，最小號等數種，大號是撮長行新聞或大標題字用的，小號是撮短行新聞或小標題時用。

排字工人分得了新聞原稿之後，便根據編輯人所批示的字體和長短行，拿了銅手盤到字架上去開始撮字。普通一個排字工人，以新五號字爲單位，大概每人每小時可撮一千個毛坯字，六號字則祇能撮八百個字左右，技術純熟的高手，最多每小時可撮新五號一千一百字至一千二百字左右。普通排字工人，以每日平均工作八小時論，約總共需撮毛坯鉛字三千個邊毛坯鉛字三千個，（因爲鉛字用過後，必須還原鉛字架子上去，以備再用。）共約計六千個字的工作速率。

排字工人把一段新聞稿撮好，從銅手盤拿出來，用麻線圍扎好，便是所謂：「毛樣」，接着將這毛坯樣打了小樣送交校對室去校對。初校完了交還排字房，由專責敗樣的工人，根據校樣，將毛坯上的錯誤改正，再打清樣，送校對室二校，一方面即將改正後的毛坯樣推進特製的「鐵盤」，準備排版。該項鐵盤，有大小兩種，大鐵盤面積長約一尺九寸，闊一尺五寸，可容納對開報紙的版面。小鐵盤長約一尺三寸半闊一尺，可容納四開報紙的版面。這種鐵盤，是專門用作拼版的。

3. 拼版的技巧

在排字間裏，執行拼版工作的，大抵是由排字間的領班人物來擔任，因爲拼版的好壞，與編輯技術關係非常密切。一張報紙的版面的完善，美觀一方面由於編輯人員的設計策劃，一方面有恃於拼版工人的技能手術，如「接頭」，「轉角「

，大小標題的湊搭等等，編輯者有時是不能計算得很正確周到的，臨時發生拼版上困難的時候，便得由拼版工人幫助解決。所以，拼版工作例須由有經驗的工人來擔任，而且拼版工作的進行，不但要技術高明，兼需動作敏快迅速，因為新聞紙的出版，在時間上的爭取非常重要，到版面完成，最熟練的工人，在二三十分鐘內便可完成，普通在一個小時之內，無論如何要拼好，否則對新聞紙的出版時間，便有很大的影響。

老練的拼版工人，對於拼版手續的按排，必先處置得有條不紊。比喻說，一塊版子裏，總有若干是固定性的東西，諸如廣告，銅圖，特欄等，這些東西，可以預先排好地位，以等候編輯部的新聞稿發齊，時間就不會貽誤了。當一塊新聞版面拼完竣之後，再由工人把清樣加以校正。然後打大樣，送編輯部人員檢看，再根據編輯部在大樣上指正的錯誤，加以改正後，排字間的工作，便算是告了段落。

三　紙型與鉛版

打紙型與澆鉛版，是現代印刷術進步的一種專門技術，在現代新聞紙印刷工作上，佔了很重要的地位。打紙型與澆鉛版，普通運用的有兩種方法：一種是人工的，另一種是機械的，但一般中國新聞社印刷部的紙型和鉛版的澆鑄，大多仍逗留在人工澆版法的階段，這是與整個中國新聞事業的發展趨勢上的技術落後，具有密切關係的。

解　釋

排字間把一塊版面拼好，以後的工作，是屬於紙版間的事情了。排字間把完整的版面鉛盤移到紙版間，由紙版間的工人，先把鉛字版面用火油或軋司令洗刷乾淨，鉛字面上或字縫間如果留下汚物與鉛碎雜物，打出來的紙型便不平服。洗淨版面，把鉛字版面凹入上太深的空隙，用較厚的馬糞紙條分別填平，俾免澆鉛版時呈過分凸出狀態，印刷時會發生模糊等情。以後再在鉛字面上，舖洒粉末，防備紙型與鉛字的黏着，最後把紙型原形紙舖上去。

1. 人工紙型法

目下通常應用的打紙型用紙有兩種：一種是已經製成的紙型原紙，用這類紙打紙型，祇須把紙型放在鉛字面上即可以。另一種是用薄型紙臨時製造的。前一種原紙型價錢較貴，如果是用機器壓紙型，就非用現成紙版不可。人工打紙型，則大多是採用一種方法，前者成本較貴，後者則較便宜。人工打紙型，工人的技術就大有出入。人工打紙型，是用一隻長形的特製毛刷，在濕軟的紙型原紙上，作適當的敲擊，敲擊時的輕重週到與否，對於澆出來鉛版的清明與否，大有關係，所以，非要有多年經驗的工人，不克擔任此項任務。通常這一個工作，都由紙版間的領班來擔任。

2. 機器紙型法

至於現代設備較完善的大新聞社印刷部，大多已採用機器打紙型的方法。機器打紙型，自較人工紙型法便利得多，普通人工打一張紙型，約需時二十分至半小時，如果用機器打紙型，三五分鐘即可完竣。人工的紙型法，在打好紙型後，還得在烘紙版機上，用瓦斯加以烘乾，始克澆版。機器打紙型，則可於加壓的時候，同時即可烘乾。此外如銅板鋅板等，因爲花紋精細，人工打紙型，壓力小且不均勻，紙版上便不易明顯，祇有把銅鋅板原底黏到鉛版上去，但這種辦法，既不經濟，又費時間。如果用機器壓紙版，壓力大，可使銅鋅板花紋，纖微畢露。此種機器紙版機，在中國有德國的Frankenta]l式，瑞士的Winkler式，以及美國的Wesel式數種。不過目前中國規模大的新聞社很少，除極少數的新聞社之外，大部份仍用人工方法來打紙型的。

3. 鉛版的澆鑄

紙版完成之後，接着是澆鉛版工作的進行。鉛版的澆製，比較舊式的方法，手續較麻煩。捲筒的印刷機，需用捲筒澆版機，平版機則用平版澆版機。鉛版澆成後，必須經過修削的手續，把鉛版上不平服的，或者不需要的部份，完全加以修安，然後始能放置到印刷機器上去。比較老式的澆版機，大部都得由人工來進行，所以，一塊鉛版由澆成到修好，祇少要一刻

下篇　新聞紙的印刷

鐘，多則半小時。如果用最新式的澆版機，一切由機器來執行，則每分鐘能澆修鉛版三塊之多，其速率不可同日而語。不過，在實際上，中國大多數新聞紙的印刷澆版技術，還是逗留在半手工的狀態，與科學先進的國家比較，祇少要落伍到半世紀以上的時間。

最新式的澆版機有英國式的 Junior Autoplate and Autoshaver, Pony Autoplate。瑞士式的 Automatce Casting Machine。德國式的 Ganzautomatische Stereotypie Einrichtung 等。現在澆鉛版主要都是用鉛寫原料。此外還有所謂「電版法」的，用銅，鎳，鋼等原料來製版，不過，這種澆版法在世界各國應用者很不多。出品固然精巧，但成本太高，所以用鉛來澆版的方法，是最爲普遍。新聞紙印刷澆版方法，對於印刷數量較多的新聞紙纔應用，如中國內地，較小城市的新聞紙，印刷數量不多，澆版設備無力裝置，類多仍用原鉛字配上平版機器去印刷。好在，因印數不多，鉛字的損耗尙小，亦就可免強對應過去了。

四　印報與印報機

應用於新聞紙印刷的機器，通常的有兩種：一種是捲筒式印報機，另一種是平版式印報機。前者一種適合於大量發行的報紙，後者則適合於日銷萬份以下的內地新聞紙。

印報機之於新聞社，是種最重要的生產工具，對於印刷機的如何選定，如何管理，如何運用，是直接地或簡接地與整個報紙的印刷方面，發生着決定性的影響作用的。

現代新聞社應用的印刷機件，它的構造和它的管理，都成了一種非常精密的科學技術。世界各國新聞事業先進的國家對於印刷機器都已加以最進步的應用。中國因爲工業生產落後，整個新聞事業不發達的種種原因，對於印刷機器的運用，大體只都處於落後的地步。對於今日改良新聞事業方面，是個值得重視的問題。

解釋

報紙的印刷機，種類甚多，以形式來分，有平版式的，有捲筒式的。辦一張報紙，應該用怎樣一部印報機，主要得根據報紙本身的銷路和規模來決定，大概日銷壹萬份以內報紙，用平版機印刷，即可免強應付，如果日銷萬份以上，則非用捲筒機不可了，否則印刷時間所耗太長，頗影響報紙的出版時間。平版機和捲筒印刷速率的差度，普通大約五倍至十倍，也有十倍以上的。不過同樣的平版式印報機，或同樣的捲筒機，因年齡及構造不同，速率和效果，亦有很大的差度。

1. 中國新聞紙印刷機的應用

以中國新聞紙印刷機來講，中國是個機械工業落後的國家，印刷機器亦如此。大都市的少數幾張規模較大的報紙以外，大多數地方報紙，都沒有自備的報紙印刷機，而多就印於普通的印刷所。一般印刷所的機器，亦都是因陋就簡，對於新聞紙印刷上特種性能，類多是顧不到的。其他普通都市性的報紙，雖亦有自備印刷機的，以報紙銷數不廣，也以用平版印刷機者爲多數。至於上海，南京，北京，漢口等大都市的報紙，銷路突破了萬份以上的，則多採用捲筒印刷機，以配合實際的需要。不過，這些捲筒機在世界報業印刷技術方面比較起來，可說都是最落後陳舊的捲筒機，平均每小時僅可印一萬份至二萬份左右，世界最進步報紙的印刷機，如日本的朝日新聞社印報機，和英國每日郵報的印刷機，每小時印量已超越了十萬份以上，相互比較起來，殊有大巫小巫之感了。

中國新聞社的印刷工作因機器的簡陋，其應用上的艱苦情形，實不堪言狀，與其因機器的簡陋，不得不以加倍的人力來奮鬥，以補其不足。如以事變後的上海新聞界情形而論，有幾家報紙，當然日銷數萬份，但他們的印報機，却是最不良的，在印報的進程中，常有朝不保夕之勢。記得有一家報紙，雖然日銷三萬份以上，而它應用的印機，却是日本某地方報紙已經用了三五十年以上的一架捲筒機，在出版的第一天，幾乎就出不了報，臨時費了九牛二虎之力，纔把創刊號的報，免强印出來，可是又就誤了一小時以上的出版時間。這種情形，主要的當然與新聞紙的經濟基礎有關，但是，由於中國新聞事業，一切尚未走上比較合理的軌道，經濟條件自然無法優越化，印刷機設備上的困難，當然

下篇　新聞紙的印刷

一六五

一時也無法解除。因之，中國新聞紙印刷工作方面，大體上都是在一種近乎「奇蹟」的困難狀態裏面苦鬥中。

不過上海幾家大報社如申報，新聞報，為前上海時報社的印刷機，其設備規模較為宏大，以上數家的印刷機，可以說是中國報界所應用的最新式印報機了。尤其是時報的機器，同時可套印兩種以上的顏色，為中國報紙印刷史上的一特色。可是，由於中國新聞事業基本上的不發達，即使少數具有很好印刷設備的報社，也未能把設備的機器性能，充分的加以應用，而內地的報紙，則設備簡陋不堪，這實在是中國新聞事業一個很嚴重的現象。新聞事業的發展，與報紙印刷技術和印刷機器設備的配置，是具有非常密切關係。中國新聞事業是落伍的，所以報紙印刷設備的落伍，自然其有着相互的因果關係。

現在，離開中國新聞紙現實的立場，對世界報業應由印刷機的一般概況，加以說明，以供參考。

2．進步的報紙印刷機

現代世界報業趨向一個主要特徵，是大量的發行。所以，今後報紙印刷機的配備，當然是以適合這種客觀需要的高速度週轉印報機（即捲筒機）為應用的主體。現在世界各國由於新聞事業的迅速發展，對於報紙印刷機的製造，種類紛繁，單以美國一國而論，專門製造印報機的公司，就有五家之多：(一)何氏公司（Robert Hoe & Co.），(二)斯高脫公司（Walter Scott & Co.），(三)高斯公司（Goss Printing Press Co.），(四)杜關歷公司（Duplex Printing Press Co.），(五)伍特士公司（WoodNewspaper Machinery Corporation）。此外如德國，瑞士，日本等國家，在此次戰前，均有新式印報機的生產，不過在近二十年的世界報業中，印報和製造及推廣方面，以美國為第一，各國報紙採用者亦最為普通，茲將美國製的幾種比較代表性的印報機底性能，說明如次，以供參考。

(甲)何氏卅二頁週轉印刷機（Hoe Simplex 32 Page Potary Web Press）世界各國中型的報紙，多採用此式，每小時可印日出四頁至八頁之報紙三萬份。如遇報紙銷路增加時，可於原機上增加若干設備，印數尚可相當的增加。

(乙)何氏高速度週轉印刷機（Hoe Double OctupleNewspaper Press）這是種大量生產的印刷機，適用於日銷百萬份以上的大規模新聞紙的印刷，現歐美大新聞社，很多是採用此類機器。這種機器，身體面積甚大，構造複雜，是

由許多單位的捲筒機連合起來所構成，每一個單位，可印十八頁，全部機器可印百廿頁之多。此種機器最大的特點，便是可以局部開動，也可以全部開動，而且可以套印四色以上的彩色。日本朝日新聞，每日新聞等印報機，即根據這種機器改良設計而成。

（丙）高斯高速週旋印刷機（Goss High Speed Rotary press）這種機器最大的特點是速度高超，每小時可印報達十六萬份左右，而每份報紙的頁數，多達六十餘頁，其速度之高，可想而知。

3. 近代印報機的改良趨向

近代報紙印刷機的製造和改良趨向係為橫層式的設計，改為單位式的設計，如此，不但在工人管理機器方面，可以較為便捷，且遇需要添加印報機時，橫層式的就無法再向上累積，而單位式的則可儘量向左右前後擴充。次之，最新式印報機器，對於鉛版裝卸地位，均置於適當高度，不太高，也不太低，以便於裝卸。鉛版的橡皮滾筒，亦由兩個鉛版長度，擴充為四個鉛版的長度，以增加印刷的能力。印報機上的摺報機部份，是印報機中最重要部門之一，比較舊式的印報機，係採用線帶式的摺報機，在新式印報機上，則完全改用圓筒式摺報機，摺疊的方法，亦由三疊而改為兩摺。同時在摺報機上，附有計算機，隨時可以知道印報的數量，而且自動的會將相當數量的報紙，做下記號，以便利發行工作之進行。新式印報機，對於捲筒紙的應用，舊式的印報機，必須將捲筒機高高吊起之後，始能設法引入印機中。新式印報機，對於上昇以引入機內，既可保持紙面的清潔，且增加了便利，並可在機器開動時，自動換紙或續紙，不必將印機停止，此外並有特殊的裝置，以防止中途斷紙的毛病。

印報機供給油墨的方法，舊式的機器，多利用膠棍向墨槽汲取油墨，經過膠棍間相互滾動的調和，俾墨色均勻地鋪刷於鉛版。但最新式的印報機，則用特殊的裝置，能按照機器開動時的速率，自動的將墨油調勻後流鋪於鉛版上面，效果特佳。印刷機器內的膠棍，亦為構成印機的主要物件，過去一般的膠棍，缺點頗多，諸如膠面不平，空隙太多等等，因之調和油墨時，不易均勻，且因膠質有伸縮性，遇氣候過冷，則膠質轉硬，失其彈性，遇氣候過熱，則易溶解，不堪久用。現在最新式的膠棍的製造，藉空氣壓榨的力量，使膠汁內膠棍模型的底部，昇入模型中，製出來的膠棍，異常光潔，內部也

無絲毫孔隙。此外，美國Ideal Roller公司利用油類製成的膠質，可以經寒熱而不變，其耐用性就大大的增加。此外如利用電鈕以控制機器的動作，捲筒紙的運輸，和印就報紙之輸出等，亦運用特殊之裝置，使工作盡量增加其效果，加速其時間，以節省人力，使報印新刷工作，愈益接近最理想的境地。

五　印刷報紙的材料

印刷一張新聞紙，所需要的材料範圍很廣汎。大體的歸納起來，有兩部份：一部份是主要材料，包括：（一）報紙，（二）鉛合金，（三）油墨等三項。另一部為補助材料，包括汽油等。中國新聞紙印刷用的紙和油墨，大多仰給于國外的供給，自製的質和量均不佳多，此亦構成中國新聞事業不能自主發展的一個大因素。

解　釋

印刷報紙所需用的材料，主要的為：（一）報紙，（二）油墨，（三）鉛等三種。次要者尚有紙版，汽油等等，茲分別叙述如次：

1. 白報紙

白報紙是印刷報紙最重要的一項材料，也是報紙印刷部門消耗量最鉅的一項材料。以中國新聞紙紙張的供求情形來說，在這次戰事發生之前，中國新聞紙大部份係由加拿大方面輸入，其次為瑞典及日本方面的輸入。中國自造的報紙，質地較劣，數量亦少，且祇能製造平版機用的白報紙，捲筒紙尙不能自造，在事變發生以前，中國原巳籌備在溫溪地方建設造紙廠，專製新聞紙用白報紙，但以戰事關係，停止進行，故迄今捲筒白報紙不能自造。此次戰事擴展後，加拿大及瑞典方

面報紙，無法運來，主要的都仰求於日本方面的輸入。內地方面報紙，以國外報紙供給完全斷絕，都已改用土紙印刷。報紙的價格，在民國廿五六年間，每令約價五六元左右，迄至目前，白報紙已漲達六千元，中國製天章灰報紙每令亦達四千餘元（卅二年五月份價格），報紙來源減少，價格飛漲，影響新聞紙的發展甚大。惟在戰爭期內，此乃不可避免的現象。

報紙的生產，為新聞紙事業發展主要條件之一，現世界重要各國，均有大規模造紙工業之存在，以供給新聞紙印刷上大量之需要。中國今後欲求新聞事業的發展，對於造紙事業的興辦，乃先決的條件。中國有極豐富的造紙原料，有良好發展製紙事業的種種自然條件，將來如能充分加以利用，以達報紙自給自足的地步，實為最切要之圖。

2.鉛合金

鉛合金也是印刷上最重要的材料之一。鉛字的鑄造，鉛版的澆鑄，都得用大量的鉛合金。所謂「鉛合金」者，是鉛之中，加入少量的銻，使鉛的質地變硬，鉛字的應用上可以耐久耐堅。這種鉛合金，在印刷過程中，消耗量是比較大的，所以普通報紙的印刷部，通常規定着相當量的損耗額，因為在鑄造鉛字，澆鉛版的過程中，無形中都在損耗着的。

3.油墨

油墨，是印刷材料中，除紙和鉛之外第三個主要材料。過去，中國新聞紙印刷上的油墨，都採用美國油墨，因為美國油墨墨色顯明有光，對印刷美觀上很有幫助。中國自製的墨油亦有，但顏色很淡，而無光彩，小城市的報紙，貪價錢便宜，多用中國油墨，大報紙則幾乎全用美國製的油墨。戰事發生後，美國油墨來源斷絕，價格飛漲，一部份則以日本油墨來代替，一部份則多採用了中國油墨，卽使有相當囤積量的大報紙，亦設法把美國油墨和國產油墨調和着用了。

六 印刷部的組織

一個新聞社的印刷部組織機構，可能大，亦可能很簡單，主要的視整個報社的組織機構的大小而決定之。人數多，分工細，工作效果大，是適宜於大規模的報紙印刷部。人數少，工作分配採取相當「兼工」制度，效果雖稍差，但在物力的條件上，適合於小規模的報紙印刷部的組織方式。總之，人數多少規模大小，雖視客觀情形而定，但其組織必須嚴密，工作

支配與運用必求靈活，則為印刷部組織機構最主要的目標。

解釋

新聞社印刷部組織機構，可大可小，視新聞社的規模設備而定。以中國新聞社的印刷部而論，最多的亦有近百人以上的，而亦僅有十多個人構成一個印刷部的。在原則上，當然以人數越多，分工越細，工作的效果亦大。工人少，有許多工作，不得不由少數工人來兼做。通常印刷部的排字間，如果分工細，可以分作：（一）撮字，（二）改樣，（三）拼版，（四）廣告，（五）書版等許多部份，如果混合起來，一個熟練的工人，這些工作都能兼着做了。其他各部門的工作亦如此。像西洋及日本新聞事業發達的國家，報紙的規模大，經濟力充沛，印刷部門力求精密迅速，所以工作分得很細。中國的新聞社印刷部，大體上也是分工的，但並不分得十分嚴格，比喻專做廣告的工人，亦附帶做新聞，撮字工人，亦得帶做拼版，其他澆版部等亦如此。在人事的構成，除印刷部長負其總責外，其他各所屬部門，各設組長一人，（即俗稱工頭或領班），俾分頭負責領導推進工作。茲將中國新聞在印刷部一般的組織系統列表如次：

印刷部 ┤
- 活版組 ┤ 新聞／廣告／拼版／書版
- 機器組 ┤ 機器／煎刀
- 製版組 ┤ 電膠／鉛版／紙版／銅鋅版
- 鑄字組 ┤ 銅模／澆字／刻字

新聞紙的發行

大量的銷路與推廣,是現代新聞紙主要特徵之一。新聞紙之對社會影響力量之存在與擴展,一方面有賴于編輯內容及一切製作上的努力;另一方面有賴于完善發行方法的確定與推進。新聞社的發行工作,除了新聞紙對外的影響作用上,負了極重要的責任外;同時,亦是新聞社經濟基礎的主要支持者。在經濟的觀點上,發行收入和廣告收入,是現代新聞社兩大收入。所以,一個新聞社發行工作的成敗,可以嚴重影響到整個報社的成敗。

解　釋

一　報紙發行的原理

報紙發行工作,在整個新聞社的機構中,負擔有兩種重要的任務。第一,是新聞社經濟基礎的支持;第二,是新聞紙銷路的推廣。在全部新聞社的組織中,編輯部份,以及印刷部份,在某一點上講起來,是屬於消費方面者,營業部則是屬於生產方面的,而發行的收入,則是營業部收入中主要的一項。一個現代的新聞紙,它本身必須要有穩固的經濟基礎,否則一切的工作和計劃,便無從進行。同時,一張新聞紙的完成,內容好,編輯技術好,固然是最重要的,假如沒有良善的發行政策和發行方法來加以推廣,則報紙的影響作用便不易擴展,新聞紙預期的工作目標,也就不易達到。某外國新聞學者會說:「銷路的擴展,是報紙的生命要素,沒有讀者的報紙,是根本不能存在的;而且,沒有大量銷路的報紙,不但影響無法擴大,而且廣告的招攬,亦必大受影響。」所以,發行工作的重要,已被人所重視,發行部份在新聞紙的地位,亦就提高了。

新聞紙的發行工作，主要的須把握三個原則：（一）在時間上必須力求其迅速；（二）在數量上必須力求其增高；（三）在地域上必須力求其普遍與擴展。

解　釋

一張新聞紙的存在，在編輯部方面，或者在整個新聞社方面，它是具有政策上或思想上的目的與立場。在發行工作的觀點上，報紙便變成了一種純粹的商品，和其他一般的商品一樣。商品的推銷，數量愈多，利潤愈厚，報紙發行的主要原理也如此。

所以，報社的發行部，其任務便是盡量把發行數量合理地推廣，一般人對一個新聞紙的成功和失敗，以及其規模或大或小，即以該報紙的發行數量作為立論底標準。如世界各國的新聞紙發行數量，最高的發行量，已達日銷五百萬份以上的驚人數目，日銷百萬份以上的報紙，亦已很普遍。不過中國的新聞紙發行數量，則異常落後，由於經濟的，及文化教育程度低落的諸原因，以過去情形而論，中國新聞紙最高的銷數尚未突破日銷廿萬份的紀錄，日銷十萬份的報紙已屬絕少。大都市的報紙，能日銷三五萬份的，也已不多。普通地方新聞紙，大約日銷均僅在數千份左右。像這樣的發行數量，與突飛猛晉中的世界新聞紙先進國家比較起來，實在瞠乎其後了。

說明一張報紙的成功或失敗，以及該報紙的影響大小，發行數量的大小，當然不是絕對的因素，諸如英國日銷數十萬份的倫敦泰晤士報，一般公認其對社會國家的影響，則超過了日銷三百萬份的每日郵報。民國廿四年間，我國日銷五萬份的大公報，在文化政治的影響上，其作用便大過於當時日銷十五萬份的新聞報。不過，報紙的發行數量大小，是決定一張新聞紙作用大小和價值高低的重要因素之一，則是可以肯定的。

在新聞紙發行的立場上，要把握三個要點：（一）在時間上，必須力求其迅速；（二）在數量上，必須力求其增高；（三）在地域上，必須力求其普遍與廣大。一張新聞紙的發行工作，能把捉住這三點，而能完善地做到，則對於一張新聞紙的成功，必有很大的幫助了。不過在實際上，發行工作的推進，並不是一件很容易做到的事，它是受有客觀環境上許多

限制的。

發行工作的進行，與客觀上許多因素有連帶關係的，這些因素，主要的有兩大部份：（一）是屬於外界的種種因素，諸如農業社會的報紙銷路，必定比不上商業社會的報紙銷路，都市報紙的發行量，必然遠超越了地方報紙的發行量，這是由於經濟的和區域上的因素。其次，敎育和文化發達的地方，較之文化敎育程度低落的地方，報紙發行量亦必有很大的差別，以及對於政治、宗敎、主義、人情、信仰等等的差異，對於報紙發行方面，亦有很大的影響，這是社會文化方面的因素。（二）是屬於報紙本身的種種因素，諸如新聞紙的立場，社論政策的決定，編輯技術的優劣，平素對社會的信用等等，都是對發行工作的推進，具有着非常密切的關係。一張各方面都能夠得上優良條件的報紙，再加上良善的發行計劃，報紙的銷量，必然會擴大。反之，如果報紙的內容不佳，卽使在發行方面用盡方法，其效果未必會好，這是很自然的事。報紙的發行方針，必須要從這許多客觀因素中去考慮決定的。

所以，每一張新聞紙的發行，求數量的增高，當然是主要目標，但就是因爲具有這樣客觀上的因素，所以，報紙在決定發行政策之前，必須先考慮到客觀上的各種因素，和主觀上的各種因素。比喻說，某一張報紙，是商業性實的報紙，其編輯方針是偏重商業經濟方面的，那末它的發行路線亦必須向商界產業界方面去求發展。如過本身是張文化性和政治性較濃厚的新聞紙，則其發行對象，亦應盡量集中到這方面去。這樣，工作效果容易獲得，影響亦容易擴展。此外如國際性的新聞紙的發行路線，和國內性的新聞紙的發行路線和不同，政治性文化性較爲强調的新聞紙，應該向學校，機關，文化界方面去開展它的銷路，商業性的報紙，必然要向金融，商業界方面去開拓銷路，一般性的報紙，則向一般小市民方面去找銷路。一張報紙發行政策的確立，必須要和新聞社的整個政策配合起來，這是非常重要的一點。

二　報紙發行的方法

新聞紙的發行，普通分四種：（一）外埠發行；（二）本埠發行；（三）直接定戶；（四）

一七三

街頭叫賣。至於發行的方式,主要的有「間接發行」和「直接發行」兩種方式,即前者是假手於一般獨立經營的販賣機構,或封建性的報販頭子;後者則由報社直接辦理。在純學理的觀點上,前者是比較病態的,而後者則較為合理。

解　釋

新聞紙的發行工作,由專設的發行科負責,發行科直屬於營業部。日報的發行時間,大致均在每日清晨開始,規模較大的新聞紙,為了要分配到遠處各地,所以,報紙的發行時間,務得儘量提早。並須與交通機構如火車,輪船,飛機等保持密切的聯絡,俾報紙一出版,即可在最快的時間內,送達到各處讀者的手裏。世界各國大新聞社的發行工作,為求時間上的迅速,會用種種方法來加以改善。關於發行的機構,一般的分為四個部門:(一)外埠發行;(二)本埠發行;(三)直接訂戶;(四)街頭叫賣。茲列表並分別說明如次:

營業部 — 發行科
- 外埠發行
  - 火車
  - 輪船
  - 航空　} 各分社　經銷處
  - 郵遞
  - 直接發報 — 報攤
  - 報販頭轉發 — 報販
- 本埠發行
  - 本埠定戶
  - 外埠定戶
  - 報販頭轉發 — 報販
- 定戶
  - 直接配發 — 報販
- 叫賣
  - 報販頭轉發 — 報販
— 讀者

(一) 外埠發行

普通一張日報，清晨機器間裏第一批印好的報紙，總是首先供給外埠發行之用。因爲外埠運輸費時，爲了保持新聞的時效，必須將外埠遠處的報紙，首先發送出去。如日本英美等新聞事業先進的國家，若干大新聞紙的發行，爲求外埠讀者的便利起見，採用了連續改版和連續發行的辦法，使遠處的讀者，雖然已減少了若干新聞的量，而時間則可盡量提早了。

印刷部將報紙印好後，即繼續點交發行科人員，由發行科人員，按照預定的計劃，打包綑扎後，分別由交通人員，分頭送車站，輪埠，航空站與郵局等交通機關，寄遞至各地的直屬分社，或特約經銷處。報社對各公用交通機關，事先必須辦妥完備的手續，取得遞送上的便利，俾不致臨時發生阻礙，就誤了寄遞的時間。外埠各分社及經銷處於收到當天報紙後，即行分送各閱戶，完成發行的手續。

報社的發行科，在整個「發行網」的擬定之下，必須要有一個精密的外埠發行計劃，及外埠發行網的擬定，俾發行工作，能在有計劃的步驟下，按步求其發展。至於各種發行計劃與發行網的擬定，在原則上必須視報社的編輯方針和營業政策情形如何而定。假定以上海爲基地，創辦一張新聞紙，它的外埠發行，第一步，當以華中地區爲主要中心，如蘇、浙、皖等省主要城市，應設立分社，主持分銷事宜。至京滬，滬杭線沿線主要城區，以地理上關係，發行網應佈置得特別細密，除分社外，較小之城鄉區域，可設立經銷處，或代理人等，以代辦經銷發行工作，次再及華南，華北較遠地區。報社「發行網」的佈置與發展，似人體的血脈管，應使其四通八達。如日本大新聞社，其外埠辦事處及分社等發行據點，多至千數以上，報紙的發行，可說無孔不入，使新聞紙的影響力，發揮到最高的程度。

2 本埠發行

本埠發行工作，是發行工作中的基礎工作，本埠發行的方法，在一般原理上講，最理想的應該由報社在市區內設立分區經銷處，直屬於報社的發行科，機構的運用，比較合理而靈活。但以中國新聞紙發行情形而論，這一種理想計劃，都未能做到。第一，因爲直接設立各區辦事處，經濟開支太大，人事的管理很困難。上海過去曾有少數報紙試辦過，結果是得不償失，而告失敗。以致一直到現在，幾乎全體報紙的發行，仍依賴於傳統的報販頭制度，這在中國新聞歷史上，是一種

下篇　新聞紙的發行

一七五

比較特殊的現象。以上海一地情形為例，報販頭制度派報工作，佔有很久的歷史，而潛有很大的勢力。以上海資格最老的申報新聞報而言，數十年來的發行工作，主要的都是經過若干報販領袖的手，而分派出去。這些少數的報販頭子，與報社之間，幾乎無形中保持了一種封建的關係。這類報紙發行上特殊現象的形成，當然有其種種背境的，第一，報販人數眾多，品格良莠不一，人事應付異常困難，由報社直接管理，麻煩極多，而這些報販頭子，大致在當地有相當特殊勢力，在地位上，比較一個報社來得容易應付。報社方面，祗要能把握住幾個重要的報販頭子，工作便簡省得多。第二，發行量的收入，如果由報社直接批給零星報販，不但不勝其繁，而逃帳等情形必多，不如由少數報販頭子負責，報社向其頭領收取，手續及信用方面，兩均有益，因之，報販頭制度，便有了穩固的存在基礎。

在報販方面，由於實際上的需要，亦自然而然具有了相當的組織機構。曾通一個大報販頭子，及若干小報販頭子，每一個小報販頭之下，連繫了若干報販，在這種分級的連繫關係下，進行其販賣活動。這種機構，完全是種非科學性的組織，但大報販與小報販之間，都保有一種特有的道義和信用，就憑這一點，無形中發生了組織的力量。比喻，以報費而論，一個報販，為了要推展承銷的數量，對若干小報販，就不能不予以放帳優待，但大報販對於報社方面的帳，則必須如期繳足，做報販頭子，就得墊款及擔負一部份放帳上漂帳的損失。所以，一個報販頭地位的形成，也不是很容易的。

像這種完全建築在近乎封建制度上的發行方法，在理論上講，缺點是非常多的，因為發行工作是報紙生命線之一，將這種生命線的活動，完全把握在報販的手裏，在報紙方面講，是很帶危險性的。而且，由於報販封建色彩愈濃厚，勢力愈膨脹，報社合理發行政策的推行，常會發生種種阻礙。所以，中國新聞紙欲求合理健康的發展，對於發行制度的改良，殊有迫切的需要。

3 直接定戶

所謂「直接定戶」者，是不經過派報社或報販組織，而由報社發行科，用專差遞送，或郵遞的方法，直接送達予讀者

一般新聞社發行辦法，類多採用簡接發行法的今日，「直接遞送」發行數量，所佔比例額是非常少的。但是為新聞紙本身着想，及為讀者利益打算，報社多吸收直接定戶，是最安當的辦法。直接定戶有幾種優點：諸如普通簡接發行法，隨報販的推銷，而且流動性比較大，報社方面也不易完全明瞭。如果是直接的訂戶，報社對於讀者的狀況，隨可瞭解，必要的場合，當可舉行調查和聯絡工作，以增進讀者與報社間的感情與關係。在報紙讀者方面講，由於報社直接負責遞送，遞送的時間可以較早較正確。在經濟方面情形而言，長期定戶，報社可以預期收到一筆定金，可以運用這筆定金為讀者謀福利事項，以代替一般簡接發行法，是應加以最大努力的。總之，直接定戶，讀者與報社之間，均有利益。假使辦一張欲謀合理發展的報紙，謀直接定戶的增加，多發展直接發行法，多發展直接定戶，因遞送人力上的困難，或不易辦到。若是大規模的新聞社，發行數量大，以本埠遞送而論，由報社直接僱用差役遞送，在送力方面，也不致多增加負擔。即使比較委托販賣商多擔負一點，但為了求讀者的便利，和增進讀者與報社間的關係起見，還是採取直接發行，以求多多發展直接定戶為合理。因為我們在上面已說過，報紙有一個直接把握了一個真正的、可靠的、而且是最忠實的讀者，把握了一萬個直接定戶，其作用和意義，或者更超過了二萬個流動性的簡接讀者。

報社吸收了直接定戶，在初步的手續上，是較為費事的。如辦理登記，收取報費，遇有送報遺漏等，均須由報社發行科直接分別去處理，不像簡接發行，把整大綱的報紙，交給了少數大報販之後，發行科工作便算完了。但是，將來最進步的新聞紙，其發行方法，必然要向吸收直接定戶方面去求發展，因為這是種合理的趨向。

4·街頭叫賣

新聞紙的推銷，除上述的外埠發行，本埠發行，吸收直接定戶諸方法外，還有一種「街頭叫賣」的方式。這種方法，在美國最流行，日本也有，中國亦有。但日報的推銷，用街頭叫賣的方法較少，夜報的發行，則多採用街頭叫賣的推銷方式。因為夜報出版時間大概總在每日下午五時以後，推銷的時間很偏促，不像普通日報，銷賣的時間較充裕，所以，街頭叫賣的方法，正好配合了這種需要。如在事變前，在上海發行的若干銷量較大的晚報，大部份的發行量，都是運用這種街

頭叫賣的方法推銷出去的。街頭叫賣的唯一特點，是利用報販口頭的叫喊，以引動讀者的購買慾。但與其因這原故，所以讀者羣的固定性便很薄弱。如果當天的新聞內容精采，銷量會突然增加，反之，也許會突然的低落，正確的發行量，很難把握。這一種推銷方式，作爲發行上的補助方法則可，如果依之爲主要的方法，則是不妥當的。晚報等有特殊情形者，當屬諸例外。

三　報紙的售價與批價

報紙價格的訂定，須依據客觀的和主觀的各因素而定。客觀的因素：一，一般社會的物價標準；二，同業間的普通價格；三，報紙本身對讀者的信譽，及歷史資望等等的程度。主觀的因素：一，本社經濟預算上的需要；二，篇幅的多少。

解　釋

關於報紙的定價，第一，須決定於報社的營業政策，如果該報的經濟收入，是採用廣告收入以廣告爲主體，換句話說，一個報社的開支，藉廣告部份的收入，即足以維持收支的平衡的時候，則報紙的售價，可以抑低，俾發行數量易於擴展，而擴大報紙的對外影響。反之，售價可以酌量提高。不過，另一方面，報紙定價的決定，需考慮下列諸因素：一、篇幅的多少；二、同業間的一般價格；三、報紙本身的資望和對讀者的信譽程度。假定說：日出一大張的報紙，一般的價格是每份一元，則每日發行二大張的報紙，可能定價二元，其他可由此類推。其次，是參考同時同地發行的報紙定價情況，諸如同一區域內發行的甲報，每份售價一元，乙報大致亦祗能定價一元，縱然偶有上下，相差亦決不能過多。再其次，是決定於報紙所保有的歷史資望等等。如果一張資格老，內容精采，讀者擁護的報紙，價格可以酌量提高，反之，一張新出版的報紙，在社會上的信譽和地位都未相當確立起來的時候，定價方面自然應酌予降低，以求存在與發展。

報紙的定價，和其他商品一樣，在發行推銷的過程中，必須在定價中支出一部份個用，作爲中間推銷人的佣金。如外

埠分銷處，除直屬者外，凡係委託或代理性質者的，在報銷的數量內，給予一個相當的折扣，作為經售的酬勞。本埠的發行也是如此，發行科將若干份新聞紙，包給某一個販賣頭子，大致需給予七折或八折的優待，報販頭子批給小報販子時，自己享受一個折扣外，另以較高折扣批給報販，最後由報販以實價售於讀者。至於折扣的多少，亦視報紙的地位、信譽、銷量等等條件而定，大致新出版的報紙，為了希望代銷人或報販的協力起見，折扣總得放寬，以資鼓勵。至於已有良好社會信譽的報紙，在發行上比較容易，推銷人可不必用很大的力量，報紙的批發價格，自可酌量逐漸予以提高。

四　報紙銷路的推廣

新聞紙的推銷，除自然性的銷路外，應加以有計劃的推廣。前者是消極性的發賣，後者則是積極性的發賣。新聞紙推廣工作的進行，需要有合理的技術。推廣工作對報紙銷路的擴充，祇能起協力的作用，本身則並無決定性的作用，新聞紙本身內容和信譽的優良，纔是推廣工作最有力和最可靠的後盾。

解　釋

新聞紙的發行，欲求數量的擴展，除憑自然性的消長外，應有整個的推廣計劃加以協力。現代世界各國進步的新聞社，在發行部門，都另有「推廣科」的設立，專責推廣報紙的發行工作的職責，聘定各項專門人才，分別負責推廣設計。推廣工作的實施，對於報社營業發展上的助益極多。中國新聞社目前設有推廣機構的尚不多，即有若干專門負責推廣的人員，工作的效果亦不甚顯著。大體上講，中國新聞紙的發行工作，祇做到消極的一部份，積極的推廣工作，則尚未予以重視，這也是使新聞紙發行始終停留在很少數量階段的一個主因。所以，報紙的推廣問題，是值得關心中國新聞事業者加以注意的。

新聞紙的推廣工作，主要的任務是：（一）保持原有的讀者。（二）開拓新的讀者。推廣工作的效果良好與否，推廣

的技術是一種，而報紙本身的好壞，則關係最為重大。如果報紙內容日趨不良，不謀革新與改善，多多為讀者設想，那末即使推廣工作做得如何努力，效果仍不易獲致。

舊有讀者的保持，最有效的方法，是由報社與讀者之間，保持經常連絡的關係。不過，這種連絡關係，直接閱戶，較為容易進行，如果是間接閱戶，進行起來，便較為困難。所謂經常連絡者，便是由發行科的推廣部人員，擬定各種適當的表格、函件等，經常定期寄給閱戶，無論關於報紙編輯內容：印刷技術等，多多徵詢意見，以增加讀者的關心。報社對讀者的服務工作方面，諸如逸報的報差，對待讀者是否有禮貌，是否準時送到，是否有遺漏等，亦隨時徵詢意見，讀者有所建議，可採納者即加以改善，使讀者對報社加深印象，增進好感。逢到長期定戶行將期滿時，應予事先去函通知，勸誘其繼續定閱，必要時，派員前去當面接洽，以表示報社對讀者的尊重與重視。關於這種推廣方法，上海發行的申報，過去曾做得很有成績。報社的發行科，為了與讀者經常保持連絡起見，必須經常作調查工作，並製就地名卡，姓名卡等，用科學分類的方法，羅列起來，俾對讀者情況，能一目了然，對於推廣工作的進展，可以增加不少便利。

新的讀者的推廣，方法則比較廣汎，主要的應由發行科人員，加以隨機應變的處理。不過，最基本的方法，首先還在於調查統計工作的進行，比喻，報紙出版以來，在縱的一方面，本報的銷路最為暢旺，那一個地域則銷路較淡。有了這種基本的瞭解，覺得是不對脾胃。在橫一方面，那一個地域，本報的銷路最為暢旺，那一個地域則銷路較淡。有了這種基本的瞭解，俾據以確定推廣的路線與方針。在有計劃有步驟地進行推廣工作之下，始克獲取最理想的效果。

至於推廣的技術，那是要看報紙本身，及當時當地環境、風俗、情趣等等的不同情形，隨機活用。但為普通所應用的，則有如下的幾種方法：（一）折扣優待；（二）附送贈品——諸如日曆、年鑑、紀念册、畫刊等等；（三）辦理各種讀者福利工作；（四）加強宣傳——如刊登電影廣告、路牌廣告等等。總之，站在新聞紙營業的本位上，欲達到合理推廣的目的，自可盡量運用各種奇異的方法，以吸收讀者。如美國純粹以營業為目的底黃色新聞紙，它們甚至利用半裸體的女子，掛上美麗動人的廣告牌，作為吸收讀者的推廣技術的。過去上海某晚刊，亦曾以選舉電影皇后，歌唱皇后等等方法，以號召銷路的增進。這種新奇而低級的推廣方法，在營業的立場，和新聞紙作為紙商品的觀點上，自無不可。但是，新聞紙究竟

是含有文化性和教育性的,如果完全「祗問效果,不擇手段」的做法,是並不妥當的。理想的推廣方法,自以採取比較合理而最正的方法爲佳。而唯一最有效的方法,則是不斷的努力充實報紙的內容,有好的內容,必然有廣大的讀者,這是最簡單最具體的推廣的法則。

下篇　　新聞紙的發行

新聞紙的廣告

廣告與新聞紙發生關係，是開始于商業資本主義的發達以後，新聞紙廣告在這方面起了很重要的作用。同樣的，新聞紙的經營方面，亦因此有了新的基礎。若干新聞紙經營的方針，逐漸因此而由『發行本位』移轉到『廣告本位』。

廣告發展後的新聞紙，不但在經營上發生了很大的變化，在編輯上亦受了顯著的影響。由於廣告地位大量侵蝕了新聞紙的篇幅，因之展開了『新聞第一主義』與『廣告第一主義』的鬥爭。但在原則上，廣告應該是新聞的附庸，廣告是因新聞存在而存在的。不過，在實際上，現代世界有許多新聞紙，廣告的存在，已超越了新聞紙本身的存在價值，這是商業資本主義反映于新聞事業上的一種特殊現象。

解釋

現代報業的經營，商業化的氣息日趨濃厚。尤其自美國新聞事業發展之下，世界報業，幾乎充分表現了資本主義社會的一種商品姿態。由於新聞紙純粹商品化的結果，新聞社的經濟基礎，便逐漸由發行本位，而轉向到廣告本位。因為自機械發達，報紙發行額需要大量拓展的緣故，報紙發行方面的價格，必需盡量的抑低，報紙的成本，不能在發行售價上獲得全部的償還，依持了招登廣告的收入，以抵補損失。以後，更由於廣告的發達，使營業上的收入大大增加，於是，發行的售價，得以繼續的抑低，報紙經營基礎，自然而然地以廣告本位，代替了發行本位。同樣的，由於新聞紙廣告技術高度發展的結果，相互協助了商品的大量推銷，使新聞紙廣告事業，在現代資本主義社會的形成與發展上，盡了一種主要的任務。

因廣告本位抬頭的結果，使新聞紙濃染了商業化的色彩，而報紙的經營重心，亦有了由「編輯第一主義」，轉移到「廣告至上」的趨勢。在資本主義社會裏，這種形勢的發展，原無足奇，但在新聞事業方面講，實在是種最大的危機。像現代資本主義社會形態最發達的美國，大部份的主要新聞紙經營方針，幾乎都以「廣告至上」壓倒了「編輯第一主義」，廣告部的人員，在整個報社裏有了至高的權威，有時，甚至為了廣告營業上的增益，可以抹殺新聞紙的道德義務而不顧，這實在是新聞事業本身一種最大悲哀。

現代新聞事業，因廣告的發展，而有了若干新的進步，則是事實。新聞紙的經營，由廣告營業上大量增收，經濟週轉靈活，無論對於編輯方面，印刷方面，以及一切社會服務工作等等，得以向更高度技術化發展，促使現代新聞紙的內容和外形，有了嶄新的面目。直到現在，除了絕少數政治性的報紙之外，任何報紙，都不能離開廣告而存在。

在目前商業社會間，廣告學已成了一種專門的學問。新聞紙上的廣告，不過是其中主要方式的一種而已。在新聞紙廣告方面講，由於發展趨向中不斷進化的結果，有若干新聞紙，與廣告的關係，已不僅是經營收入的關係，而廣告已變成了吸引讀者主要內容的一種，也就是說，廣告亦已變成了存在和發展的主體，如美國已有專門以廣告為主要材料的報紙或雜誌，在中國，亦有以「廣告最多」為號召的大規模的新聞紙，這些都說明了現代新聞紙與廣告所發生的密切關係的諸形態。

一　新聞紙廣告的特性及其種類

新聞紙廣告的特性是：（一）廣汎的有效區域；（二）具有廣告學上的靈活伸縮性；（三）具有可以長時期重複刊載的特性；（四）手續簡單而便利；（五）廣告收效最為迅速。

新聞廣告的種類，由性質上分類，計有：（一）營業廣告；（二）啟事廣告；（三）文化廣告；（四）娛樂廣告；（五）分類廣告等。以價格等級情形的分類，則有：（一）封面廣告；（二）頭等廣告；（三）封裏廣告；（四）補版廣告等數種。

解釋

在上一節中曾述及：廣告學在現代社會間已成了一種專門性的學問，所以，關於廣告的方法和形式，發展到現階段，種類極多，新聞紙廣告，僅其主要形式的一種而已。不過，近世一般人均已承認，新聞紙廣告，是被運用得最廣大，亦是公認為最有效果的一種廣告方式。

新聞紙廣告的特性，主要有下列幾點：（一）新聞紙廣告，有效區域非常廣汎，不像普通廣告牌子等等，永遠呆停在一個地方；（二）新聞紙廣告富於伸縮性和靈活性，對於任何主僱都感便利；（三）新聞紙廣告，可以短期刊登，也可以長期刊登，可以有重複性，以加強廣告的效力；（四）新聞紙廣告，刊登手續簡單而便利，為一般大眾所歡迎；（五）新聞紙廣告，收效最為迅速而宏大。

新聞廣告的種類，在中國新聞紙習慣上，由性質上言，計有：（一）營業廣告——即一般商業廣告；（二）啟事廣告——即公告性質廣告，包括機關團體通告，律師啟事，婚喪廣告等等；（三）文化廣告——包括文化教育性質的廣告，如學校招生，雜誌書籍出版廣告等；（四）娛樂廣告——如戲院、歌場、舞場、遊藝場等廣告；（五）分類廣告——如徵求性質的廣告、召租、出頂、遺失、待聘等小型廣告。如以刊登地位及價格不同情形來分類，則有：（一）封面廣告（即特等廣告），（二）頭等廣告，（三）封裏廣告，（四）補版廣告等名稱。大體上每一家新聞紙，對於廣告種類的決定，視報紙的營業政策，再審定客觀上的情勢來加以決定，有的把種類分得很多，有的則規定得很簡單。

二　新聞紙廣告的技術

新聞紙廣告，欲求其效果的增加，必須注意到廣告技術的運用。新聞紙廣告術發展以來，已成為一種專門的學問。關於新聞紙廣告方面普通所應用的技術，大概有下列數種方法：（一）開展的方法；（二）刺激性質的方法；（三）暗示的方法；（四）結合的方法。

解釋

廣告底目的，是在求得宣傳上最好的效果，便是求達到這種目的，必得遵用各種有效的技術。在過去一個時期，廣告的作用，尚未被充分認識的時候，廣告術的問題，也不為多數人所注意。到目下廣告作用的偉大，已為社會人士所公認，所以廣告技術的問題，也已成了一種專門的學問。

在新聞紙廣告的範圍內，為求擴大廣告的效用，在技術上主要的探取下面幾種方法：（一）擴大廣告篇幅的方法，亦就是所謂「開展的方法」（Extensiveness）。（二）刺激情緒的方法（Intensity）如用特種的文字，套色。增加圖畫等，俾引起讀者的特別注意。（三）暗示的方法（Sugestion），在不知不覺之中，激動讀者的注意力。（四）結合的方法（Association），把廣告的內容與有名的故事或人物相提並論，俾易引起讀者注意，如時下利用明星照片名流簽字之類的方法，以加強廣告效果與氣氛的便是。

新聞紙廣告，其廣告技術用得最廣汎的是屬於一般商業廣告。為了達到商業競爭場合的勝利，以廣告戰作為主力的手段，而新聞紙廣告，則是主力戰中的主力軍。廣告技術的運用，最初大概多著眼於地位的大小，地位佔得越大，廣告的效果亦愈大。此外，廣告在新聞紙版面上所佔的地位，第一面和第四面的廣告，地位比較優越，便是所謂「封面廣告」，封面裏面的稱謂「裏面廣告」，廣告的效力便減少一些，因為在外封面的廣告，是首先接觸讀者的目光關係。廣告在版面中的按置地位，亦有關係，在習慣和理論上，版面上部的廣告，比較版面下部的廣告為優勢，左面地位，較右面地位為優勢，有的廣告，嵌在新聞的中間，四面都靠新聞，這在廣告的立場上，自屬最有效力的方法，可是在編輯者「新聞第一」的立場上，這是大大破壞新聞紙版面美的。所以，這種橫衝直撞式的畸形廣告，完全以營業為目的商業報紙，很多採用，如果稍稍注意到新聞紙的使命和新聞技術的，則對於這種橫衝直撞式的畸形廣告，莫不認為是「不可師法」的。

○「營業第一」的新聞紙，大抵是廣告地位大過於新聞地位，新聞僅是廣告的附庸，如上海發行的新聞報，它是一張純以廣

一張新聞紙全部版面地位中，應該多少是廣告地盤，多少是新聞地盤，這一個問題，也得視報社的基本經營方針而定

下篇　新聞紙的廣告

一八五

告爲本位的新聞紙，過去在每日發行四大張，五大張的時代，廣告地位平均佔三分之二，新聞地位僅佔三分之一弱。而且封面上重要地位，都給廣告所領。「新聞第一」主義的新聞紙，則以新聞爲主體，以廣告爲附屬。如日本的新聞紙，凡是重要的地位，都刊載新聞，廣告僅在限定的地位及限定的面積範圍裏活動，決不容廣告地位破壞的。新聞紙版面上新聞量和廣告量所佔比例的大小，除主觀上的政策來決定外，同時與客觀環境變換也有關係。比喻，在平時，商業自由競爭激烈，白報紙來源豐富，廣告地位可以盡量擴展。如果在戰時，報紙來源缺乏，報紙篇幅緊縮，廣告地位，自非大受限制不可了。

三　新聞紙廣告的兜攬

報紙廣告的兜攬，來源有三方面：（一）門市廣告，（二）直接兜攬，（三）廣告公司的介紹。第一三兩項是被動的，第二項是主動的。前者是含有依賴性的，後者則是積極性的。

解　釋

新聞紙廣告的來源，有三方面：（一）門市，（二）招攬，（三）廣告公司。門市廣告，即由顧主自動送上報社廣告科來的廣告，招攬廣告則是由新聞社廣告科派外勤人員出去招攬來的廣告，廣告公司的廣告，便是由專門經營廣告業務的公司經手的廣告。

普通新聞紙廣告收入，各有情形不同，有的以門市廣告爲主要來源，有的以直接招攬爲主要來源，也有以間接兜攬——廣告公司代理爲主要來源。以目前中國新聞紙情形而論，內地報紙以直接兜攬者爲多，都市報紙，如上海等商業繁盛的城市，廣告公司發達，報紙的主要廣告來源，則是仰給於廣告公司及直接兜攬並重，門市廣告，僅限於少數的啟事廣告和分類廣告，在廣告費收入的總量上，比較佔少數。

新聞社廣告科對廣告的招攬，門市廣告係自動性的，廣告公司則屬依賴性的，所以，最主要的工作，應屬直接兜攬這一部門工作，廣告科工作中心也在於此。報紙廣告營業欲求良好發展，除報紙本身對社會的一般信譽是基本因素外，廣告科外勤人員的能耐和努力如何，關係最為重要。所以，報社為求廣告營業的增收，對於廣告員的運用關係，普通有兩種方式：一種是廣告主任包辦制，一種是廣告人員按成獎勵制。前者是側重於廣告營業的延請，報社聘定了一位在廣告市場上有地位有能力的廣告主任，限定在若干編幅範圍內，每日或每月必需兜攬廣告若干，超出限度的利益或損虧，由廣告主任去負責，廣告科的外勤人員，名義上雖屬於報社，實際上是與廣告主任發生密切的關係。另一種方式則是廣告主任僅負技術上責任，不貟營業上盈虧的責任，對於外勤廣告員，除規定的佣例外，另訂定特種獎。比喻某廣告員本月份廣告兜攬成績特佳，即予以額外的獎金，以資鼓勵。這兩種方式，在營業的立場上論，各有利弊，如能聘得一位有能力的廣告主任，採取包辦的制度，嚴予督促廣告成績易於見效，純以薪水待遇的廣告主任，在工作的籌劃與督促方面，或易鬆懈。不過站在新聞經營立場上，包辦制度究屬不大合理。所以，比較現代化的新聞社，大致多不採用包辦制度，以報社直接貟責者為多，如果對於廣告招攬的技術人員能有完善管理和獎勵的方法，自以採用直接經營制為妥善。

自廣告公司發展之後，報社廣告科與廣告公司之間的關係，是個很重要的問題。廣告公司的存在，對於新聞社的營業政策方面，有其利，也有其弊。本來，廣告公司制度最早發達於資本主義最發達的美國，因為產業的發展，需要廣告的宣傳，所以每一個大的公司組織下，都有廣告專門部門的設立，在廣告劇烈競爭之下，廣告人才感覺缺乏，於是廣告公司便應運而生，除設置各種專員調查市場情況外，並請廣告專家設計廣告打樣等工作，使廣告技術，盡量增善，因此而獲得廣告主的歡迎，廣告公司從中抽取佣金，業務大為發達，而新聞紙廣告，由先天的優越條件，自成為廣告公司的主要營業項目。由於廣告公司的業務專門，人才集中，在廣告的兜攬上，便超越了新聞社廣告科的直接兜攬，於是，新聞紙的廣告，造成了為廣告公司所操縱的局面。以實例來說，像上海幾家較大的新聞紙，廣告關係差不多都操縱在廣告公司的手裏，報社的廣告科，祗做了些最簡單的技術手續而已。至於在商業發達的美國，報紙廣告幾乎都是廣告公司的天下了。

廣告公司的優點，在使廣告設計，趨於盡善盡美，能予廣告主以更高的滿足。但廣告公司對於新聞紙本身，則有着不少弊病，主要的有下面幾點：（一）使報社養成了依賴廣告公司的習氣，而不肯自闖上進；（二）新聞紙旣為廣告公司所

操縱，無形中使廣告公司對報紙具有了很大的控制力量，而降低了新聞紙的主動力量；（三）廣告主顧與報紙之間，因有廣告公司從中阻梗，關係易於疏遠，對報紙整個營業前途，埋下了致命傷；（四）廣告公司的勢力澎漲，形成了尾大不掉的情勢後，對於報紙的編輯立場，可能遭受壓制，報紙予社會一般印象，可能發生很大的不良影響。

四　廣告價格的計算

新聞紙廣告價格的決定，主要的根據如下的三個因素：（一）報紙的發行數量；（二）報紙本身的存本；（三）合理的利潤。其次則根據廣告性質和種類的不同的情形而定之，性質和種類的確定，應該依上列三因素加以適當的訂定。

解　釋

廣告收入，是新聞紙營業項下收入的大宗，廣告的價格，應如何計算，纔是合理？如果廣告費訂得過高，主顧擔負不起，廣告來源就減少，廣告項下的收入，亦勢必隨之減落；反之，如果廣告價格定得太低，在紙張、人工等成本上計算起來，價會虧蝕，豈不是得不償失？所以，廣告價格的合理訂定，是新聞紙營業方面一個很重要的問題。

各國的新聞學者和新聞紙經營的專家們，對於廣告價格訂定一點，會發表過不少意見，重要的如塞夫來氏主張廣告價格，應根據三種因素來衡定：（一）報紙每天平均的實際發行數量；（二）報館每月的開支費用數；（三）應得的合理利潤。塞夫來氏這三個原則，是很準確的，尤其是第一點，是決定廣告價格的最主要的一個因素。發行數量大，廣告的價格亦可訂得高，而且在一般市場上，這一個因素，也很會發生自然的反應作用，如果一張新聞紙的銷路擴張了，廣告的効力隨之增大，廣告戶亦自然的會增加，反之，也是如此。所以，新聞廣告定價的漲落，除一般性的物價增高或幣值變動而勷外，唯一的單獨增價理由，是報紙銷路的增加。

廣告的定價，原則上應根據上面三個因素而產生外，此外，因廣告的性質和種類，亦稍有不同。如一般的長期廣告，

較臨時廣告定價低廉，大廣告，較小廣告低廉，封內廣告，較封外廣告低廉，較指定地位的廣告低廉，不指定地位的廣告，較指定地位的廣告低廉，此外如文化敎育廣告，各報均有特定的優待辦法，劇目娛樂廣告，因該廣告本具有一種被讀者願讀的特性，所以價格亦較一般商業廣告爲低廉。報社爲了廣告性質情形的不同，其價格的訂定時，都是在一個基本定價之外，另定一種折扣優待的辦法，使廣告價格的變動，在折扣上做伸縮，基本定價，則決不輕易更動。新聞紙廣告價格，有了折扣上伸縮性之後，同業間的廣告招攬競爭，便藉廣告折扣作競爭的手段了。因之，廣告的折扣，變成了報紙營業方面的一個秘密，決不隨便向外公開。

比喩以目前上海各報紙的廣告價格而論，根據基本定價，各家的報紙的廣告折扣，就不一律，有照碼六折的，也有照碼七折八折的，像新聞報廣告擁擠異常，廣告的定價，除了很少數的佣金之外，則以實碼收取，廣告來源不多的報紙，在訂價低廉之外，自然祇能再降低折扣以廣招徠了。

下篇　報紙的廣告

一八九

報業管理

新聞事業發展以後，新聞社的機構，日趨複雜龐大。一個報社的構成，主要的有編輯、營業、印刷等各部門，而總其成的，則有恃於報業的管理。一個報社，欲求業務的順利有效推進，必須要有良善的管理機構和管理方法。關於報業管理方法的研究，莫不加以最大的重視。近年以來，世界各國從事新聞事業經營者，對於報業管理工作，主要的有：（一）人事管理，（二）財務管理，（三）事務管理等等三方面。

解　釋

新聞社的組織，機構很複雜。像我們在以前幾章裏已經詳細述明的，包括有編輯、印刷、營業等多方面工作。各部門的工作，均有他們各自的特性，如何把這許多複雜而專門性的工作部門，把它們統合起來，配合成整個的機構，這便是屬於報業管理的問題了。

談報業管理問題，首先關係到報社的組織機構問題。以中國報業的實例來說，較有規模的報紙，報紙最高的管理權屬之於報社社長或總經理，另設一管理處機構，直接管理報社的業務。報社管理處設處長一人，處長職務，或即由總經理兼任，以便利職務的行使。管理處下，普通設置下列各工作部門；（一）文書，（二）庶務，（三）會計，（四）出納，（五）人事，（六）稽核等。但組織範圍的大小，可視報社規模大小及實際需要情況而定。總之，凡是不屬於編輯，營業等專門性的工作，均應由管理處管理之，所以，管理處的機構，亦相等於社長或總經理的秘書機構，其職權，除代表社長總經理執行命令外，並隨時對編輯、營業、印刷各專部保持密切的聯絡，並起積極的督促和稽核作用。

所以，實際上，報社的管理處，是擔負了「發動機」的主要任務。

報社業務的管理，其範圍頗有伸縮性，如報社總的政策的決定（包括編輯最高方針，與營業最高方針），是屬於大的一方面的。人事的管理，財務的管理，事務的管理，則是屬於狹義一方面。在普通的習慣上，管理處的工作範圍，大體都以後者為主要。茲將報社業務管理方面三項主要工作——人事管理，財務管理，事務管理，分別詳述如下。

一 人事的管理

解　釋

報社的人事管理，係報業管理工作中間一個最重要的問題。報社的人事問題如能處置得好，一個報社的發展前途，已具有了相當的把握。反之，人事問題如果沒有適當的處理辦法，則這個報社的前途，失敗成份便佔了大面。報業人事管理的最高目標，是要做到上下協調，「和衷共濟」，以期達到發揮最高工作效能底目的。要做到這種目標，必須從各方面的人事處理方法入手。

報社的管理工作，和一般普通公私的機關底管理工作一樣，人事問題是最重要的，也是最困難的管理工作。中國平常有句俗話，所謂「家和萬事與」，這是指處理家庭問題而言，處理一般事業亦如此，而對新聞機關人事的處理上，更屬如此，因為新聞事業機構中的份子，不像普通事業機關那樣單純，包括有知識修養較高的文化人，——編輯部門的人員，和知識程度較低的工人，中間還雜有商業氣息很濃厚的營業部人員。因為這些構成份子的複雜性，和他們的氣質等等的不同，在人事問題的處理方面，便不是件簡單容易的事情了。所以，主持報業管理工作者，在確立人事處理方針之前，必先對本報社的所有職工人員的氣質，和生活背境等等，先有具體的調查和了解，在這種了解的基礎上，再分別施以適當的管理方法，始能獲取良好的管理效果。如果不注意到這點。在人事問題處理的過程中，必然會發生種種不可預期的困難。

一間報社，在人事上所要做到的最高目標，是要達到上下協調，和衷共濟，並使各部門密切的分工合作，俾發揮至高

下篇　報業管理

一九一

的工作效能。這個理想目標雖簡單，可是並不是容易達到的，而是必須要基於若干條件，這在條件上，主要的有兩方面：第一，一個新聞社的員責當局與職工之間，必須要有一種精神上的統一與連繫。所謂精神上的統一與連繫者，便是兩者之間的利害，權利和前途，必須是一致的，沒有矛盾的。換句話說，報社高級當局的利益，須建築在全體職工的利益上，整個報社前途的成敗，亦就是全體職工的成敗。在這一個大前題的認識下，當局對職工纔能隨時加於體卹和顧念，職工對當局，可以確立穩固的信心，彼此之間，纔能保持密切的協力，以爭取整個新聞社發展的前途。

僱主重視職工的利益，職工信仰僱主，這是處理人事問題最重要的基礎。辦報的爲了能達到這種理想基礎的完成，在選取人才和職工現象的時候，有一個重要的條件，必得注意，便是「共同的志趣」，就是參加新聞社工作的人員，或多或少地，須對新聞事業發生相當的興趣，亦就是說，職工新聞社的職業關係，決不是單純的職業關係，除此以外，必須同時要有志趣的關係，以及事業的關係。因爲，新聞事業是種思想的和文化的工作，具有與普通一般事業經營方式不同的特性。如果所有從業員，對這事業的本身並無相當志趣，則這一張報紙決不能達到理想成功的境地，是可以斷言的。這句話，固然不適用於對其他一切事業的經營，但對新聞事業方面，特別的其有重要性。記得有一張新聞紙，對職工人事處理方面，提出了這樣的口號：「共志趣，共生活，共前途」。以這三句口號，作爲一個報紙人事協調方向的指標，是非常正確的。

新聞社人事問題處理的各方面，除理念方面，須植下如上述各項精神基礎外，同時，亦需要有實際的處理方法，主要的可分作下列幾種：（一）職工的生活待遇，（二）職工知能訓練，（三）嚴密的組織制度，（四）考核與獎懲。茲分述如下：

1. 職工的生活待遇

A 工作時間

新聞社職工待遇的確定，主要的以：（一）工作時間，（二）工作分量，（三）工作**性質**三者爲基本標準。以時間論，一個新聞社，可說一天二十四小時之內，每時每刻都有工作人員在活動着，晝夜不息，循環地進行新聞紙的製作。如編

輯部門，探訪工作是在白天活動的，編輯人員則是以夜間工作為主。印刷部大部份工作也是在夜間進行，有一小部份工作，如邊鉛字，澆鉛版等，則在白天工作。營業部門如廣告發行工作，則都在白天進行。在新聞社習慣上，由於日夜工作情形不同，所以對於職工工作時間的規定，大致在白天工作者，時數酌予延長，晚間工作者，因情緒和精神上的消耗較大，工作時間酌予縮短。中國一般報社，對於日班工作，大致以八小時為標準，晚間工作，以六小時為標準，不過，新聞社的工作時間，伸縮性很大，如營業部份或印刷部份的工作，尚可相當規定，而編輯部份，特別是探訪部份，工作時間就比較難確定，因為新聞隨時會發生，探訪部工作決不能說在規定工作時間以外發生新聞時，就置之不問，所以就得另行採取輪值制度，俾一天廿四小時內，都有記者當值，工作就不致於臨時停頓。

新聞社的組織是個絕對的有機體，這一個部門與那一個部門之間，均具有最密切的關係，這一部門工作與另一部門工作的連繫不圓滑的時候，工作便會發生困難。所以，各部門的工作時間雖有不同，但彼此之間的連繫，亦必須有密切的連繫，因之，在規定工作時間上，為顧及不能彼此銜接起見，應採取值日制度。譬喻在白天時間內，主要的工作活動，是在營業部方面，但編輯部和印刷部，亦必須指定值日人員，保持必要上的連絡，在晚間亦是如此。一個進步的報社組織，對於此項值日制度，必需有一嚴格的規定。不但是性質不同部分，須要保持連繫，即同一工作部門，如編輯部中的編輯科與探訪科之間，以及編輯科和資料科之間，凡遇有規定工作時間有差次的場合，必定要指定值日人員，以保持各個小機體間的連繫，俾不致發生脫節情事，這是非常重要的。

新聞社由於本身任務上的特性，一般是沒有假期的，普通機關團體，應有的假日，報紙為了對社會所負責任的重要，這一個權利，類多是被取銷了的。但是為調劑職工的精力起見，應規定一種職工例假辦法，在不影響工作的原則下，使各職工均有適當的休息機會，這種例假制度，對於營業部工作人員尚屬其次，對於編輯部及印刷部工作人員，則很為重要。

因為編輯印刷兩部工作人員，都是在晚間從事工作，某一點講來，可說是屬於反常的生活，對於精神消耗，影響工作人員的健康很大。普通新聞社編輯印刷部份人員，很容易患神經衰弱症，肺癆，近視，消化不良，敗血等之職業病，主要原因亦在此。所以，工作人員應予適當的休息，以調養精神，極為重要。這對於間接增進工作效果上，亦有很大關係。

現代規模較大的進步的報社，對於一般工作人員，除規定合理的工作時間外，為了顧及工作的效果和工作人員健康的

增進，並有特種假期的規定，如編輯人員經過若干長時期夜工作之後，予以相當時期的旅行機會，以舒散情緒，增進活力。此外亦有採取交換工作制度的，如編輯部的採訪人員，與編輯人員，在特定的期間內，彼此輪流的交替工作，比喻說，過了三個月的夜間編輯生活，以後三個月便改做白日的採訪工作，使在精神健康方面得有調劑的機會，而工作人員的技能訓練，亦可有多方面發展的機會。

B　薪金與津貼

新聞社工作人員的薪金，也和一般的商號公司一樣，主要的是採取月薪制，有一小部份採取佣金制，如發行部的推銷員，廣告部的廣告員，除若干規定的薪金之外，以抽取佣金的方法，鼓勵工作效率的增進。此外，如報社的印刷工作是採用包工制度的話，則對於印刷工人的薪給，亦有採取以件論酬的制度。不過，比較進步的報社組織，對於包工制度頗多已不加採用，因為弊病甚多。中國新聞社方面一般情形而論，職工的待遇，大體上都以月薪制度為主，此外，為了獎勵工作人員起見，視情形的需要，則酌規定額外的津貼制度，使待遇與工作效能，彼此保持一種伸縮的彈性。

現代最進步的報社，對職工的關係，很多已採取了一種合股式的合作辦法。使職工變成為報社股東的一份子，報社的益虧，由職工擔任一部份責任，同樣亦受應得的權利與義務。這種制度，可以加強職工與報社間的關係，以增強職工的工作精神與工作熱忱。這種制度，在歐美若干報社實行以來，頗收相當成效。不過，以中國的報業情形而論，因為中國新聞紙能形成為一種企業形態的倚不多，能夠完全依靠營業上收入，以支持報紙的存在與發展的，為數亦少。因之，職工合作制度，即使實行，職工方面亦不能獲得這種制度下的實益，所以，這種制度在中國報界，雖然已予注意，但尚未有良好的實踐。如事變以前的立報，創辦之初，即以這種制度作為基本政策，大部份資本，由實際參加工作者來投資，結果報社本身並未能如一般理想的獲利。不過，這種制度，在原則上是種合理的辦法，環境上行得通行不通是另一個問題。如果要辦好一張理想的報紙，這種職工合夥制度，是很有採用價值的。

從事新聞事業的職工，除薪金之外，也有報社另予發給「紅利」的辦法，可是，這種權利，亦僅限於少數營業狀況比較良好的報紙，如上海的新聞報，因廣告發達，收入可觀，所有職工，除薪金之外，每年年終，可獲得一筆紅利。但這種

情形，祇限於絕對少數的報社，一般新聞社，在年終時，為調劑職工生活起計，普通是採取雙薪制度。除了正規的薪金，和規定的津貼外，此外逢到節日或假日，職工如仍繼續照常工作者，則採行一種昇工制度，即所謂「雙工制度」，以資獎勵。此外如有工作上之特殊的需要，應分別規定特別津貼，如編輯部工作人員的牛夜餐資，發行部工作員的清晨早點資，採訪人員的交際費及車費等等。

至於新聞社職工薪金及其他補助費項之具體確定，應視報社的規模及其經濟情況而定，不能一概而論，以中國新聞界與世界新聞界來比較，中國新聞紙從業員的待遇，是顯得很低微的，即以中國本身而論，同樣服務於新聞事業，工作於一個經濟條件較佳的大報社的職工，與工作於經濟困難的小報社的職工，其待遇相差距離亦往往很大。不過，在原則上，新聞社對於職工生活的確定，必須在報社自身的經濟條件，當地的生活程度，以及職工的客觀需要三個因素上加以考慮，以確立其合理的標準。報社對於職工，除顧及其自身的生活需要外，應顧及其維持一個標準家庭生活的需要，使生活能得到最低限度的安定。職工生活能夠得到安定程度，始能集中精力從事工作。如遭遇到客觀環境的特種變化，報社當局應隨時採取緊急措置，以安定職工的人心。比喻戰時的新聞事業，因為環境變動太大，生活指數，波動極鉅，若干報社便採取報社必需品特種津貼制度，津貼指數亦隨之上昇，使職工生活始終安置於穩定的基礎上。如上海申報新聞報等報社採取米貼制度，以黑市米價格的昇漲情況作標準，俾使職工不致因米價之高漲而影響到生活的恐慌，這些辦法，便是合理的生活津貼制度的部份實施。

使職工生活，維持於相當安定的標準上，這是報業人事管理方面一個非常重要的目標。職工生活如果不安定，直接的可使工作效能大大的減落，間接的可以使新聞紙的報德敗壞，新聞從業員走上人格墮落之路。過去一般新聞記者地位的低落，以及利用新聞職業的地位，從事於不名譽的圖利，這種情勢的造成，新聞從業員本身氣質的不良，固然是一個因素，而新聞工作人員的合理生活待遇之不能獲得，亦是主要因素之一。要新聞從業員發揮其最高的工作情緒和力量，要想維持報業道德的不墮落，對於新聞紙從業職工的生活待遇，必須要予以最大的重視。

ζ 職工的福利

下篇　報業管理

一九五

整個報社的發展前途，主要有賴職工的努力，要達到每個職工能夠「人盡其力」，先決條件是要謀得職工生活的安定，安定職工生活的辦法，單純地注意到職工的薪金合理的規定尚還不夠，應該兼及到一般的福利事項，協助解除職工生活上的許多可能發生的困難。

新聞社普通可辦理的職工福利事項，大概有：（一）職工儲金制度，（二）職工保險制度等數種，這是屬於消極的方面。積極方面的則有職工消費合作制度等之推行。總之，如能對職工的衣、食、住、行生活的必需各點，均能加以適當的福利處理，是最理想的。如上海某報，對職工的福利工作，特別予以重視，除食住等重要項目外，並由社方僱用洗衣人員及理髮司務等，凡報社所屬職工，均一律免費洗衣及理髮，以減輕職工的負擔，並發揮集體生活的精神，其他甚至洗澡等細小問題，亦由館方統籌解決。總之，館方能多注意職工的福利，多為職工解決一些生活上的困難，職工便可多集中精力於本位工作的努力。

2. 職工的知能訓練

新聞紙的進步與落伍，完全維繫於新聞紙從業人員的修養如何來決定之。新聞紙的從業人員，和律師官吏等一切「公」性質的職務一樣，一方面以業已具有的知能，盡量發揮出去，一方面必須隨時不斷的增進知識，以應付日新月異的時代變化，始能使新聞紙繼續保持其進步的姿態，而不致為時代所淘汰。我們知道中國過去有不少報紙的工作人員，在開始的階段，報紙所表現的內容和精神都很好，可是過了一個時期，內容和精神便逐步退落了，最後，終於為別的新聞紙所淘汰。如果細察其原由，職工惰性的伸展，進修的不重視，實為其主要因素。近代世界各國進步的新聞，對於職工智能的繼續進修問題，無不予以最大的重視。認為欲求新聞紙永遠站在前哨，作為社會的領導者，唯有使職工知能修養的不斷增進。沒有知能健全的從業人員，決辦不出好的新聞紙。

關於如何促使從業人員注意知能的進修，方法是很多的，如辦理圖書館，使工作人員有隨時自修的機會，經常舉行各項學術座談會及演講會等，對於各部工作人員，就其工作性質上的分類，分別舉行各項專門性的學術討論會，俾理論與工

作的實踐，在實際的體驗下，學識與經驗，隨時有新的進展。所以，一家理想的新聞社，一方面亦是一所工場，同時也是一所學校，同人一方面工作，一方面學習，報社組織機構上，每部門的領導人，在工作上是指揮者，在知能進修上則是導師，使整個的工作機構，陶養於濃厚的學術空氣中。

在新聞社各工作部門中，編輯部門工作人員的進修問題，尤為重要。蓋一個新聞社的組織機構中，編輯部是主宰部份，是報社的思想和形態具體的表現者。要求一張報紙的進步，編輯部所有人員的本身，首先要求進步，是必然的先決條件。編輯部人員的進修方法，可以分做兩部外；一種是每部份工作人員，本身所擔負工作部門的專門知識和技術方面的進修，另一種是一般知識的進修。我們以編輯部的編輯人員為例，於當天的編輯工作完畢，第二天報紙出版之後，以個人為單位，或以編輯科全體工作者為單位把昨天所編的報紙的內容，形式，及一切技術等等，加以精密的研究與探討，有沒有什麼缺點，有沒有什麼優點，與其他各報作詳細的對比，在編輯技術上，是否有不如人之處，根據當天檢討研究結果，以確定明天報紙編輯的時候，什麼地方應加注意改進，何種優點應有繼續加以擴展之必要。這樣根據實際工作，作為研究的對象，不但報紙的內容可以進步，報紙的缺點，使它一天天的減少，優點使它一天天的發揚，而對於每個工作者的技術能力，亦大有裨益。這一種很簡單的檢討工作，如能持之以恆，共效果是非常大的。過去中國一般新聞紙的編輯人員，他們對於本身的工作技術，是很不認識，每天把新聞編完了之後，以下便是「出門不認帳」，甚至有連自己所編輯的版面，再看一看的勇氣都沒有。以這樣的態度來對付工作，欲求技寫修養的進步，自然是困難了。

除了與工作直接有關的專門技術的不斷研究與進修外，次之是一般知識學問的進修。比喻採訪部門的工作人員，除開採訪技術的研究外，對於一般政治、文化、經濟、思想等各方面的廣泛學問，都應該儘可能多加以適當的進修，此外再如外國語，等等的補助性技能，亦得多多學習，這樣纔能完成一個理想而完善的工作幹員。

總之，一個新聞社機構中，上自社長總經理下至排字房裏的練習生，在工作的環境中，須隨時同時使充滿着研究進修的精神，每一個份子都能有這種向學求進的心意與精神，那末這個新聞紙一定能表現出活潑和進步的姿態來。

所以，一個新聞報的組織裏，最好要有「教育科」或「訓練科」之類的專部設立，切實負責督促同人的進修工作，於必要時，應以報社的力量，隨時派遣社內青年有為的工作人員，到社外或國外，去受專門的訓練，以作將來充實報社之準

下篇　報業管理

一九七

職工是構成一個報社的細胞，報社的健康與發展，有待每個細胞的健康與發展，而每個健康有力細胞的發揮，「不斷的進修」是唯一的重要方法。

3. 嚴密的組織制度

謀確立完善的人事制度，對職工加以嚴密的組織化，是非常重要的一點。有了良好的人事制度，而缺乏組織的力量和組織上的運用，那末人事制度，亦等於虛設，猶之有了一架良好的機器而無法圓滑加以運用一樣。

在新聞社組織機構中，欲謀人事與工作間密切配合，使發生良好的工作效果，會議制度的確立，是種有效的手段。這裏所謂的「會議」，特別是指「工作會議」。新聞社根據人事和組織上的分額，分別建立分部或分課的工作會議。新聞社各部門的工作，爲欲達到有效的推進，必須先有一個完善的組織機構，報社的最高指導精神，通過各部門組織機構的發揮到實際工作上去。在側面豎立了「工作會議」制度，以資協助，工作的效能，必可有更多的寶益。

新聞社工作會議制度，最理想的當以課爲單位，建立各課工作會議，課之上另建立部的工作會議，最後爲社務會議。而以基本單位的課工作會議爲最重要。課工作會議以課主任爲召集人與領導者。會議的主要內容爲：（一）檢討過去工作內容，（二）檢討工作人員的工作情況，（三）確定新工作的進度表。如以編輯課爲例，編輯部人員，祇於一星期中舉行工作會議一次，以編輯部有關人員，上至總編輯，下至校對部人員，一律參加，對於過去一週間的編輯的報紙，無論內容方面，版式方面，以及其他細小技術方面，均分別加以精細的檢討。上級人員，並應乘此機會，指出錯誤及應予改進各點，各工作人員，亦可各別發表意思，必要時，並可展開論戰，對工作內容，加以透切的批判，討論結果，作爲改良工作上之參考。此項工作會議，如能認眞進行，對於工作效果之增進，極爲宏大。其他如探訪、印刷、廣告、發行等各部門，亦均如此。因爲待一種工作機構，單是消極地做應付工作，或是把日常刻板的工作，應付完了便算完事，這樣的工作機構和工作精神，對於整個報社的發展，是不會有多大補益的。祇有各工作人員能時時刻刻檢討過去，計劃將來，隨時懷有挣取進步的心意，那才有更遠大的發展前途，而工作會議的建立，是含有推進工作機能的最大作用的。

一個報社的各部工作會議制度，能夠具體地確立起來，則整個的組織制度，亦必然可以做到嚴密而有效的程度了。

4. 考核與獎懲

配合著組織制度，期獲得人事管理上良好的效果，考核與獎懲制度的確立與重視，是具有最密切關係的。就是說，要達到人事管理上良好的成果，組織的問題是一個重心，而完善的考核制度與獎懲制度的確定，則是使組織機構發生力量的主要條件。

在人事管理的原理上，「賞罰分明」是處理人事問題最重要的一點。要做到「賞罰分明」，則考核制度又是它的先決條件了。

通常一個規模較大的報社，均有所謂：「稽核課」或「考核課」的設立，它的主要任務，是負責報社範圍內的各項人事和工作情況的考核，具體一些的說明，計包括：（甲）關於工作方面：（一）編輯，探訪，印刷等一切工作的檢查與錯誤的指出；（二）發行，廣告等業務方面帳務的查核及審計；（三）物資材料消耗及購貨價格之審核與調查。（乙）關於人事方面的：（一）工作人員勤惰的考核；（二）工作人員的行為及工作態度的查察；（三）工作人員特種功過的調查與記錄等。

考核課將日常業務及人事記錄，製成精密報告後，分別交各部份負責人員，作改進工作及處理人事問題的參考。所以，這種考核的工作，在人事管理方面，實在是有很重要作用的。考核的範圍，在原則上是越精細越苛刻越好。比喻以編輯部方面的錯字問題為例，考核課人員，每天如能把當天出版的報紙上所有錯字，都指點出來，一方面可依工作考核校對課人員工作成績的根據，一方面對於以後校對上的錯誤，必可因督促而改進。其他方面的種種工作，亦可以此類推。總之，考核工作越具體精細，越可獲得效果，抽象的考核，是不會有多大效果的。

根據考核結果，繼之的便是獎懲問題。本來，獎與罰對於人事管理上，是相互為用的兩種手段，罰是消極性予以刺激，使之反省而改善其工作態度；獎勵則是積極性的鼓勵，因鼓勵而更增加工作人員的工作效率。手續雖異，其目的則一。至於一個報社的獎罰辦法應如何規定，則須因時制宜，視各報社本身情形的不同而不同，可視實情的需要而規定之，在原

則上，必須顧到「賞罰公平」，「寬嚴並濟」。

二　財務的管理

新聞社的財務管理，在報業經營中，與人事管理處於相等重要的地位。近代報業的經營，日趨繁複，報社的規模，亦是日趨龐大，報社的財務管理工作，亦已成為一種專門的學問。諸如報紙生產過程中，關於成本的核算，消費的狀況，工作人員待遇的標準，以及一切經濟狀況的考核，均需要財務管理方面的精密記錄與核算，來作為業務處理上具體的參考。

解　釋

一個新聞社財務的處理，第一須要確立完善精密的帳務項目，俾一切支出收入，都有很清明的紀錄可供查考。其次，根據精密的紀錄，以隨時調整財政方面的榮枯，至如何使報社的經濟狀況，保持合理的平衡狀態，則有特於預算制度的嚴密執行，俾使一個報社的支出，不超過其收入量，使一個報社的經濟基礎，始終處於很穩固的基礎上。如規模較大，平素營業狀況較佳的報社，對調劑預算的平衡，都有公積金的準備，以備遭遇特殊情形下，收支不能相抵時，得在公積金項下移補。但平素不可能有公積金存餘的新聞社，遇到經濟收支無法平衡時，則易於發生困難。故最好探取募集基金制度，以準備萬一。

報紙的財務管理，大的方面，如確定預算，調整收支外，此外對社內一切有關財產經濟的項目，必須要確立一種精密詳細的考核和調查制度。諸如財產損益表，資產員責表等之外，舉凡報紙銷耗數量及成本計算，銷報數量報告，油墨消耗及成本計算，一切重要物資的調查報告，業務方面發行與廣告收入的報告與核算等等，總之，各項有關財務與物資收購及消耗的狀況，必須分別製成精詳、具體、確實的調查報告，俾使報社業務最高管理者，隨時明瞭本社一切的經濟狀況，以

報社財務管理機構，對於業務部份的發行和廣告收入方面的稽核工作，尤爲重要。因爲依照普通中國報社的組織機構，財務的最高管理權，是集中於總管理處，發行和廣告的收入，則是屬於營業部，所以，無形中，管理處的會計部份，對營業部的發行和廣告部份，處在監督和稽核的地位。營業部份的帳務是否正確，有無弊病，以及有無故意延礙歸帳解款等情事，在總管理處的財務管理機構方面，應隨時加以特別注意。

至於報社處理財務的具體機構，一般的，是在總管理處下，設有：一、會計主任，負責辦理會計、記帳、財務報告等工作；二、出納主任，負責處理現金却一切票據的收付；三、稽核主任，負責審計一切賬項記錄。這三個機構，應使各自獨立，權限分明，以收互相牽制的效用。

三 事務的管理

報社事務工作的處理，須在「科學化」管理總原則下，分別做到：一，佈置的合理化；二，物資消耗的經濟化；三，辦事求取敏捷化。

解 釋

報社的事務工作是很瑣碎的，但是如果能把一切瑣碎的事務，處理得頭頭是道，有條不紊，其發生的效果則是偉大的。或者可以說，其效果所及，決不下於對其他一切工作。事務工作雖然是細小的，瑣碎的，但處理起來，則是非常費事的，困難的，其處理上的不易，或竟超過了一般業務方面的管理工作。所謂「觀人觀於微」，觀察一個報社是否辦理得好，辦理得有精神，可以從事務工作的處理上去具體觀察出來，如果某一個新聞社，它的事務工作處理很完善，則那個報社的其他方面，亦一定是有精神的。反之，亦是如此。所以事務管理的重要性，決不能因其工作的瑣碎細繊而加以忽視。

供作施政方面的參考。

下篇 報業管理

二〇一

處理新聞社的事務工作，要把握一個最重要的目標，便是「科學化」，具體一點的說：一、包括佈置方面的合理化。一個新聞社的機構很複雜，部門甚多，如何把各部門的生產工具，辦公處所，按置在一個合理的佈置下，這是報社事務工作第一個重要任務。比喻，機器房與排字房的如何配合，編輯部與排字房的佈置地位又應如何配置，排字間裏字架的排列，編輯部辦公桌的排列，應如何在可能範圍內使之合理化，以及機器房辦公室燈火和空氣的調節等，如何適合工作者的工作情緒和健康，這些都需要在「科學化」的原則下，加以研究策劃來佈置。一個報社內，各項日常消耗的物資很多，數量亦很可觀。大焉者如紙張、油墨、鉛，小焉者如筆、墨、茶水、廢紙等，在經濟化的目標下，使之節約，俾每一點物資都不浪費，每一點物資，都要發生必需要的效用。這對於整個報社的經濟，影響極大，故在科學化的總原則之下，一切事務手續，必力求敏捷。徒具形式的手續，應必須免除，使一切事務上的交接，盡量做到簡單，敏捷，而求實效。總之，報社的事務管理，在科學化的大前題下，分別從合理化、經濟化、敏捷化的三個原則方面去努力，始可獲取良好的效果。

最後，還有一點要說明的，是報社事務管理人才訓練與培養的重要。報社事務工作要辦得好，要有好的事務人才是先決條件。但在事實上，辦一個報社，好的營務管理人才，還比較容易得，而好的事務人才是項碎的，是麻煩的，他必需要有上等的耐心，有任勞任怨的精神，而又必須有細心和清醒的頭腦。而另一方面呢，事務工作人員，在一個報社的機構中，乃是一個無名英雄，講「名」，不如編輯社外勤記者那樣有在外露面的機會，講「利」，不如廣告部人員收入得多。因這種種原因，好的事務人員就不易得，也不易產生。但在整個報業管理上而論，事務管理的優劣，對於報社的發展關係很重要，所以，對於這方面，是個值得注意的問題。如果能把事務工作人員的地位提高，待遇亦提高，俾事務人員能多多產生出來，對於報業管理的改善前途，殊有重大關係的。

附錄：近代新聞事業之發展及其趨勢

近代的新聞事業，隨着客觀情勢的轉移變化，和主觀上的進步，而在不斷發展與變化着的。以整個世界新聞事業的發展趨勢來看，主要可以分做三個階段：第一次世界大戰之前，是一個階段。從第一次世界大戰到第二次世界大戰的爆發，是一個階段。這一次大戰之後，世界新聞事業的變遷和發展，必然將趨向另一個新的階段。我們要了解今後新聞事業發展的趨向，必須先相當了解它的過去變遷的歷程。

近百年來的新聞事業，由於機械科學的昌明，印刷技術的進步，使新聞紙的內容和形式，都表現了非常迅速的進展。更由於客觀上商業資本主義的發達，新聞紙的發展，恰好配合了這方面的需要，且擔當了一部份重要的任務。在資本主義社會裏，新聞紙便形成了濃厚的「自由主義」的傾向，新聞事業的本身，在機器生產下，發行數量的大量拓展，完成了商業資本社會間這一種主要企業形態及其任務。這種企業形態的主要特徵，是新聞事業經營上，自由主義傾向的高度發展。到一九一四年第一次世界戰爭的發生，這種趨向，發展到一個相當的限度。

新聞事業的發展路線，自有其一貫自然的法則，而戰爭的發生，則是造成新聞紙本質或其他各方面變化上的一個主要因素。第一次世界戰爭的發生，戰爭非常時期的來臨，新聞紙必然的變成為國家集中國民思想和國民力量的必要工具，於是，新聞紙的「統制政策」的執行，抑制了新聞紙「自由政策」的繼續發展。不過，在第一次大戰的時代，所謂「新聞統制」的執行，一方面由於過去新聞紙自由經營制度的根深蒂固，一方面由於「統制新聞」政策理念的確立尚未具體化，所以在第一次世界大戰時期，這一個階段的前後，「統制新聞政策」的理念，開始被重視，但新聞紙經營的方式上，仍相當保持了自由經營的色彩

。如當時的英國和法國的新聞事業，尤其是後者，戰時的新聞紙，僅做到國家的監督程度而已，嚴格的統制制度，並未澈底的執行。不過，世界的新聞事業，經過第一次大戰階段，「自由主義」的遭遇抑阻，「統制政策」開始抬頭的一個事實，則是不可否認的。

一九一八年第一次世界大戰告終，戰後美國新聞事業的蓬勃發展，使新聞紙自由主義有了重新抬頭的機會。在這一種的形勢下，新聞紙的本身機能，有了突飛的進步，特別是戰後新聞紙技術方面的進步和改良，促使世界新聞事業的經營方面，內容技術方面，都造成了一個最燦爛的階段。但在這時期的同時，在蘇聯、德、義等集體主義國家政治影響之下，所謂嚴格的新聞統制政策，在世界新聞事業中，亦進入了具體實踐的時期。自一九二八年至一九三〇年時期，可說是新聞紙自由主義的黃金時期。於是，世界報業的趨向，便呈現了「自由主義」與「統制主義」的新聞政策。新聞統制主義，在第一次世界大戰中由孕育而開始生長，到第二次大戰的發生，在「戰爭決定了一切」的主要因素下與「統制主義」並行進展的形態。直到這次第二次世界大戰的發生，在「戰爭決定了一切」的主要因素下，「自由主義」的新聞政策，終於逐漸被揚棄，「統制主義」的新聞政策，已被世界主要各國探為適應戰事體制的唯一政策。新聞統制主義，在第一次世界大戰中由孕育而開始生長，到第二次大戰中，完成了它實踐各方面，必將有許多新的內容的進展與發現，是可以預料的。世界新聞事業，經過這一次大規模戰爭的洗煉，過去自由主義的新聞經營政策，是否會因此而失掉其存在，則不敢言，但統制主義的新聞政策，將有其新的發展前途，是可斷言的。

新聞事業經營方式，應該是自由主義形式好呢？抑是統制主義形式好呢？關於這一個問題，在這次大戰之前，各國的新聞學者，根據各國的不同立場，會展開過一番激烈的論戰，民主的國家，如英、美、法等國，大體是擁護前者，德、蘇、義，集體主義的國家，則主張新聞紙應在政府嚴格管理之下去經營。一

般「新聞紙第一」「新聞紙至上」的新聞學者，自然是「新聞紙應有自由天地」主張的熱烈擁護者。就實際而論，以新聞事業本身爲出發點，爲單純地謀新聞紙在技術上繼續的高度發展，則它是需要有比較獨立的和自由的性格的。不過，世界的政治形勢的發展，已到了不允許新聞紙繼續有其獨立自由性格的時代，戰爭的爆發，非常時期的來臨，新聞紙在非常時期之下，它必須與整個國族命運密切配合在一起，再不允許有超越限度以上的自由，這是毫無疑慮的問題。

自這次大戰發生以來，各國新聞紙的發展趨勢，德日義蘇等平素早已趨向統制新聞政策的國家固不必說，英法等國家，過去對新聞紙管理，向來採取放任政策的亦無不採取了嚴格的管理制度，即以新聞自由主義色彩最濃厚的美國新聞事業，亦通過了托辣斯的機構組織，集中於國家政策的控制之下。所以，現代世界戰爭與世界政治的情勢下，新聞統制主義的廣汎推展，以代替了戰前自由主義的趨向，當是必然的趨勢。

所謂新聞統制主義，如果具體地講來，亦有若干種不同的形式，一種是根本否定了新聞紙的私人經營權，新聞紙完全以政府經營的方式而存在，如蘇聯在戰前，全國所有的報紙，早都在全蘇聯中央委員會的報紙雜誌管理部指導監督之下，各地新聞紙的活動，都作爲政府代表機關之一的姿態而活動。在德國，自一九三三年國社黨秉政之後，全國四千七百餘種的報紙，卽由中央文化院所屬的國家新聞院的嚴格管理之下，完成了絕對新聞統制政策。次之，如日本的新聞事業，隨着國家戰時政治體制的完成，新聞紙也已同時完成了嚴格管理的狀態。大東亞戰爭爆發，日本新聞事業，在戰前不久，還是保持了相當的自由主義彩色，這是實際上已不下於德蘇各國。此外，就是所謂新聞自由政策改良而成的英美式的新聞統制政策。本質上，政府對於私人經營的新聞事業，仍承認其獨立性的存在，但嚴密加強「新聞檢查」和「新聞紙監督」制度，雖然尚未出以政府直接經辦的形式，但在「報紙國策化」的狀態下，其對新聞事業運用上監督的嚴密程度，實際上已不下於德蘇各國。此外，就是所謂新聞自由政策改良而成的英美式的新聞統制政策。本質上，政府對於私人經營的新聞事業，仍承認其獨立性的存在，但嚴密加強「新聞檢查」和「新聞紙監督」制度，以增加政府對新聞紙的控制力量，和運用上的便利。

附錄

二〇五

世界的新聞事業，受今次大戰的影響，其變化和發展的趨向，大概是如此。在戰事繼續發展的階程中，這種趨向大體上不會有什麼大的變動。至於戰後世界新聞事業，將展開怎樣的一個前途，這一個問題是與戰後的整個世界政治問題的解決方法，有着最密切的關係。目前似乎還很難說。不過，從大體上推測，世界各國經過這次大規模的戰爭，國家的組織力，定必大大的增強，所以，反映於新聞事業方面，統制主義的新聞管理方式，自有其繼續發展的餘地。可是自由主義的形式，由於在有若干基礎優點的存在，也不一定會完全消失，在戰事結束後，新聞界的統制主義和自由主義，也許還有一個相持的時期，不過統制主義的形式，該會取得相當優勢的地位，這正和在第一次世界大戰之後，第二次大戰爆發之前，成了一個相反的局面和趨勢。

報紙製作過程圖

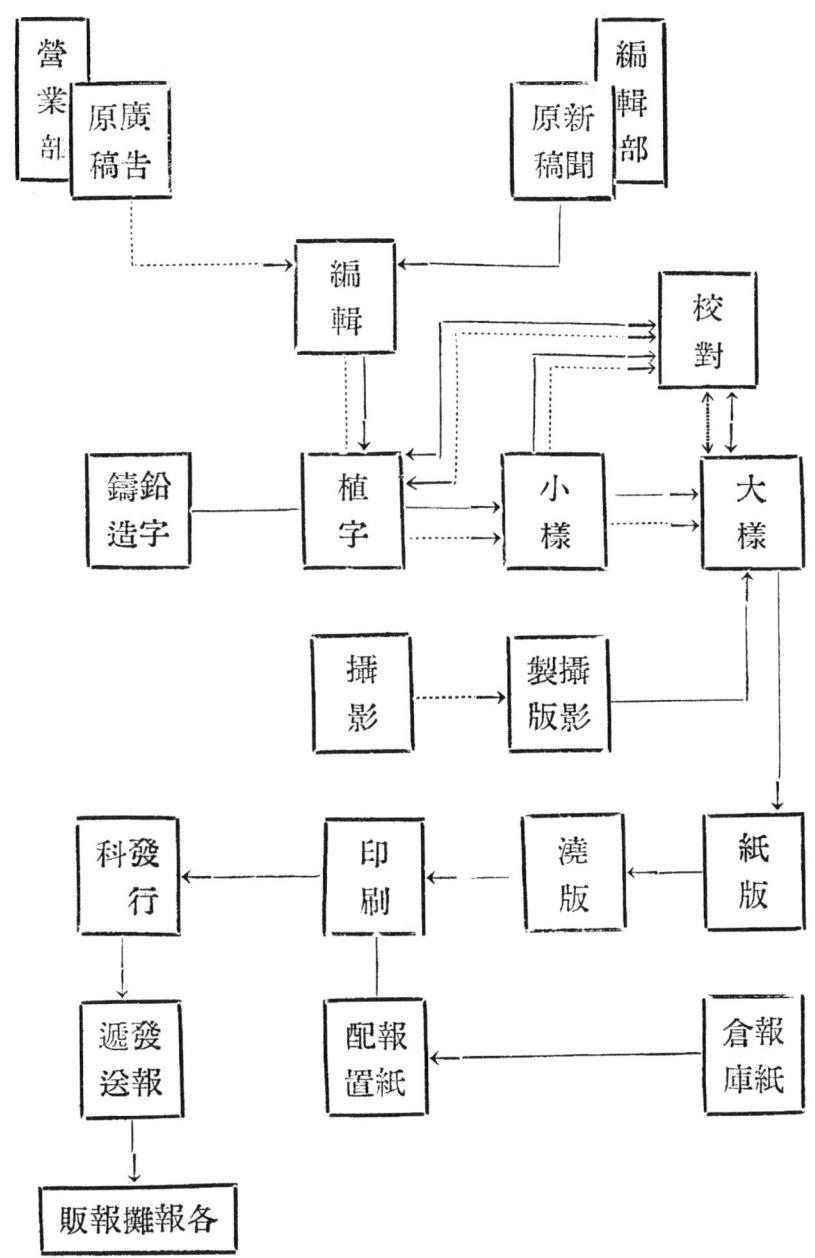

圖一　新聞的採訪與編輯

(上)報社編輯部工作情形
(下)報社採訪部工作情形

圖二　新聞資料的儲藏
（上）報社資料部圖書室
（下）報社資料部剪報室

圖三 排字工作的進行

（上）報社排字間工作情形
（下）標題鉛字儲藏櫃

圖四 印刷工作的進行

（上）鉛字的鑄造
（下）報紙的印刷

圖五 新聞紙的發行

（上）報紙門市批發情形
（下）報紙街頭叫賣情形

图书在版编目（CIP）数据

新闻学 / 鲁风著. —北京：中国传媒大学出版社，2018.3
（中国近代新闻学名著系列丛书 / 芮必峰主编）
ISBN 978-7-5657-2300-1

Ⅰ.①新… Ⅱ.①鲁… Ⅲ.①新闻学 Ⅳ.① G210

中国版本图书馆 CIP 数据核字（2018）第 054266 号

中国近代新闻学名著系列丛书
芮必峰　主编

新闻学
XINWENXUE

著　　者	鲁　风
策划编辑	司马兰　姜颖昳
责任编辑	姜颖昳
封面设计	拓美设计
责任印制	曹　辉

出版发行	中国传媒大学出版社
社　　址	北京市朝阳区定福庄东街 1 号　　邮编：100024
电　　话	86-10-65450532 或 65450528　　传真：010-65779405
网　　址	http://www.cucp.com.cn
经　　销	全国新华书店
印　　刷	北京华联印刷有限公司
开　　本	787mm×1092mm　　1/16
印　　张	15
字　　数	270 千字
版　　次	2018 年 6 月第 1 版　　2018 年 6 月第 1 次印刷
书　　号	ISBN 978-7-5657-2300-1/G·2300　　定　价　78.00 元

版权所有　　翻印必究　　印装错误　　负责调换